북한이 날로 먹으려 하잖아요

북한이 날로 먹으려 하잖아요

안문석

전북대학교출판문화원

머리말
preface

지금 우리 사회가 주목해야 할 주요 이슈는 어떤 것들일까? 크게 세 가지로 볼 수 있다. 경제와 복지, 통일이다. 박근혜 정부는 이 중요한 이슈들을 제대로 다루고 있는 것인가? 답은 '아니다'이다. 대선 당시 그렇게 크게 외치던 경제민주화는 실종됐고, 경제는 활로를 찾지 못하고 있다. 복지는 늘 논쟁의 소용돌이 가운데 있다. 더욱이 통일문제는 후퇴일로다. 통일문제, 남북관계는 그 성격이 가만있으면 그 자리에 있는 것이 아니라 내려가는 것이다. 시지프스의 신화처럼 바위를 굴려 산을 오르다 중단하면 바위는 다시 굴러 내려간다. 분단 70년 동안 남북 사이에 쌓인 불신의 무게가 시지프스의 바위처럼 무겁기 때문이다. 서로 노력하고 협력하는 태도로 관계 증진을 밀어 올리지 않으면 금방 불신감과 이질감이 확대되고, 이것이 비난과 협박, 도발, 반격으로 치닫는다.

그런데 박근혜 정부는 바위를 밀어 올리는 노력을 하지 않는다. 최근에 북한의 지뢰도발과 뒤이은 대화제의로 회담이 이루어졌지만 이것은 박근혜 정부의 노력으로 된 것이라고 보기는 어렵다. 회담의 기회가 있었지만 하찮은 '격' 문제 때문에, 선제공격과도 같은 대북전단 살포를 통제하지 않아 기회마저 날렸다. 북한의 미녀응원단이 내려와 모처럼 긴장이 완화되는 모습을 만들 수도 있었는데, 강퍅한 정부는 그것조차 수용하지 못했다.

박근혜 정부가 남북관계를 주도하면서 획기적 진전을 이루어내지 못한 근본적인 이유는 뭘까? 첫째는 대통령의 의식이다. 박근혜 대통령 개인선호의 문제이다. 북한을 대화의 상대보다는 경계의 대상으로 본다. 그래서 북한이 무언가 제시하면 일단 의심부터 한다. 그리고는 '진정성을 보여 달라'고 요구한다. 선제적 조치는 있을 수 없다. 많은 사람들이 남북관계의 가장 큰 장애물로 생각하는 5·24조치는 그런 이유로 해제하지 못한다. 비핵화를 요구할 뿐, 6자회담에 대한 높은 장벽을 낮출 생각은 하지 못한다. '발가벗고 나와라'라고 외치고 있을 뿐이다. 관계의 진전을 원한다면 그래서는 안 된다. 북한과의 관계 진전에 대한 신념도 없다. 그러니 북한과의 대결은 상수가 되고, 안보불안은 미국에 대한 의존으로 해결하려 한다. 이런 의식으로 전시작전권 환수 무기연기도 자연스럽게 받아들인다. 아니 너무 당연한 것으로 본다.

둘째, 대통령의 개인선호가 정부 전체를 누르고 있다. 청와대 국가안보실장은 잘 보이지도 않고, 통일부 장관, 외교부 장관은 대통령의 입만 쳐다보고 있다. 국정원장은 북한이 붕괴될 것이라고 믿는 사람이다. 이들이 모여 남북관계를 어떻게 하면 개선할 수 있는지, 북한과 진지하게 대화를 하기 위해서 우리가 무엇을 해야 하는 것인지, 어느 쪽으로 가는 것이 장기적인 관계 진전에 도움이 되는지, 이런 문제를 토론했다는 얘기를 들어보지 못했다. 이들이 소신을 가지고 현상타개책을 대통령에게 건의했다는 얘기도 들리지 않는다.

셋째, 정책기조의 잘못이다. 박근혜 정부의 대북정책 '한반도 신뢰 프로세스'는 북한이 신뢰를 보여주면 그에 대응해서 남한이 상응조치를 취하면서 신뢰관계를 형성할 수 있다는 논리구조를 가지고 있다. 북한에 대한 요구 위주이다. '네가 먼저 신뢰를 보여라' 라고 요구하고 있는 것이다. 외교정책은 다른 나라에 대한 우리의 의사표시이다. 우리가 뭘 하겠다는 내용이 중심이 돼야 한다. '한반도 신뢰 프로세스'는 그런 점에서 기본조차 갖추지 못하고 있다.

통일대박론은 과정이 생략된 통일결과론에 불과하다. 지금 중요한 것은 어떻게 북한과 대화하고, 교류할 것인지인데, 그런 부분에 대한 천착이 없다. 그런 노력 없이 그저 통일되면 대박이 난다는 얘기다. 국정원장과 통일준비위원회 부위원장 같은 이들은 북한붕괴론, 흡수통일 대응팀 등을 말한다. 그러니 통일대박론은 흡수통일을 전제로 한 말이라고 이해될 수밖에 없다.

넷째, 정부의 공안정치이다. 질서와 안보에 우선적 가치를 두면서 이를 정치적 이익으로 전용하려는 정치행태이다. NLL대화록 공개, 통진당 해산, 서울시 공무원 간첩 몰이 등 박근혜 정부에서 진행한 종북몰이가 그것이다. 박근혜 정부는 여기에 많은 가치를 두고 있다. 그래서 공안검사 출신으로 종북몰이를 주도해온 현직 법무장관을 총리로 지명했다. 이는 대통령의 부정적인 대북관이나 대북정책의 잘못보다 더 근본적인 문제이다. 반대세력을 북한과 연결시켜 압박하고 탄압해서 보수를 결속시키려는 정책정향과 남북관계 발전은 같이 가기 어렵다. 남북관계가 좋아지는 상황에서 종북몰이, 공안정치를 계속하기는 어렵다. 공안정치를 계속하려는 정부는 남북관계를 크게 진전시키기 어렵다.

박근혜 정부의 임기가 많이 남지 않았다. 임기 후반으로 갈수록 북한과의 빅딜은 쉽지 않게 된다. 그러는 사이 북한은 핵무기를 늘리고 고도화시킬 것이다. 대화하고 교류하지 않는다면 남북관계는 점점 차가운 동토로 떨어질 수밖에 없는 것이다. 박근혜 정부가 태도와 정책을 획기적으로 전환하지 않으면 남북관계는 크게 발전하기 어렵다. 이제 상황에 이끌려 이루어지는 대화가 아니라 선제적 조치와 그에 따른 실효성 있는 대화가 진행되어야 한다. 박근혜 정부가 그걸 주도해야 한다. 창조경제만 외칠 것이 아니라 북한을 상대로 한 창조적 외교를 펼칠 일이다.

2015년 8월

전북대 연구실에서 안문석

목차

contents

4장
●
불신 프로세스가 된 한반도 신뢰프로세스

5장
●
좀스런 정부

6장
●
북핵문제 해결 전략 없다

7장
●
공격적 현실주의의 전형

8장 • 미국에 끌려다니는 정부

9장 • 북한 포위를 위한 대중 접근인가

10장 • 이명박 정부의 실패를 반복하려 하는가

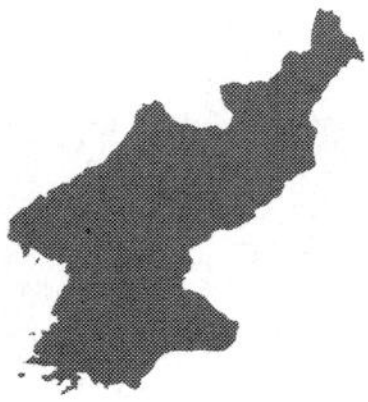

1 장

북한이 날로 먹으려 하잖아요

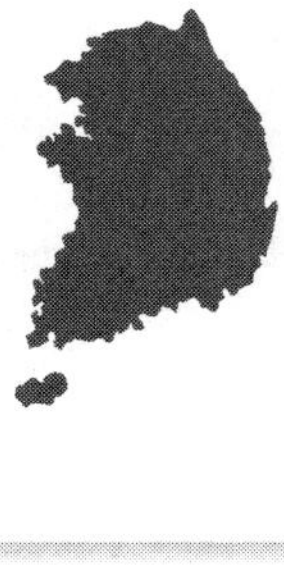

북한을 악마화하는 대통령

새정치민주연합 비상대책위원장 문희상이 박근혜 대통령을 만났다. 2015년 1월 2일 신년 인사회 때이다. 장소는 청와대. 문희상이 박 대통령에게 말했다. "남북관계 개선을 왜 안 하십니까?" 대통령은 즉답을 피했다. 그냥 웃기만 했다. 그러다가 말했다. "북한이 날로 먹으려 하잖아요." [1] 문희상이 기자들에게 전한 얘기다. 날로 먹다. 날 것으로 먹는다는 뜻인가? 긴가민가하다. 정확한 의미가 궁금해서 사전을 찾아봤다. '힘을 들이지 아니하고 일을 해내거나 어떤 것을 차지하는 것을 낮잡아 이르는 말'이라고 친절하게 설명이 되어 있다. '생으로 먹다'와 같은 의미이고, 말 그대로 날 것으로 그 자리에서 쉽게 먹어치운다는 얘기다. 그러니까 북한이 아무것도 안 내놓고, 아니면 극히 적은 것을 내놓고 큰 것을 요구한다는 의미가 되는 것이다.

대통령의 얘기로 미루어 보면 남북 사이에 이런저런 얘기들이 오고 가고 있는 것 같다. 북한이 요구하는 것이 있고, 우리가 요구하는 것이 따로 있는 것으로 보인다. 그런데 남북의 의견이 많이 다른 것이다. 이 얘기를 듣고 언뜻 이명박 대통령의 회고록이 생각났다. 얼마 전 퇴임 2년이 채 안돼서 내놓은 회고록에서 그는 남북정상회담에 관한 내용을 소상히 밝혔다. 요는 북한이 여러 차례 정상회담을 애걸하다시피 하면서 엄청난 식량과 돈을 요구했는데, 요구하는 것이 너무 많아서 거절했다는 것이다. 마지막 장에서 보다 자세히 설명하겠지만, 이는 사실이 아니다. 북한이 일방적으로 요구한 것이 아니라 이명박 정부도 얻어내려는

1 김경화, "박대통령 '北이 날로 먹으려 하잖아요'", 『조선일보』, 2015. 2. 6.

것이 있었고, 양측의 입장이 조율되지 않아 협상이 결렬된 것이다.

박근혜 대통령이 '북한이 날로 먹으려 하잖아요' 했다는 얘기를 들으면서 이명박 대통령도 당시에 똑같은 생각을 하지 않았을까 하는 생각이 절로 들었다. 어쨌든 박근혜 대통령의 말 '북한이 날로 먹으려 하잖아요'는 정상회담이나 이산가족 상봉 등을 많은 대가를 주고는 하지 않겠다는 의미일 것이다. 북한에 대한 박근혜 대통령의 개인적 선호가 많이 실린, 북한에 대한 부정적인 인식을 단적으로 보여주는 말이 아닐 수 없다.

이 같은 화법은 박근혜 정부가 현재 취하고 있는 북한에 대한 태도를 잘 설명해주는 것이기도 하다. 대북전단이 문제가 되어 북한이 고사총을 발사하는 일이 발생하고, 파주지역 주민들이 생명의 위협까지 느끼는 상황에서도 박근혜 대통령은 아무런 말이 없다. 대북전단 살포를 금지시켜주면 남북회담을 할 수 있다는 북한의 제안도 거절했다. 김정은을 모독하는 전단 살포를 옳다고 보는 것이라고밖에 이해되지 않는다. 5·24조치가 남북교류를 막고 있고, 많은 사람들이 이를 해제할 때가 됐다고 해도 '안 된다'는 입장에서 움직이지 않았다. 북한이 먼저 비핵화 조치를 취해야 한다면서 6자회담에 대해서도 높은 장벽을 쳐놓고 있다. 신뢰관계가 형성돼야 한다면서도 북한이 먼저 신뢰를 보여야 한다는 '억지논리'를 펴고 있다. 그러면서 군 장성들을 모아 놓고 "북한이 어떤 도발을 할지 예측할 수 없는 상태"라고 한다. 북한이 도발할 수 있는 분위기를 형성해 놓고는 '북한이 위험하다' 고 말하고 있는 것이다.

북한의 정책에 대해서까지 간여한다. 김정은이 역점을 두고 추진하고 있는 핵 · 경제 병진 정책은 성공할 없는 정책이라고 단정한다. 박근혜 대통령은 올해 4월 헝가리 대통령과 정상회담을 하는 자리에서 "북한은 핵무장과 경제성장 병진정책이 결코 성공할 수 없는 정책이라는 것을 하루빨리 깨닫고 헝가리의 성공적인 체제 전환 경험을 본받아 변화와 발전의 길로 나올 수 있도록 헝가리하고 더욱 긴밀히 협력해 나가길 기대한다"고 말했다. 작년 12월 세계정책회의에 참석해서도 비슷한 얘기를 했고, 라오스 지도자들을 만난 자리에서도 같은 말을 반복했다.

작년 9월에는 유엔에 가서는 북한인권문제를 공개적으로 비판했다. 핵 · 경제병진과 함께 북한인권문제는 기회 있을 때마다 거론한다. 이렇게 박근혜 대통령은 북한에 대한 발언을 통해, 또 북한과 관련한 일정한 대응을 통해 북한을 악마화(demonization)하는데 나서고 있다. 북한을 매우 비정상적인 존재로, 상식선에서는 상대하기 어려운 존재로 보이게 하고 있는 것이다. 당연히 북한은 매번 격하게 반발하고 있다. 하지만 대통령의 북한에 대한 악마화 행보는 그칠 기미가 보이지 않는다.

과거에도 이와 비슷한 모습은 많이 보여 왔다. 2011년 12월 17일 김정일이 사망했을 당시 박근혜는 한나라당 비상대책위원장이었다. 김정일 사망 소식에 민주통합당은 당 차원에서 조의를 표했다. 하지만 한나라당 비대위원장 박근혜는 조의 표명 대신 안보를 강조했다. "모든 시나리오를 염두에 두고 0.1%의 가능성까지 대비할 수 있는 물샐 틈 없는 대책"을 정부에 촉구했다. 1994년 7월 김일성이 사망했을 때 김영삼 대통령이 그랬다. 조의 대신 전군 비상경계령을 발동했다. 그래서 북한이 크게 반발했다. 북한은 당초 김일성 사망에도 불구하고 예정돼있는 남북정상회담 분위기를 이어가려 했다. 노동당 대남담당 비서 김용순이 정상회담의 중단이 아닌 '연기'를 요청하기도 했다. 하지만 전군에 비상경계령을 내린 김영삼의 강경대응에 북한은 격앙했고, 곧 남북관계는 최악으로 치달았다. 김정일 사망에 대한 박근혜의 대응도 김영삼과 크게 다르지 않았다. 외교적 조문을 할 수도 있었을 텐데, 그것도 않은 채 안보만을 역설했다. 초상집에서 도둑 잡겠다고 수선을 떠는 격이었다.

그래서 박근혜 대통령이 이러한 모습을 갖추게 된 원인이 무엇일까 생각해봤다. 우선 어릴 때 경험이 중요한 요소로 작용하고 있는 것으로 보인다. 고등학생 시절인 1968년 1·21사태를 겪었다. 김신조가 이끄는 북한 특수부대가 자신이 살고 있던 청와대 근처까지 들어오는 상황을 경험한 것이다. 프랑스 유학 중이던 1974년에는 어머니가 저격당해 사망했는데, 저격범이 북한의 지령을 받은 사람이었다. 당시의 슬픔이 그의 자서전에 잘 표현되어 있다.

"온몸에 수만 볼트의 전기가 흐르는 것처럼 쇼크를 받았다. 날카로운 칼이 심장 깊숙이 꽂힌 듯한 통증이 몰려왔다. 눈앞이 캄캄해서 아무것도 보이지 않았다. 비 오듯 눈물만 쏟아졌다. 비행기를 타고 한국으로 돌아오는 내내 그렇게 쉬지 않고 울었다."[2]

자서전에 저격범 문세광과 북한에 대해서는 묘사를 절제하고 있지만 '북한의 지령에 의한 범행'임은 분명하게 밝히고 있다.

"범인은 일본 여권을 가진 간첩 문세광으로 밝혀졌다. 배후 세력에는 조총련이 도사리고 있으며 북한의 지령에 의한 범행이었다."[3]

문세광과 북한에 대한 감정 섞인 표현은 자제하고 있다. 하지만 자서전에 표현된 슬픔의 깊이는 북한에 대한 당시 박근혜의 감정을 충분히 짐작하고도 남음이 있다. 이런 아픈 경험뿐만 아니라 아버지 박정희는 철저한 반공주의자였다. 과거 남로당 활동에 대한 시선을 의식하고 있

---

2 박근혜, "박근혜 자서전: 절망은 나를 단련시키고 희망은 나를 움직인다", 위즈덤하우스, 2007, p.84.

3 위의 책, p.85.

었기 때문에 그의 반공주의는 유독 심했다. 반공을 국시로 삼을 정도였다. 박근혜 대통령은 아버지가 늘 북한에 대해 경계하면서 군을 챙기는 모습을 보면서 자랐다. 이런 요소들이 지금 박근혜 대통령의 북한에 대한 인식 형성에 중요한 역할을 한 것으로 보인다.

짧은 한마디에 들어있는 대북 강경 입장

생각해보면 '북한이 날로 먹으려 하잖아요'라는 한마디에서 우리는 북한을 보는 대통령의 관점을 잘 파악할 수 있다.

첫째, 엄격한 상호주의(reciprocity)를 분명하게 볼 수 있다. 서로 상대가 하는 만큼만 한다는 것이다. 상호주의는 국제사회에서 중요한 원칙이다. 무역협정을 체결할 때도 기본은 상대가 개방하는 만큼 나도 개방하는 것이다. 비자를 면제해주는 것도 상대국이 해주는 만큼 우리도 해주는 것이다. 외교관계에서 상호주의는 그래서 중요하다.

상호주의의 개념 안에는 핵심적인 두 가지 요소가 있다. 동시성과 등가성이다. 우리가 북한에 쌀을 주면 북한이 바로 이산가족 상봉행사를 마련해주는 것이 동시성이다. 하지만 여기에 얽매이면 일을 그르친다. 주자마자 바로 달라고 외치면 상대는 거부감을 가진다. 우리가 하나를 줄 때 북한도 하나를 내놓아야 한다는 것이 등가성이다. 예를 들어 비료 10만 톤 줄 테니 1,000톤에 1가족 씩 계산해서 모두 100가족을 상봉하도록 하자는 것은 엄격한 등가성을 내세우는 것이다. 양쪽의 값을 따져 같게 만든다는 것이다. 문제는 이렇게 엄격한 자를 들이대면서 동시성과 등가성을 주장하는 경우 분쟁의 소지가 많다는 것이다. 조급해지고 엄격해지면 상대를 대할 때 여유가 없어진다. 계산해 놓은 대로 실행이 안 되면 바로 제재단계로 들어가기가 쉽다. 그래서 엄격한 상호주의는 분쟁이나 갈등과 친하다.

남북관계에 엄격한 상호주의를 적용하려 하면 북한은 이를 미리 알아채고 남한과 아예 대화를 하지 않으려 한다. 그러니 관계 개선은 기대할 수 없다. 박근혜 정부는 이를 '원칙 있는 남북관계'라고 말한다. 이명박 정부도 그랬다. 하지만 이는 남북관계의 원칙이 될 수 없다. 남북관계의 원칙이 되려면 최소한 대화와 교류가 되도록 해야 한다. 나아가 이를 더 활성화하는 것이어야 한다. 하지만 엄격한 상호주의는 남북관계를 아예 이루어지지 않게 하는 성질을 가지고 있다. 그러니 한반도 상황에서 필요한 남북관계의 원칙으로는 최소한의 자격조차 갖추지 못하고 있는 것이다.

남북한의 교류와 협상뿐만 아니라 지원을 하는 경우도 주는 만큼 통제해야겠다는 것이 박근혜 대통령의 마인드이다. 날로 먹으려 한다는 얘기 안에는 이런 생각도 들어가 있는 것으로 보인다. 쌀을 주고 이 쌀이 어디로 가는지 철저히 체크해야겠다, 그렇지 않고는 못 준다 하는 태도 말이다. 지원을 한다는 것은 북한을 하나의 대화 상대로 인정하고 포괄적으로 신뢰하고 주는 것인데, 지원 이후 모든 것을 확인하겠다는 것은 지속적인 관계 형성에 결코 도움이 될 수 없다. 쌀이 군대로 가면 어떻게 하느냐? 이런 얘기도 나올 수 있다. 보수세력이 제일 걱정하는 것이 이것이다. 하지만 군대로 보내려고 작정했다면 북한은 어떤 수를 써서라도 보낼 수 있다. 학교로 보냈다가 나중에 군대로 보낼 수도 있다. 그러니 남한이 일일이 확인한다는 것 자체가 크게 의미가 없다. 철저히 확인하려는 태도 자체가 관계를 악화시킬 뿐이다. 줄 것은 주고 받을 것은 받는 관계를 오랫동안 지속해서 결국은 남북 간에 신뢰가 쌓이도록 하는 것이 상책이다. 물론 그 사이에 남북 사이 의견충돌도 있을 수 있다. 그럼에도 큰 틀을 깨지 않고 지속적으로 지원하는 것이 장기적으로는 남북 사이의 관계를 조금씩 진전시키는 길이 될 것이다.

"북한이 날로 먹으려 하잖아요" 라는 말에서 드러나는 박근혜 대통령의 대북관 두 번째는 상대적 이익(relative gain)에 대한 집착이다. 국제정치이론 가운데 현실주의(realism)가 중요하게 생각하는 개념이 상대적 이익이다. 두 나라가 교류할 때, 상대국이 얻는 이익과 대비시킨 자국의 이익이 상대적 이익이다. 현실주의자들은 한 나라가 교류를 하는 것은 상대적 이익이 있을 때 하는 것이고, 반대로 상대국이 상대적 이익을 얻는다고 생각할 때는 협력이 이루어지기 어렵다고 본다. 전체적으로 보면 국가들이 자국이 상대적 이익을 얻으려 하고, 상대국이 얻는 상대적 이익은 싫어하기 때문에 국제사회에서 국가 간의 협력은 일어나기 어렵다고 여기는 것이다. "북한이 날로 먹으려 하잖아요"라는 말은 북한의 상대적 이익에 대한 거부감과 우리의 상대적 이익에 대한 집착을 잘 드러내고 있다.

현실주의와는 다르게 생각하는 것이 자유주의(liberalism)이다. 두 나라가 협력을 하는데, 둘 다 조금씩이라도 이익을 얻으면, 다시 말해 '절대적 이익'(absolute gain)을 조금씩이라도 보게 되면 협력은 계속된다고 생각한다. 상대의 이익과 비교하는 것은 무의미하고, 스스로 협력 이전보다 유리해졌으면 계속 협력한다는 것이 자유주의자들의 생각이다. 남북관계도 자유주의 입장에서 접근하면 교류가 계속될 수 있다. 교류를 하면 어떤 식이든 남한도, 북한도 조금씩 이익을 보기 때문이다.

교류를 하다보면 한쪽이 다른 쪽에 비해 더 많은 이익을 보는 경우가 왕왕 있다. 남북한 교류에서는 남한보다는 북한이 이익을 얻는 경우가 많다. 특히 경제적인 측면만을 고려할 때는 더욱 그렇다. 이산가족 상봉 행사를 하기로 하고 북한에 비료와 쌀을 주는 경우가 대표적이다. 북한은 경제적 이익을 얻는다. 남한은 아니다. 이런 경제적 · 상대적 이익에 매달리면 남북교류는 지속되기 어렵다. 이산가족 상봉을 하게 되면 남한도 이산가족의 한을 풀어주고, 결국 국민이 필요로 하는 부분을 해결해주는 것이기 때문에 이익을 얻게 된다. 이렇게 남쪽에서 얻은 이익을 나름으로 계산해서 만족하게 되면 교류는 계속된다. 하지만 이를 더 깊이 따져서 경제적 이익으로 환산해보고, 어느 쪽이 더 많은 이익을 얻었는지 계산하기 시작하면 관계의 지속은 기대하기 어렵게 된다. 이런 상대적 이익에 대한 깊은 고려가 "북한이 날로 먹으려 하잖아요" 라는 한 마디에 물씬 배어 있는 것처럼 느껴진다.

"툭 터놓고 대화하자" 는 생각은 어디 갔나?

박근혜 대통령도 북한에 간 적이 있다.[4] 2002년 5월이다. 김정일을 만났다. 속기사 한 명만 배석한 채 단 둘이 만난 것이다. 김정일은 우선 1968년 김신조의 청와대 습격 시도 사건에 대해 사과했다.

"당시 극단주의자들이 일을 잘못 저질렀습니다. 미안하게 생각합니

4 이하 방북에 대한 내용은 위의 책 pp.195-203.

다. 그 일을 저지른 사람들은 다 응분의 벌을 받았습니다."

당시 한나라당 의원 박근혜는 김정일에게 여러 가지 주문을 했다.

"이산가족 문제나 6·25전쟁 때 행방불명된 국군과 민간인의 생사 확인 문제는 지금 당장 해야 합니다. 가슴에 피맺힌 슬픔을 안고 평생을 살아오신 분들이 생전에 잃어버린 가족을 만날 수 있도록 이산가족 상설면회소를 하루 빨리 설치했으면 합니다."

이렇게 요청했다. 부실한 것으로 알려진 금강산댐 공동조사도 제안했고, 동해선 철도 연결도 얘기했다. 남북축구대회 같은 스포츠 교류도 제안했다.

이후 박근혜가 제의한 것들은 상당부분 진전되었다. 9월 적십자회담에서 국군포로 자체를 인정하지 않던 북한이 전쟁 때 실종된 군인을 찾자고 제의해 이후 국군포로도 남쪽의 가족을 만날 수 있게 되었다. 남북축구대회도 열렸고, 부산 아시안게임에는 남북단일팀이 출전했다. 이러한 진행상황을 보고 박근혜는 "김정일 위원장은 서로 마음을 열고 이끌어낸 약속들을 가능한 한 모두 지키려고 노력하는 모습을 보였다"며 김정일을 호의적으로 평가하기도 했다. "북측과 툭 터놓고 대화를 나누면 그들도 약속한 부분에 대해 지킬 것은 지키려고 노력한다. 나는 북한 방문을 통해 이런 확신을 얻었다"라고까지 자서전에서 말하고 있다.

툭 터놓고 대화하면 서로 할 수 있는 얘기를 자유스럽게 하고, 그러다 보면 못하는 것은 못한다, 할 수 있는 것은 해보자 이런 식으로 약속할 수 있다는 얘기다. 그렇게 되면 북한도 약속한 부분은 지킨다는 것이다. 김정일을 만나 얘기해본 결과 이런 생각을 얻게 된 것은 무엇보다 소중한 경험이다. 북한과의 대화, 약속이 얼마든지 가능하고, 그 속에서 신뢰를 쌓아갈 수 있다는 것 아닌가? 그런데 대통령으로 있는 지금은 그게 왜

되지 않는가? 늘 북한 탓을 한다. 북한이 대화에 응하지 않으니까. 북한이 뭘 요구하니까. 이런 식으로.

하지만 좀 더 발전적으로 생각하면 북한이 뭘 요구할 때 주면 된다. 그러면 더 큰 것을 얻는다. 남북관계 진전이라는 큰 대가를 얻는다. 이명박 정부도 그랬지만 박근혜 정부도 북한에 대해 지나치게 인색하다. 평화에는 돈이 든다. 돈을 들여서 관계를 개선시킬 필요가 있을 때는 그렇게 해야 한다. 서독도 그랬다. 프라이카우프(Freikauf)라는 것이다. 말 그대로 '자유'(Frei)를 '돈을 주고 사는것'(kauf)이다. 동서독 분단 당시 동독에 체제비판 등의 이유로 갇혀있던 정치범들이 많았는데, 이들을 서독이 돈을 주고 송환 받았다. 당국이 직접 나서서 협상하기에는 부담스러운 것이어서 교회와 변호사 등 민간이 나서는 형태로 협상했다. 언론들이 알았지만 문제 삼지 않았다. 1963년부터 베를린 장벽이 무너진 1989년까지 3만3755명의 정치범이 송환됐고 서독은 34억6400만 마르크(약 1조8000억원) 상당의 현물을 대가로 동독에 줬다.

심지어 북한에 대해서 강경한 태도를 가졌던 김영삼 대통령도 돈을 주고 안보를 사려 했다. 1994년 김일성이 사망하기 직전 남북정상회담이 예정되어 있었다. 청와대를 중심으로 정상회담 준비에 아주 분주했다. 대책회의가 자주 열렸다. 참모들은 김일성이 주한미군이나 핵문제 등 복잡한 문제를 꺼내면 길게 끌지 말고, '우리가 경제적으로 여유가 있으니 도와줄 용의가 있다'고 말하라고 김영삼에게 조언했다. 김영삼도 돈을 줄 생각을 했다.[5] 한반도가 안정되고 남북관계가 진전될 수 있다면, 대규모 경제적 지원 얼마든지 할 수 있다고 생각한 것이다.

---

5 이재호, "소녀시절 박근혜의 꿈은 불가능하다", 『프레시안』, 2014. 11. 20.

북한에 대한 인도적 지원과 개발투자는 꼭 필요한 부분이다. 도로를 건설하고, 철도를 놓고, 항만을 지어주는 것은 통일시대를 대비해 반드시 필요한 투자이다. 이런 방향으로 지원을 해주면서 대화의 기회를 찾으면 당국간회담, 정상회담 안 될 것이 없다. 북한이 뭘 달라는 것 자체를 싫어하고, 주는 만큼은 무슨 일이 있어도 받아내겠다는 전투적인 태도를 견지해서는 남북이 가까워질 기회를 마련하기 어렵다.

"통일부 장관 아무나 해도 된다"

박근혜 정부 첫 통일부 장관을 했던 류길재가 장관을 그만두기 직전 한 얘기가 있다. "솔직히 통일부 장관은 아무나 와도 되는 자리 같다."[6] 2년 동안 통일부 장관을 하면서 마음고생이 많았다고 한다. 그런 심정이 이런 말로 표현된 것이다. 물론 사석에서 한 얘기이다. 그래서 그의 속마음을 더 정확히 엿볼 수 있는 말이기도 하다. 장기간 경색되어 있는 남북관계를 풀어보려는 뜻을 가지고 통일부 장관을 시작했다. 하지만 그러지 못했다. 그래서 아쉬워했다. 전반적인 남북관계 진전은 고사하고 대북전단 살포 하나 컨트롤하지 못했다. 군출신 중심으로 짜여진 외교안보라인이 '표현의 자유는 막을 수 없다' 는 정부방침을 세워놓았기 때문에 전단 살포를 막고 싶어도 막지 못했다. "만약 내가 좀 완화한다고 하면 북한에 휘둘렸다며 반대쪽에서 엄청 난리가 날 것"이라며 답답해 했다고 한다. "외교안보라인에서 민간인

---

6 강윤주, "소신과 현실 사이… 비운의 통일부 장관 류길재", 『한국일보』, 2015. 2. 26.

은 나 혼자"라고 하소연하기도 했다고 한다.

실제로 민간단체를 설득해 전단 살포만 막았어도 남북관계는 많이 달라질 수 있었다. 작년 10월 인천아시안게임 폐막식에 김정은 아래 3인방이라고 할 수 있는 인민군 총정치국장 황병서, 노동당비서 최룡해, 노동당 통일전선부장 김양건이 참석했다. 이들은 남측과 만나 남북고위급 접촉을 11월에 재개하기로 합의했다. 대신 북한은 김정은을 모욕하는 전단의 살포를 금지시켜 줄 것을 요구했다. 박근혜 정부는 이를 거부했다. 결국 고위급 접촉은 무산됐다. 이런 과정에서 류길재는 전단살포 금지 쪽에 마음을 두고 있었던 것으로 보인다. 하지만 군출신의 외교안보라인에 밀려 제대로 말을 하지 못한 것 같다. 말은 못하면서 답답해 한 것이다. 그런 심정을 사퇴 직전에 "통일부 장관 아무나 해도 된다"고 표현한 것이다.

류길재는 원래 통일부 장관 물망에 없었다. 이화여대 교수 최대석이 그 자리에 가는 것으로 거의 기정사실화되어 있었다. 최대석은 대선 당시 한반도 신뢰프로세스를 성안하는 데 주도적 역할을 했다. 공화당 4선 의원으로 박정희와 가까웠던 최재구의 아들이기도 하다. 그런데 최대석이 대통령 인수위원에서 사퇴했다. 인수위원회가 출범한 지 1주일밖에 안 된 2013년 1월 12일의 일이었다. 이유는 아직까지 분명하게 알려져 있지 않다. 보통 고위급 인사의 공직사퇴 원인은 곧 드러나는데 아직까지도 미스터리로 남아있다. 드문 일이다. 최대석이 남북당국 간 회담을 위한 포석으로 박근혜 당시 대통령 당선자에게 보고하지 않고 베이징에서 북한 국방위원회의 차관급 인사와 비밀접촉을 했다는 얘기가 있다. 이를 확인한 국가정보원이 견제 차원에서 박 당선자에게 보고해 사퇴시켰다는 설이 전해진다.

말하자면 류길재는 최대석의 대타로 통일부 장관이 된 것이다. 그러니 힘이 실릴 리가 없다. 게다가 주변에 온통 군출신들이니 운신의 폭은 매우 좁았다. 북한에 대한 경계의식으로 가득 찬 국가 안보실장, 국정원장, 국방부 장관 사이에서 유연한 대북관계를 말할 기회는 극히 제한적이었을 것이다. 통일부도 힘이 약했고, 통일부 장관 류길재는 더욱 힘이 없었다.

전단 살포는 북한에 대한 선제공격

말이 나왔으니 대북전단 살포 문제를 좀 자세히 본다면, 정부가 마음만 먹으면 얼마든지 살포하지 않는 쪽으로 유도할 수 있다. '표현의 자유'를 말하고 있지만, 김정은을 비난하는 내용의 전단이 북한으로 날아가는 것에 대해서 정부가 '달갑게' 생각하기 때문에 전단 살포가 계속되고 있는 것이다. 때리는 시어머니보다 말리는 시누이가 더 밉다고 했던가. 국가인권위원회는 "대북전단 살포는 표현의 자유에 해당한다"며 "정부는 단속하거나 저지해서는 안 된다"는 의견을 표명했다. 국가인권위는 말리는 시누이에 머물지 않고 같이 때리는 시누이가 되었다. 야당 추천 상임위원 장명숙이 "대북전단을 살포하지 못해 제한되는 표현의 자유보다 북한 포격에 노출되는 주민들의 생명과 안전이라는 공익이 더 크기 때문에 살포제지 행위가 표현의 자유를 침해했다고 보기 어렵다"고 반박했지만 수에서 밀렸다. 11명 상임위원 중에 8명이 '표현의 자유'라는 의견에 찬성했다.

인권위의 결정은 대북전단 풍선을 겨냥한 북한군의 고사총 유탄이 연천군에서 발견된 이후 나왔다. 경기도 김포와 파주, 포천의 주민과 상인들이 전단 살포를 금지해 달라는 요청을 생존권 확보 차원에서 계속하고 있는 상황에서 나온 것이다. 표현의 자유는 중요하고 이들의 생존권은 눈에 보이지 않는 모양이다. 인권위원장 현병철은 취임 당시부터 인권단체의 반대에 부딪혔던 인물이다. 그동안 주요 인권침해 사례에 침묵을 지켜왔다. 세월호 참사 진상규명을 촉구하는 전단 살포를 경찰이 제지했는데, 이에 대해서도 침묵했다.

그런데 법원의 판결은 살포를 막을 수 있다는 것이다. 올해 1월 의정부지방법원은 "대북전단 살포가 국민 생명과 신체에 대한 급박하고 심각한 위험을 발생시키면 제지할 수 있으며, 제한이 과도하지 않은 이상 위법이 아니다"라고 판시했다. 표현하는 내용이 옳은 것이라고 해도, 상대방을 자극해 공격이 발생할 수 있다면 표현의 자유는 제한될 수 있다는 취지였다. 법원의 판단이 아니더라도 상식으로도 판단할 수 있을 것 같다. 표현의 자유가 아무리 중요한 인권이라 하더라도, "너는 생명의 위협을 받고도 참고 있어라. 나는 표현의 자유 좀 즐길게" 이라고 할 권리가 누구에게 있다는 것인가?

더욱이 전단 살포는 우리가 먼저 공격을 하는 행위, 즉 선제공격이다. 북한을 향해 우리 쪽이 먼저 어떤 행위를 하면서 북한을 바로 자극하는 행동인 것이다. 특히 그 내용이 김정은을 직접적으로 모독하고 비난하는 것이다. 심지어는 "리설주 사모님께서 홀딱 벗고 추잡한 영상을 찍어 외화벌이를 하셨다니?" 와 같은 내용도 있었고, 리설주의 사진까지 합성해서 실었다.[7] 이렇게 북한에 대해서 공격적인 행위를 먼저 한다는 점에서 전단 살포는 남측이 가지고 있던 도덕적 우위를 무너뜨리는 행위이

---

7 이해인, "보수단체 대북전단 살포 '리설주 사모님 홀딱벗고…", 『머니투데이』, 2013. 10. 6.

다. 특히나 보수정부는 늘 주장해왔다. 북한이 지나치게 호전적이고 공격적이라고. 그래서 우리는 늘 경계하지 않으면 안 된다고. 대북 전단 살포는 이러한 주장이 가졌던 명분을 크게 약화시키는 것이다.

문제는 '북한을 어떻게 보느냐' 하는 것이고, '남북관계를 개선하려는 의지가 얼마나 있느냐' 하는 것이다. 북한을 대화의 상대로 보고 남북관계를 발전시켜보겠다는 생각이 있으면 전단을 살포하려는 단체를 만나 얼마든지 설득할 수 있을 것이다. "당신들이 하는 행위가 표현의 자유로 설명될 수 있는 것은 이해한다. 북한에 대한 당신들의 생각도 이해한다. 하지만 그렇게 해서 어쩌자는 것이냐. 북한은 반발하고 보복하겠다고 하고 실제로 보복행위를 하고 있다. 접경지역 주민들이 위험하다. 이 주민들을 보호하는 것이 무엇보다 중요하다. 그리고 장기적으로 남북관계를 진전시키는 것이 당신들이 원하는 북한의 변화를 이끌어 내는 길이다" 라고 얼마든지 설득할 수 있다. 하지만 정부는 그런 생각이 없다.

내재적 시각 운운할 것도 없이 북한체제에 대해 관심을 조금만 가져도 전단살포는 많은 문제를 안고 있음을 알 수 있다. 북한은 김정은을 '최고존엄'으로 받들면서 이에 대한 권위를 훼손하면 누구도 용서하지 않겠다는 입장이다. 물론 이것도 북한이 폐쇄된 독재체제를 운영하면서 만들어낸 그들만의 원칙이다. 잘못된 것이다. 하지만 그것이 현실이다. 이를 부인하고 '고쳐라' 라고 외친다고 해결될 문제가 아니다. 그런 사정을 안다면 김정은을 직접 비난하는 내용의 대북전단을 뿌리는 것은 대화를 하지 않겠다는 메시지밖에는 안 된다. 북한이 그토록 요청하는데도 전단 살포가 중지되지 않는 모습을 보면서 북한은 남한이 대화의지가 전혀 없다고 판단하고 있을 것이다.

우선 박근혜 대통령이 경직된 사고를 좀 고쳐야 할 것 같다. 대통령이 2013년 5월 언론사 정치부장들과 만나면서 이런 얘기를 했다.

"협박하면 또 가서 협상해서 지원하고 원조하고 이런 악순환을 끊겠다는 것은 미국과 한국의 강력한 의지다. 이런 의지를 말대로 실천하는 것이 억지력이다. 북한이 변하기를 기다리지 말고 북한이 변하도록 노력과 힘을 써 나가야 한다. 악순환의 고리를 끊는 것도 우리가 변하는 것이다."[8]

악순환을 끊겠다는 의지를 실천하는 것이 억지력이란 얘기는 무슨 소린지 이해가 되지 않지만, 요는 지금까지의 남북관계가 〈협박 - 협상 - 지원〉의 프레임에서 벗어나지 못하고 있다고 보는 것이다. 이런 의식을 너무 강하게 가지고 있다 보니 북한의 요구는 협박으로 들린다. 대북전단을 살포하지 말라는 것은 북한의 요구이다. 이것이 수용되지 않다보니 북한은 이제 협박을 하고 있다. 전단을 살포하면 사격하겠다고. 그래서 한 치도 앞으로 나가질 못하고 있다. 문제의 원인은 북한의 요구를 들어주면 안 된다는 생각에 지나치게 매몰되어 있는 것이다.

대통령은 이렇게 매우 경직된 사고를 가지고 있고, 그 아래에서 외교 · 안보 · 통일 컨트롤 타워 역할을 하고 있는 국가안보실장은 군출신이 연달아 맡고 있다. 그 아래 통일부 장관은 어떤 신문의 표현대로 "불면 날아가 버릴 만큼" 무게가 떨어지고 존재감이 없어졌다.[9] 그나마 남북관계 개선에 목소리를 내줘야할 통일부와 통일부 장관이 힘이 없는 것이다.

---

8 신지홍, "朴대통령 '인사 엉뚱한 결과, 저 자신도 굉장히 실망'", 『연합뉴스』, 2015. 5. 15.

9 강천석, "한국 외교 안녕하신가요", 『조선일보』, 2015. 3. 28.

군인 전성시대

박근혜 정부는 군인들의 전성시대이다. 박정희, 전두환, 노태우 등 군부정권시대가 있었지만, 그에 못지않은 전성시대를 군인들이 누리고 있다. 청와대의 국가안보실장을 첫 번째 김장수가 했고, 두 번째로 김관진이 하고 있다. 둘 다 국방부 장관을 지낸 사람들이다. 육사 한 해 선후배 사이로 김장수가 선배다. 국가안보실장은 국가안전보장회의(NSC) 상임위원회 위원장을 맡고 있다. 외교안보수석을 휘하에 두면서 국정원장, 국방부 장관, 외교부 장관, 통일부 장관, 안전행정부 장관, 대통령 비서실장이 참여하는 외교안보정책의 핵심기구가 NSC상임위원회이다. 통일 · 외교 · 안보정책 전반을 조율하는 역할을 한다. 이런 기구의 수장을 군출신들에게 맡기고 있는 것이다. 김장수는 국가안보실장을 마치고 중국대사로 갔다. 국방부 장관 한민구도 당연히 군출신이다. 역시 육사를 나왔다.

청와대 경호실장 박흥렬도 김관진과 같은 육사28기 출신이다. 임기초반 국정원장도 군출신 남재준이었다. 이병기를 거쳐 국정원장이 된 이병호도 육사 출신이다. 국가안보실장, 국방부장관, 경호실장, 국정원장이 모두 군출신이다. 군을 우선시하는 북한식 정치를 '선군정치'(先軍政治)라고 하는데, 이와 같은 모습은 남한판 선군정치라고 할 수 있겠다.[10] 군을 어떤 집단보다 우대하는 '우군정치'(優軍政治)가 아닐 수 없다.

특히 북한정보 수집을 책임지고 있는 국정원장 이병호는 북한을 생지

---

10 김준형, "박근혜정부의 대외정책: 그 1년의 성적표", 시민평화포럼 박근혜정부 출범1년 통일외교안보분야 평가 토론회 발표문, 2014. 4. 1., p.10.

옥이라고 서슴없이 말하는 사람이다.

"북한은 하루아침에 장성택을 총살하는 반(反)인륜적 생지옥이다. 북한 주민을 이 생지옥으로부터 구해내야 한다. 그래서 한반도의 자유 민주주의적 통일은 마땅히 한국판 시오니즘이 돼야 한다. 이것이 역사적 순리요 당위다. 이 당위를 선도하는 역할을 감당할 수 있도록 국정원은 모사드에 필적할 경쟁력을 갖춰야 한다."[11]

이렇게 『문화일보』에 쓰고 있다. 전쟁에 나가는 장수의 출사표 같다. 생지옥을 상대로 자유민주주의적 통일을 위해서 국정원이 선도적으로 뭘 해야한다는 것인가? 무력통일이라도 할 참인가? 공작을 해서 북한을 붕괴시키자는 것인가?

실제로 이병호는 자신이 북한 봉쇄론자임을 공공연히 얘기해 왔다. 냉전 당시 대소련 봉쇄정책을 제창했던 케난(George Kennan)을 신봉한다. 케난은 "소련은 기본적으로 팽창 욕구와 대외적인 적개심을 가졌기 때문에 서방 국가들의 경제를 발전시켜 소련을 봉쇄하고 그 내부의 변화를 기다려야 한다"고 주장했다. 냉전시대 미국은 그의 주장을 따랐다. 이병호는 이를 북한에 적용해야 한다면서 서슴없이 주장한다.

"조지 케난의 말이 북한체제에도 그대로 통용된다고 봅니다…. 체제의 본질을 볼 때, 대화를 통해서는 안 된다는 불편한 진실을 봤기 때문에 미국은 봉쇄로 나간 것입니다. 이는 받아들이기에는 불편하지만 결국 우리의 현실에 남겨진 교훈이 아닌가 싶습니다…. 북한의 최고 존엄이라는 김정은과의 대화, 특히 피의 도취의 질병을 가진 자와의 대화가 잘

---

11 이병호, "더 절실해진 국정원 정보경쟁력 강화", 『문화일보』, 2014. 1. 2.

될 것이라고 보는 것은 환상일 가능성이 높습니다." [12]

봉쇄를 해야 하고 대화는 의미 없다는 생각을 가지고 있는 것이다. 용감하기 이를 데 없는 이러한 그의 생각의 바탕에는 북한 붕괴론이 숨어 있다.

"미국의 압력은 강해지고, 중국은 등을 돌리는 등 북한은 현재 사면초가의 상황에 놓여있습니다. 이렇듯 북한의 내부적 압력이 점차 증가하고 있는 상황이지만 이것이 언제 어떻게 폭발할 것인지에 대해서는 예측할 수가 없습니다…. 장마당 그리고 인권으로 인한 국제적 고립 등의 문제가 더해져, 일순간 김정은이 통제할 수 없는 단계까지 갈 것입니다. 체계적으로 관리할 수 있는 결정시스템이 망가져 있기 때문에, 결국 김정은 체제의 운명은 벼랑 끝으로 몰려가고 있다는 것이 합리적인 진단으로 보입니다." [13]

장마당이 늘어난 것이 1990년대 초반의 일이고, 인권문제나 국제적 고립으로 인한 북한의 어려움도 오래된 일이다. 그럼에도 북한은 버텨왔고, 김정은 체제가 들어선 이후에는 경제적 상황이 호전되고 있다. 그런데도 어느 순간 북한체제가 한꺼번에 무너질 것이란다. 자신의 기대를 잔뜩 집어넣어 예측이란 것을 하고 있다. 그러면서 합리적인 진단이란다. 국정원장이 남북대화를 주도하는 자리는 아니다. 그래서도 곤란하다. 하지만 그의 북한에 대한 판단은 정부정책의 방향을 결정하는 데 있어 중요한 역할을 한다. 김정은 체제는 곧 무너질 것이고, 그러니 봉쇄를 하면서 대화는 할 필요 없다는 그의 생각은 그래서 문제가 아닐 수 없다.

---

12 "특별인터뷰: 김정은 정권의 안정성과 남북대화 전망", Korea Policy 25, 2015, pp.48-49.

13 위의 글, pp.49-50.

실제로 이병호가 국정원장이 돼서 '첫 작품'이라고 내놓은 것이 북한 인민무력부장 현영철 처형설이다. 올해 5월 13일 현영철 처형설을 공개한 것이다. 첩보 수준이었다. 그야말로 아직 분석, 정제되지 않은 북한 소식이었다. 국정원이 스스로 그렇게 인정했다. 그런데 그것을 급하게 공개했다. 국회정보위 보고 시간을 급하게 잡는 바람에 국회의원들이 얼마 참석하지 않았고, 보고시간도 짧았다. 국정원이 준비한 자료를 30분가량 읽는 정도였다. 마침 이날 국정원 견학차 방문한 기자 30여 명에게도 현영철 처형설을 주요내용으로 브리핑했다. 북한부장이 나와 설명하고, 1차장 한기범이 보충설명까지 했다.

무르익지도 않은 첩보를 서둘러 국회와 언론에 집중 설명해 크게 보도되도록 한 것인데, 전형적인 언론플레이이다. 왜 그랬을까? 두 가지 이유가 있었을 것이다. 하나는, 이완구, 홍준표 등 여권의 핵심인물들이 로비 대상으로 기록되어 있는 성완종 리스트 파문에 물타기를 하려는 의도를 가지고 있었던 것으로 보인다. 당시는 이들에 대한 수사가 한창 진행 중이었다. 북한에 큰 변고가 있음을 알려 여권핵심의 부정부패에 대한 관심을 분산시키려 했다고 볼 수 있다. 다른 하나는, 북한을 악마화하는 데 마음이 바빴다고 할 수 있다. 이병호의 인식이 북한은 생지옥이고, 북한과의 대화보다는 봉쇄가 옳다고 보는 것이라면 북한을 더 무서운 집단으로 만들고 김정은을 더 철저한 비정상인으로 보이게 하는 것이 극히 자연스러운 행동이다.

현영철 처형설이 나오기 얼마 전인 5월 1일 통일부는 민간단체와 지방자치단체의 대북교류를 허용하겠다고 발표했다. 이런 분위기에서 국정원은 마치 '그런 건 아주 어리석은 행동이야'라고 말하듯이 현영철 처형설을 공개했다. 이런 모습으로 미루어 보면 박근혜 정부 내에도 강경파와 온건파가 있음이 분명해 보인다. 이런 현상은 어느 나라나 마찬가지이다. 미국도, 영국도, 심지어 북한과 같은 전체주의적 국가도 정부 내에 다른 정책지향을 가진 세력은 존재한다. 그들이 서로 갈등하고 경쟁하고 쟁투를 하면서 정책이 결정된다. 이런 주장을 담고 있는 것이 외교정책이론 가운데에서 관료정치모델(bureaucratic politics model)이다. 정부의 정책은 관료들 사이의 '밀고 당기기'(pulling and hauling)에 의해서 결정된다는 주장이다. 관료정치의 모습은 정도의 차이는 있지만 어느 나라에서나 발견되는데, 박근혜 정부라고 예외가 아닌 것이다. '광복 70년을 맞아 남북관계가 지나치게 경색되어서는 곤란하다'라고 주장하는 온건파가 있을 것이다. 통상은 통일부가 그런 쪽이다. 민간단체와 지자체의 교류허용은 통일부의 온건입장이 반영된 결과일 것이다. 반면에 '북한은 절대로 곱게 봐주면 안 된다'는 의견을 가진 강경파가 존재한다. 이런 세력은 국정원과 국방부에 많다. 현영철 첩보를 다루는 국정원의 태도는 국정원이 강경파임을 여실히 보여주었다.

국정원이 현영철이 처형된 이유로 내놓은 것이 김정은의 지시를 어긴 것, 김정은에 대해 불만을 표시한 것, 김정은 연설 중에 졸았다는 것이다. 그 중에 단연 관심은 '졸았다는 것'이다. 보수언론들은 졸았다는 이유로 처형당했다고 크게 썼다. 처형의 원인과 함께 처형의 방법으로, 공개된 자리에서 고사총으로 처형을 당했다는 설, 화염방사기로 깨끗이 뒤처리 했다는 설도 내놨다. 총신 4개가 달린 총으로 처형했고, 화염방사기까지 사용했다면 시신을 찾기도 힘들었을 것이라는 해설을 단 언론들도 많았다. 김정은의 잔인성, 비인간성, 예측불가능성 등을 한꺼번에 보여주려는 국정원의 기대는 충분히 실현되었다.

하지만 첩보 수준의 소식을 서둘러 전하면서 언론플레이까지 하는 것은 국정원 본래의 기능과는 많이 거리가 있는 행동이다. 국가의 안위와 국익에 필요한 정보를 수집해 국가정책을 수립하는 데 도움을 줘야한다는 국정원 본래의 기능이 아닌 것이다. 박근혜 정부 출범 후 얼마 되지 않아서 국정원은 김정일-노무현 정상회담의 대화록을 공개해서 큰 파문을 일으켰다. 당시에는 국정원과 군의 지난 대선 개입에 대한 수사가 진행 중이었다. 수세에 몰려있는 정부를 구원하기 위해 대화록을 공개했다고 보는 이유는 당시 그런 정치적 상황 때문이다. 그래서 국정원의 행태에 대한 지적도 많았다. 하지만 국정원은 그런 지적을 전혀 기억하지 못한다. 같은 행위를 반복한다. 정권의 속성이 그런 것인지, 원장들의 성향이 그런 것인지 궁금할 따름이다.

세계는 바야흐로 지구화시대이다. 급변하는 동북아와 세계의 정세를 읽고 이에 부합하는 외교와 안보, 통일 정책을 만들고 실행에 나갈 때 작은 나라 대한민국이 활로를 마련할 수 있다. 넓은 안목을 갖고 전체적인 상황을 정확히 파악하고 각 부처의 의견을 조율해낼 수 있는 인물이라야 외교·안보·통일 문제의 컨트롤 타워인 국가안보실장을 할 수 있다. 그래서 군출신을 연속적으로 그 자리에 앉히는 것은 적절하지 못하다. 국정원장이나 국방부 장관도 넓은 시야를 가지고 국제사회의 흐름을 파악하면서 국가정책 전반에 대한 이해를 바탕으로 조직을 이끌어갈 사람이 필요하다. 오랫동안 군생활을 한 사람들은 국방과 안보 위주로 사고하게 마련이다. 군출신을 무시하자는 것이 아니다. 군인은 그렇게 생각하는 것이 당연하다. 또 그래야 한다. 북한을 적대시하고 적으로부터 공격당하지 않고 북한을 약화시키는 데에 주목하는 것이 군인으로서는 본연의 자세이다. 그것이 군의 생리이다. 이런 데 익숙해져 있는 군출신들에게 유연한 사고와 종합적인 안목을 기대하기는 어렵다.

한마디로 미국, 중국, 일본, 러시아 등 주변의 주요국가들과의 관계를 넓은 시야로 관찰하면서 북한과의 관계를 지휘해 나가는 인물로 군인출신은 적절하지 않은 것이다. 그래서 선진국들도 국방부장관은 주로 민간인을 임명한다. 유연한 사고와 종합적인 시야를 가진 문민이 군을 관리하는 것이 결국은 국방을 제대로 하는 길이라고 보는 것이다. 통일부장관을 지낸 정세현이 이런 문제에 대해서는 직설적으로 얘기한다. 김관진 청와대 안보실장과 잘 아는 사이라고 한다. 그럼에도 불구하고 김관진에 대해서 "전 세계적 안목을 갖고 지휘하기에는 역부족인 것 같다"라고 말한다.[14] 김관진은 통일 · 외교를 잘 몰라서 육사 후배인 국방장관 한민구하고만 소통하면서 군 인사 문제만 다룬다는 얘기도 나온다.[15] 그런데도 박근혜 대통령이 굳이 군출신을 국가안보실장, 국정원장, 국방장관, 경호실장에 모두 기용하는 것은 이해하기 어렵다. 국방부장관도 민간인이 하는 시대로 가야하는 데 오히려 거꾸로 국방장관뿐만 아니라 안보실장, 국정원장까지 군 출신으로 채운다는 것은 세계적인 흐름과도 많이 동떨어진다. 군인은 나라를 지키는 데 적임이다. 외교 · 안보 · 통일문제를 두루 경험한 사람을 찾자면 얼마든지 찾을 수 있다. '군인이면 어떠냐'라는 얘기는 궁색하다. 눈을 좀 더 크게 뜰 일이다.

---

14 권우성, "문정인 김무성의 '안미경중(安美經中)', 현실적으로 안 돼", 『오마이뉴스』, 2015. 3. 31.

15 이정훈, "왜 김관진은 존재감을 드러내지 못하나: 청와대 국가안보실, 실세인가 허세인가?" 『신동아』 2011. 11., p.332.

대북전략가 없는 대북정책라인

상층부가 군 중심인 환경에서 대북 정책 라인에도 북한문제 전문가나 통일전략가가 없다. 정부 부처 가운데 대북정책을 직접 다루는 자리는 통일부 장관, 청와대에서는 국가안보실 안보전략비서관과 외교안보수석실 통일비서관이다. 통일부장관 홍용표는 국제정치 전공자로 안보문제를 주로 다뤄왔다. 북한문제 전문가도 아니고, 통일문제에 대한 전문성이 있는 것도 아니다. 전략적인 사고를 하면서 일을 주도하기보다는 대통령의 지시를 잘 따르는 스타일이다. 그가 통일부 장관 후보가 됐을 당시 보수언론『조선일보』는 그를 이렇게 소개하고 있다.

"그는 주도적으로 아이디어를 내기보다는 박 대통령의 뜻을 읽는 능력이 탁월한 것으로 알려졌다. 대선 캠프에서 함께 활동했던 한 인사는 '홍 후보자는 캠프 멤버 중 가장 젊다는 이유로 회의가 소집되면 전화를 돌리고 회의 자료를 총정리하는 역할도 맡았다'고 했다."[16]

한마디로 북한문제나 한반도통일문제와 관련해 탁견을 가졌거나 관련 논의를 주도적으로 해나가는 인물은 아니라는 것이다. 물론 시각은 보수적이다. 뉴라이트 계열의 싱크탱크 '뉴라이트 싱크넷'에 발기인으로 참여하기도 했다. 그의『문화일보』기고문에는 이런 대목도 보인다.

"김대중 · 노무현 두 정부는 북한의 잘못을 지적하는 데 주저하며 대북 지원을 지속했다. 더욱이 노무현 대통령은 '어떤 일이 있어도 대화는 지속돼야 한다'며 대북지원을 더욱 강화했다. 결국 돌아온 것은 북한의

---

16 이용수, "靑비서관서 장관 직행 '파격'…홍용표 통일장관 후보자는?",『조선일보』, 2015. 3. 11.

미사일 발사와 핵실험이었다. 어떻게 거래할 것인지에 대한 치밀한 전략 없이 막연한 기대감만으로 선금부터 줬다가 돈만 떼인 격이다." [17]

진보정부가 지원을 했기 때문에 핵과 미사일을 만들었다는 식이다. 보수에서 진보의 대북정책을 비판할 때 단골메뉴로 쓰는, 그러나 매우 비논리적인 화법을 그대로 쓰고 있다. 북한은 나름의 국가전략이 있고, 남한의 지원이 있다고 해서 핵과 미사일을 만들고, 남한이 지원하지 않는다고 해서 핵과 미사일을 안 만드는 것이 결코 아님을 무시한 논리를 그대로 받아쓰고 있는 것이다.

그러면서 동시에 6·15정상회담을 '역사적인 성과'로 평가해 보수언론으로부터 비판을 받기도 했다. 2005년 3월에 발표한 논문 "6·15남북공동선언 재조명: 이론적 배경과 의미"를 보면 이런 부분이 있다.

"김대중 정부는 남한의 보다 적극적인 대북접근을 통해 남북관계 개선의 실마리를 찾을 수 있다는 확신을 가지고 자유주의적 접근인 기능주의 및 신기능주의 이론에 기반하여 햇볕정책을 추진하였고, 그 결과 '6·15공동선언'이라는 역사적인 성과를 올릴 수 있었다." [18]

햇볕정책이 정상회담을 일구어냈다는 분석도 하고 있다.

"정상회담과 관련된 대북송금 문제로 정상회담을 '돈을 주고 샀다'는 비판이 제기되었다. 그러나 대북송금이 정상회담 개최에 영향을 미쳤다고 하더라도, 대북송금 그 자체만으로 정상회담이 성사되었다고 보기는 어렵다. 체제유지에 급급한 북한의 상황을 고려할 때, 북한의 체제를 인정하며 일관되게 화해 · 협력을 추진한 햇볕정책이 없었다면, 북한은 정

---

17 홍용표, "다시 읽는 남북협력기금 백서" 『문화일보』 2008. 12. 29.

18 홍용표, "6.15남북공동선언 재조명: 이론적 배경과 의미," KINU정책연구시리즈 2005-03, p.14.

상회담 자체를 거부했을 가능성이 높다."[19]

보수층에서 일반적으로 얘기하고 있는 돈을 퍼주고 정상회담을 했다는 주장과는 많이 다르다. 그래서 홍용표의 논지는 전반적으로 보수적이지만 이것이 일관되게 유지되기 보다는 때론 진보세력이 주장하는 것을 수용하는 입장이라고 하겠다. 주목할 만한 것은, 위의 글 가운데 진보정부의 대북정책을 비판하는 『문화일보』 칼럼은 이명박 정부 당시에 썼고, 햇볕정책을 긍정 평가하는 논문은 노무현 정부 당시에 썼다는 것이다.

통일· 외교· 안보를 총괄하는 국가안보실 안보전략비서관 전성훈은 군비통제를 전문분야로 한다. 북한핵에 대응하는 방안으로 미국 전술핵의 재배치를 주장할 만큼 강경하면서 미국에 경도된 성향을 보이는 인물이다. 이명박 정부는 전시작전권이 2012년 4월 17일 환수되기로 되어 있는 상황에서 연기를 시도했다(결국 연기했다). 이런 상황에서 '환수'와 '연기' 사이에 논란이 발생했다. 그것이 2010년 4월의 상황이다. 이 때 전성훈은 하나의 대안이라면서 미국의 전술핵 재배치를 주장했다. 당시 『중앙일보』에 실린 글을 보자.

"값비싼 대가를 치르면서 전작권 연기에 올인하는 것이 과연 국익에 도움되는지 따져봐야 한다. 따라서 발상을 전환해서 북핵 폐기와 안보 강화를 동시에 충족하기 위해 전략적 마인드가 요구된다. 원안고수도 무작정 연기도 아닌 새로운 카드가 필요한 시점에 왔다는 얘기다. 제3의 카드는 바로 아버지 부시의 결정으로 1991년 9월 철수된 주한미군 전술핵무기의 일부를 한시적으로 재배치하도록 미국에 요구하는 것이다. 골자는 전작권 전환 시일인 2012년 4월 17일을 시한으로 설정하고, 그때까

19 위의 논문, p.12.

지 북핵협상을 추진하면서 동시에 주한미군 전술핵의 남한 재배치를 준비하자는 것이다. 만약 이 시점까지 북핵 협상이 타결되면 '재배치 준비'는 취소된다. 하지만 협상이 실패하면 일정규모의 전술핵을 북한 비핵화가 완료될 때까지 한시적으로 재배치한다. 전작권 전환과 전술핵 재배치를 맞바꾸고, 북핵 문제를 북한 대(對) 한 · 미 간의 쌍방 핵군축 국면으로 전환하는 것이다. 전술핵 재배치는 한반도 비핵화를 지향하는 한국과 핵무기 없는 세계를 주창하는 오바마 행정부에 '2보 전진을 위한 1보 후퇴' 라고 할 수 있다. 한국으로선 '북한 핵에 대응해서 한국이 핵무기를 개발할 수 있다'는 국제사회의 의혹을 불식시킬 수 있다."

아주 공학적인 접근이다. 북한과 핵협상이 안 되니 남한에도 핵을 배치하자는 것이다. 그것도 미국에 요청해서. 그러면서 그는 "이는 북한에 핵 포기를 압박하고 협상을 촉진할 수 있는 효과적인 카드가 된다"고 주장하기도 하고, "전술핵 재배치는 남북관계 개선에 기여할 수 있다. 한국이 북한핵이라는 부담에서 벗어나 남북 간 교류협력을 강화할 수 있는 여지가 마련되기 때문이다"라고도 한다.[20]

한번 재배치되면 다시 철수하기엔 매우 어려울 것이란 점, 핵을 다시 배치하는 순간 핵군비 경쟁이 더 심화될 것이라는 점, 따라서 교류는커녕 대결이 훨씬 격화될 것이라는 점은 모조리 고려에서 제외하고 아주 편리하게 사고하고 있다. 더욱이 우리가 비핵국가를 견지할 때 도덕적 우위를 확보한 채 북한의 비핵화를 설득하고, 이에 대한 국제사회의 지원을 호소할 수 있다는 점도 간과하고 있다. 당시는 전성훈이 통일연구원 선임연구위원 신분이었다. 지금은 청와대 안보전략비서관이다. 지

20 전성훈, "전시작전권 전환, 제3의 길 모색하자", 『중앙일보』, 2010. 4. 1.

금도 그런 생각을 하고 있는지, 핵문제가 잘 해결이 안 되면 미국의 전술핵을 들여올 생각을 하고 있는지, 그런 생각으로 미국과 접촉하고 있는지 궁금하다. 실제로 예전에 그런 위험한 주장을 했기 때문에, 그와 관련해서 지금 어떤 입장을 취하고 있는지 밝혀야 할 의무도 있다.

청와대 외교안보수석실 통일비서관 김형석은 행정고시 합격 후 통일부에서 오랫동안 근무해온 관료다. 정책총괄과장, 경협기획관, 청와대 행정관, 정세분석국장, 대변인, 회담본부 상근회담대표 등을 지냈다. 통일부에 있는 고시 동기들 중 가장 먼저 1급 자리에 올랐으니까 능력은 있는 인물이다. 특별할 색깔은 없고 그저 관료다.

상부는 군인, 그 아래에는 주로 안보에 관심을 두고 있는 보수주의자와 색깔 없는 관료로 채워져 있는 것이 박근혜 정부의 대북정책 라인업이다. 북한의 내부를 깊이 보면서 남북관계와 국제정세를 동시에 아우를 만한 종합적 시야를 가진 지략가나 전략가가 발견되지 않는다.

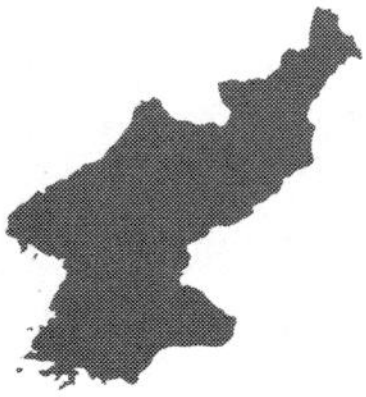

2 장

종북몰이와 남북화해는 같이 갈 수 없다

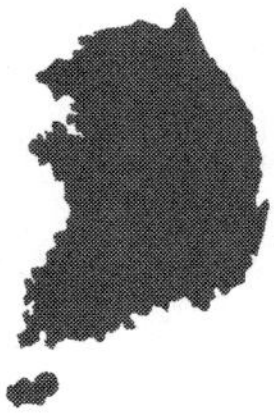

NLL로 정치적 종북몰이

역대 보수정권 치고 북한을 정치에 이용하지 않은 정권은 없다. 박근혜 정부도 예외는 아니다. 대표적인 예로 노무현 대통령이 서해 북방한계선(NLL)포기 발언을 했다는 것이다. 발단은 2012년 10월 대선 당시로 거슬러 올라간다. 새누리당 의원 정문헌이 2007년 남북정상회담 당시 노무현 대통령이 NLL포기 발언을 했다고 주장했다. 보수표를 결집하기 위한 전략이었다. 새누리당은 집권에 성공했다. 대선 이후에도 논란은 계속됐다. 2013년 3월 검찰은 공직선거법상 허위사실공표 혐의로 고발된 새누리당 의원 정문헌 등에 대해서 무혐의 처분했다. 정문헌 등은 대선 당시 노무현 대통령의 NLL 포기 발언이 담긴 비공개대화록이 있는 것처럼 의혹을 제기해 민주당으로부터 고발당했었다. 이들이 무혐의 처분됨에 따라 NLL 포기 발언이 있었던 것처럼 돼 버렸다. 물론 민주당은 지속적으로 그런 발언이 없었다고 주장했고, 정상회담에 배석한 사람들도 NLL포기 발언은 없었다고 말했다.

논란이 확대되자 국가정보원이 정상회담 대화록 전문과 발췌본을 공개했다. 국정원 대선 개입 사건에 대한 수사가 한창이던 2013년 6월이다. 그중에 발췌본은 노무현 대통령의 말을 심하게 왜곡한 것이었다. 앞뒤를 뚝 잘라냈고, 단어도 바꿨다. 문장을 잘라 "NLL은 국제법적 논리적 근거가 분명치 않고"와 같은 부분을 두드러지게 하고, "NLL가지고 이걸 바꾼다 어쩐다가 아니고 그건 옛날 기본합의서 연장선상에서 협의해 나가기로 하고"와 같이 NLL을 지키려한 부분은 발췌본에 포함시키지도 않았다. 노 대통령이 "나"라고 한 것을 "저"로 바꿔놓았고, 김정일을 부를 때도 "김정일 위원장"이라고 했는데 "김정일 위원장님"이라고 호칭

한 것으로 고쳐놓았다. 북한 앞에서 비굴하게 행동했음을 보여주기 위해서였을 것이다. 이런 발췌본을 본 사람들이 "노무현이 NLL 포기 발언을 했다"고 말한 것이다. 국정원은 "단순한 오타"라고 해명했다. 그렇게 중요한 부분에 그렇게 많은 오타가 났으니 오타 치곤 아주 기묘한 것이 아닐 수 없다. 간첩 잡고 산업스파이 찾아내는 국가정보원이 그 많은 오타를 못 봤다면 그것 또한 이상한 일이다. 세계적 수준의 정보기관의 변명 치곤 그야말로 수준 이하였다.

국정원장이 '독자적으로' 판단해 공개했다는 것이 국정원의 설명이었다. 대통령 직속기관인 국정원장이 대통령의 지시 없이 스스로 공개를 결정했다는 것도 믿기 어려운 말이지만, 공개 자체도 불법적인 것이었다. 실제로 한국기록학회 등 6개 기록전문단체가 회의록 공개는 불법적이라고 밝혔다. 대통령 지정 기록물 누설죄에 해당한다는 말이었다. 뿐만 아니라 국격을 훼손하는 반헌법적 행위라고도 했다. 국정원은 공개 전에 국가기록원에 회의록 공개에 대한 유권해석을 요청했다. 국가기록원의 답은 '공개가 사실상 불가능하다'는 것이었다. 그런데도 공개를 강행했다. 나중에 1년이 훨씬 지나 국무총리 이완구는 당시 회의록 공개가 잘못됐다고 인정했다.

국정원이 논란의 한 가운데에 있는 문제에 직접 뛰어들어 대화록 공개까지 한 이유는 무엇인가? 대선 당시에도 활용한 NLL문제를 다시 이슈화해서 진보세력에게 더 깊은 타격을 주겠다는 생각이었을 것이다. 그것을 국정원의 사명이라고 생각했을 것이다.

2013년 7월 새누리당은 2007년 남북정상회담 대화록이 폐기됐다며 노무현 정부 당시의 비서진을 고발했다. 노무현 정부에서 청와대에서 통일외교안보정책비서관을 했던 조명균, 청와대 통일외교안보정책실장이었던 백종천 등이 NLL포기 취지의 발언들이 들어있는 대화록을 폐기했다는 취지였다. 새누리당은 NLL문제를 계속 이슈화하려는 의도로 이들을 고발했다. 검찰은 곧 관련자들을 출국금지하고 기소했다. 하지만 서울지방법원은 올해 2월 이들에게 무죄를 선고했다.

대화록이 폐기된 것도 아니고, 노무현 대통령이 NLL포기 발언도 하지 않은 것으로 드러났다. 결국 여당이 야당에 대해 종북혐의를 씌우고 바람몰이를 한 것 그 이상도 이하도 아니었다. 누가 봐도 NLL포기 발언은 없었고, NLL를 지키면서 서해평화협력지대를 만들어보자는 것이었는데도 여당은 이를 철저히 왜곡해서 퍼뜨렸다. 여당은 사망한 대통령까지 종북몰이에 이용하는 큰 죄악을 저질렀지만 책임은 지지 않았다. 대선도 이겼다. 오랫동안 몰이를 통해 '야당=종북 또는 친북'이라는 인상을 일반국민 속에 남기는 데도 충분히 성공했다. 야당은 종북혐의를 쓰고 대선까지 지는 피해를 입었지만, 여당은 손해본 것이 없다. 그러니 여당은 이 밑지는 게 없는 장사에 수시로 의지하는 것이다.

통진당 해산은 사법적 종북몰이

그뿐인가. 국민의 지지를 얻어 국회의원까지 보유하고 있는 통합진보당을 해산시켰다. 물론 정부가 해산시킨 것은 아니다. 헌법재판소가 결정했다. 하지만 정부가 제소를 했다. 해산시켜 달라고. 이 재판에서 정부의 대표는 지금의 총리 황교안이었다. 그는 직접 헌재 법정에 나서 통진당의 위헌성을 주장했다. 그가 이를 준비한 것은 오래된 일이다. 2013년 8월 말 검찰이 당시 통진당 의원

이석기를 내란음모 혐의로 수사하기 시작하자 법무부 내에 '위헌정당 태스크포스'를 만들도록 지시했다. 이 팀으로 하여금 자료를 세밀하게 준비하도록 해 위헌정당 심판을 제기했다. 본격 준비는 2013년 8월부터이지만 그의 개인적 자료 준비는 훨씬 이전부터 시작되었다. 사석에서 그는 "통진당의 전신인 민주노동당이 창당할 때부터 관련 자료를 모아왔다"고 말한 적이 있다.[1] 뼛속까지 공안검사인 그의 일면을 여실히 보여준다. 1998년에는 '국가보안법 해설'이라는 책을 내기도 해서 '미스터 국보법'이라는 별명도 가지고 있다. 2009년에는 집회시위법 해설서를 펴냈는데, 여기서 4·19혁명을 '혼란'으로, 5·16군사쿠데타를 '혁명'으로 표현했다. 아직도 1970년대를 살고 있는 사람 같다.

어쨌든 그런 황교안이 중심이 돼서 위헌정당 심판을 청구했고, 헌법재판소는 '해산하라'고 판결했다. 서울고등법원이 내란음모는 없으며 내란을 선동한 정도였다고 판결했고, 내란음모를 위한 조직이라던 RO(Revolutionary Organization)라는 것도 실체가 없다고 판결을 내린 상황이었다. 그런데도 헌재는 '해산'을 결정했다. 우리 헌정사상 정당이 위헌 판결로 해산된 것은 처음이다.

헌법재판소가 해산 결정을 내린 이유를 보자. 핵심은 "통합진보당이 '북한식 사회주의 실현'을 목적으로 하는 위헌 정당"이라는 것이다. 그러면서 통진당 주도세력은 북한 주장에 동조하거나 북한과 연계돼 활동하고, 북한의 주체사상을 추종해왔다고 보았다. 또 그들이 주장하는 진보적 민주주의는 북한의 대남혁명전략과 같거나 유사하다고 판단했다. 폭

---

1 이동훈·전수용, "공안검사 출신 '미스터 국보법'… 黃 '나라 기본 바로잡는데 최선'", 『조선일보』, 2015. 5. 22.

력으로 자유민주주의 체제를 전복하고 진보적 민주주의 체제를 구축하여 집권한다는 입장을 통진당이 가지고 있었고, 이런 입장은 이석기 등의 내란 관련 사건으로 확인되었다는 것이 헌재의 입장이었다.

재판관 9명 가운데 소수의견은 1명 김이수였다. 8대1의 결정이었다. 홀로 해산 반대 의견을 낸 김이수의 의견은 어떤가? 통진당 전체가 곧 종북이라고 규정하고 해산 결정을 내리는 것은 '성급한 일반화의 오류'라는 것이 김이수 견해의 핵심이다. 통진당 주도세력인 민족해방(NL) 계열이 북한식 사회주의 실현이라는 목적을 갖고 있다고 하더라고 전체 구성원이 같은 목적을 가지고 있었다고 보기에는 무리가 있다는 것이다. "북한 사상에 동조해 사회를 전복하려는 세력이 있다면 형사처벌로 충분히 배제할 수 있다…. 정당해산 판단은 선거 등 정치적 공론의 장에 맡기는 것이 바람직하다"는 의견이다. 사회적 이익의 차원에서도 강제적인 정당해산은 정치적 자유를 침해하고 민주주의의 순기능에 장애를 주기 때문에 실이 득보다 더 크다는 것이 김이수의 판단이다.

앞의 헌재 결정 이유와 뒤의 소수의견 가운데 어떤 것이 옳은 것인가? 어느 것이 옳은지에 대해서는 사람마다 생각이 다를 수 있다. 하지만 이건 분명하다. 헌재의 결정문은 논리적 허점이 많이 발견된다. 특히 폭력으로 진보적 민주주의 체제를 구축하여 집권한다는 것이 통진당의 전략이었고, 이석기가 이를 보여주고 있다 함은 분명한 비약이다. 이석기의 내란음모 부분은 대법원도 무죄로 선고했다. 또 통진당이 이런 세력에 의해 장악되었다는 증거도 약하다. 반면에 소수의견은 세밀하다. 전체를 하나로 규정하기에는 충분한 증거가 필요한데 이를 갖추지 못했음을 지적한다. 정당의 운영은 시민들의 정치적 양식에 맡겨져야 한다는 민주주의 기본에 대한 지적도 옳다. 섣부른 해산 결정이 가져올 민주주의

정신과 제도에 대한 침해도 경고한다. 사고의 깊이와 논리적 짜임새가 헌재의 결정문과는 많이 다름은 누구나 느낄 수 있을 것 같다.

어쨌든 깊이가 느껴지는 소수의견은 1명에 불과했고, 나머지 8명은 해산 결정에 표를 던지면서 통진당은 해산되었다. 그런 결정은 청와대 비서실장 김기춘, 법무장관 황교안, 헌법재판소장 박한철이 모두 공안검사 출신인 상황에서 나왔다.

통진당 해산 결정이 나오는 과정에 대해 자세히 기록한 책이 올 봄에 출간됐다. 『기획된 해산 의도된 오판』이란 책이다. 통진당 측 변호인으로 참여한 변호사 이재화가 쓴 책이다. 그는 통진당 당원은 아니다. 하지만 "애초 내가 왜 변호사가 되려고 했지?"라는 질문을 스스로에게 던지면서, 수십 년 동안 쌓아온 민주주의가 후퇴하고 있는데 가만히 있을 수 없어서 변호인으로 참여하게 되었다고 한다. 변호에 나서는 자세가 심상치 않다. 그 책의 내용도 범상치가 않다. 나는 책을 읽어보지는 못했다. 하지만 신문에 난 비교적 상세한 소개 기사를 보았다. 그가 관찰한 바로는 해산 판결의 과정은 엄정한 증거 확인과 그에 의한 엄밀한 판단이 아니라 추측과 주장의 연속이었다.

재판관 이정미의 증인심문을 보자. 남파 간첩 김동식(가명)으로 잘 알려졌던 곽인수에 대한 심문이다.

"남한에서 지금 얘기하고 있는 진보적 민주주의는 이 사건에서도 중요한 쟁점이 되고 있다. 증인은 이것이 남한에서 자생적으로 만들어졌다고 보는 건지, 북한에서 전파되어 왔다고 보는 건지 말해 달라." [2]

---

2 이하 이 책의 내용은 다음의 기사에 상세히 소개되어 있다. 이재성, "통합진보당 해산 결정 헌재 재판관들의 민낯", 『한겨레』, 2015. 3. 27.

진보적 민주주의는 통진당의 주도세력이 주장하던 것인데, 헌법재판소가 북한의 대남혁명전략과 같거나 유사한 것으로 판단해 해산 결정을 내리는 데 중요한 역할을 했다. 그런데 간첩 '김동식'에게 이를 물어봤다. 어떻게 생각하냐고. 그 사람이 그걸 알만한 위치인가? 아니다. 그는 통진당이나 그 전신인 민주노동당과 전혀 관련이 없는 사람이다. 그는 "내 생각에는 진보적 민주주의라는 용어는 북한에서 전파되었다고 생각한다"고 말했다. 추측성으로 묻고, 추측성으로 답변했다. 그것도 전혀 관련 없는 사람에게.

헌재 재판관 9명 중 2명이 진보적 인사로 분류되는데, 그 중 하나가 이정미이다. 그는 대법원장 이용훈에 의해 헌법재판관으로 추천되었고, 이용훈은 노무현 대통령이 대법원장으로 임명한 사람이다. 그런 이정미도 추측성 심문을 했다. 결국 그는 '해산' 쪽에 한 표를 보탰다.

다른 재판관 안창호의 증인심문은 훨씬 더 황당하다. 정부 측 증인들에게 "(한때 주체사상을 신봉했던 사람들의) 생각이 바뀔 수 있느냐"고 물었다. 안창호는 과거 공안검사를 했다. 통진당 쪽 증인이 출석하면 재판관들이 졸고 앉아 있는 경우도 있었다고 한다. 그래서 이재화는 통진당 해산 재판을 이렇게 규정한다.

"증거재판은 온데간데없고 사상검증재판이 난무했다. 재판관들은 미리 결론을 내놓고 형식적으로 재판하는 시늉만 냈다"라고.

이런 추측성 심문을 통해 헌재는 정부 측이 주장한 '숨은 목적론'과 '주도세력론'을 인정했다. 정부 측은 공개된 통진당 강령에서 친북 혐의를 찾기 어렵게 되자 숨은 목적을 찾아 나섰다. 그래서 위에서 본 것과 같은 추측성 심문도 하게 되고, 그런 자료를 모아 겉으로 드러나진 않지만 자유민주주의 체제를 전복하고 진보적 민주주의 체제를 구축하여 집권하려는 숨은 목적이 있었다고 주장했다. 당원이 10만 명이나 되는 공개정당에 숨은 목적이 있을 수 없고, 이것이 있다면 분명한 증거가 있어야 한다는 통진당 측 주장은 받아들여지지 않았다. 주도세력론이란 것도 범주가 애매했고, 정부 측이 주장하는 주도세력 안에 실제로는 그 세력을 비판하는 인물들까지 들어가 있었다. 또 이들이 통진당 전체를 장악했다는 증거도 없었다. 이런 것이 재판에 직접 참여한 이재화의 관찰이다. 그의 결론은 이 판결이 한마디로 "파시즘적 판결"이란 것이다.

헌재는 1년 만에 이런 큰 사건을 처리했다. 재판기록만 해도 17만 5천 페이지나 돼서 이걸 검토하는 데만도 1년은 훨씬 넘게 필요한데도 그렇게 빨리 결정했다. 왜일까? 헌재의 최종결정은 2014년 12월 19일 나왔는데, 당시는 정윤회 등의 비선정치 의혹이 정국을 강타할 때였다. 그래서 곤경에 빠진 박근혜 대통령을 돕기 위해서 결정을 서둘렀다는 설이 있다. 또, 결정이 나온 날이 박근혜 대통령 당선 2주년 기념일이어서 당선 기념일 선물로 서둘러 준비했다는 얘기까지 있다. 하지만 이재화의 생각은 대법원 판결 전에 결정을 내리기 위해 헌재가 서둘렀다는 것이다. 이석기 등에 대한 2심 판결이 '내란음모 무죄', 'RO 실체 없음'으로 나와 있는 상태에서 대법원까지 같은 판결을 내리면 헌재가 통진당 해산 결정을 내리기 곤란한 상황이 될 수 있었다(대법원은 실제로 헌재 결정 이후에 2심과 같은 판결을 했다). 그래서 대법원 판결이 나오기 전에 서둘러 해산 결정을 내린 것이라는 게 이재화의 분석이다.

통진당 해산 결정과 같은 보수의 극을 달리는 판결은 대법원에서도 나오고 있다. 긴급조치를 고도의 정치적 행위로 보면서 손해배상의 대상이 안 된다는 판결이 대표적인 사례다. 한 서울대생이 1978년 남산 중앙

정보부로 끌려가 30일 동안 불법 구금됐다. 친구한테 유신체제에 대한 비판적 내용으로 편지를 보냈다는 이유 때문이었다. 2011년 국가를 상대로 불법구금에 대해 손해배상 소송을 냈다. 1심은 기각, 2심은 '국가가 200만 원을 지급하라'는 판결이었다. 그런데 올해 3월 대법원은 원고 패소 취지로 판결했다. 손해배상의 대상이 안 된다는 얘기였다.

2심과 대법원의 판결 이유를 자세히 보자. 2심은 "긴급조치 9호는 실효되기 이전부터 유신헌법에 명백히 위배되어 위헌이다. 긴급조치 9호를 발령한 행위는 대통령의 헌법 수호 의무를 위반한 것으로 대통령에게 고의 내지 과실이 인정된다"고 설명했다. 긴급조치는 유신헌법에 비춰보더라도 국민의 기본권을 침해하고 자유민주적 기본질서에 반하는 위헌이기 때문에, 긴급조치에 따른 구금에 대해서는 국가가 손해배상을 해줘야 한다는 얘기다. 반면에 대법원은 박정희 전 대통령의 긴급조치 발동은 "고도의 정치성을 띤 국가행위(통치행위)"로 규정하고, 대통령은 이에 대해 정치적 책임을 질 뿐 법적 책임은 지지 않는다고 판결했다. 위헌적 조치도 통치행위로 인정해줄 수 있다는 매우 비논리적이고 부당한 판결이다. 이 판결의 부당성을 『한겨레』 사설이 잘 지적하고 있다. "이런 논리라면 독재자가 아무리 위헌적인 조처로 국민의 자유와 권리를 탄압하더라도 사후적으로 법적 책임을 묻지 못하고 국민의 피해도 구제받지 못하게 된다."[3] 역사는 승리한 자의 것이라는 주장과 다를 바 없는 것이다.

1995년 전두환 등 신군부 인사들의 내란 등의 혐의에 대해 검찰이 '성공한 쿠데타는 처벌할 수 없다'는 논리로 불기소 처분한 적이 있는데, 대

---

3 "유신 망령에 손짓하는 대법원 판결", 『한겨레』, 2015. 3. 27.

법원의 논리가 이와 비슷하다. 더구나 대법원 스스로가 2010년과 2013년에 긴급조치 1, 4, 9호가 위헌이라고 판결한 적이 있다. 당시에는 "민주주의의 본질적 요소이자 유신헌법과 현행 헌법이 규정한 표현의 자유, 영장주의와 신체의 자유, 주거의 자유, 청원권, 학문의 자유를 심각하게 제한함으로써 국민의 기본권을 침해했다"고 판결의 이유를 밝혔다. 올해 3월의 판결은 이런 판결을 뒤집은 것이다. '민주사회를 위한 변호사 모임'의 성명처럼 "대법원이 유신의 품에 안겼다"는 얘기를 들어도 대법원은 할 말이 없게 됐다.

홍준표는 아이들 밥그릇까지 종북몰이

경남지사 홍준표는 돈키호테로 불린다. 좌충우돌 때문이다. 압권은 아이들 무상급식을 종북으로 몰아부친 것이다. 홍준표는 본인의 소신에 따라 올해 4월부터 경남교육청에 대한 무상급식 예산지원을 중단했다. 경남의 초중고생이 28만 5천여 명인데, 그 가운데 저소득층과 특수학교 학생 6만 7천여 명만 무상으로 점심을 먹고, 나머지 21만 8천여 명은 돈을 내고 점심을 먹게 되었다. 홍준표는 자신의 차별적 복지 신념을 실현하기 위해 많은 논란을 야기하면서 무상급식을 중단시켰다.

무상급식도 무상급식이지만, 더 문제라고 생각하는 것은 무상급식 중단 반대 운동을 종북세력으로 몰아간 것이다. 홍준표는 자신의 페이스북에서 "전교조, 일부 종북세력, 이에 영합하는 반대세력과 일부 학부모

단체들이 연대해 무상급식을 외치고 있다"고 말했다.[4] 경남도청이 3월 30일 낸 성명은 무상급식 중단 반대 운동을 "종북세력을 포함한 반사회적 정치집단의 불순한 정치투쟁"으로 규정했다. 그러면서 "불순한 정치적 목적으로 도정을 훼손하려는 행위를 결코 용납하지 않을 것"이라고 사뭇 결연하게 밝혔다. 반대운동에 참여하고 있는 '친환경무상급식지키기 경남본부'의 대표가 민주노동당 간부를 한 적이 있다는 것이 종북 딱지의 이유다. 하지만 반대운동 참가자 대부분은 학부모들이다. 아이들이 마음에 상처를 받지 않고 점심을 먹을 수 있게 해달라는 부모들의 마음이 무상급식 존속 운동을 벌인 것이다. 그런데 그런 운동을 종북으로 몰아 세웠다.

홍준표는 어떤 생각으로 종북몰이를 하는 걸까? 종북, 친북 딱지면 모든 것이 해결된다는 생각인 것 같다. 생각 외로 강한 반발을 보면서 여기에다가 종북을 붙이면 여론 싸움에서 이길 수 있다는 생각을 했을 것이다. 하지만 오버를 해도 한참 오버했다. 애들 밥 편하게 먹게 하자는 운동을 친북, 종북 세력들이 주도하는 정치투쟁으로 보다니, 급하긴 급했던 모양이다. 무상급식 논쟁의 와중에 미국출장 중 평일 부부동반 골프로 수세에 몰렸으니 홍준표 입장에서는 급할 만도 했다. 하지만 그렇다고 얼토당토 않은 얘기로 물타기를 해서 문제를 호도하려 해서야 되겠는가? 이렇게 박근혜 정부 들어서서 종북몰이는 상시적으로 진행되고 있다.

그건 그렇고, 선별적 복지는 얼마나 좋은 것이길래 홍준표가 그렇게 목을 매는 것인가? 종북몰이까지 하면서. 선별적 복지는 복지혜택을 받

---

4 김정훈, "홍준표 '전교조·종북세력이 무상급식 외치고 있다'", 『경향신문』, 2015. 4. 4.

을 만한 사람들만 가려서 지원을 해야 한다는 것이다. 학교급식도 가난한 학생들만 골라서 무료로 하고, 나머지는 돈을 받아야 한다는 것이다. 일면 옳은 말 같기도 하다. 그렇게 하는 것이 좀더 공평한 사회로 가는 길일 것 같기도 하다. 또 돈이 덜 들 것 같기도 하다. 그런데 정말 그런가? 이 부분에 대해서는 나보다 훨씬 전문적인 식견을 가진 경북대 경제학과 교수 이정우의 얘기를 들어보자.

"보편주의와 비교할 때 선별주의는 우선 예산이 적게 들어 보이지만 결코 싼 게 아니다. 가난한 사람을 선별하는 데 큰 조사비용이 들고, 선별에서 빠진 어려운 사람이 발생하고(송파 세 모녀 사건), 가난하지 않은 사람이 속여서 나랏돈 빼먹는 부정이 생기고, 선별로 인해 가난한 사람들이 마음의 상처를 받고(낙인효과), 복지는 가난한 달동네 사람들을 위한 것이니 나하고는 상관없다는 반복지의식을 함양하고, 국민들이 세금 내는 것을 거부하게 만들어 복지국가 건설을 방해한다."[5]

선별비용, 선별의 정밀성, 낙인효과, 반복지의식, 세금에 대한 거부감 등의 문제를 고려하면 보편적 복지가 오히려 비용이 적게 들고, 보다 살기 좋은 사회를 형성하는 데 도움이 된다는 얘기다. 나는 이 가운데 낙인효과가 가장 큰 문제라고 본다. 이는 돈으로 계산하기 어려운 것이다. 감정적으로 예민한 시기에 다른 아이들은 돈을 내고 밥 먹고, 나는 가난해서 공짜로 밥 먹는다는 생각을 하게 되면, 이것이 얼마나 큰 상처가 되겠는가? 계층 간의 위화감을 그렇게 어린 나이부터 경험하게 해도 되는 것인가?

모든 것을 성장과 효율 관점에서 평가하려는 보수의 마인드로는 이런

---

5 이정우, "싼 게 비지떡: 선별복지의 함정", 『경향신문』, 2015. 4. 1.

것이 큰 게 아닐 수 있다. 하지만 눈으로 보이는 것보다 이런 눈에 보이지 않은 것이 훨씬 많은 사회적 비용을 유발할 수 있다. 계층 간의 위화감이 심화되면 사회적 불안 요인이 되고, 이런 것이 표면화되면 심한 갈등과 분쟁으로 이어질 수 있다. 이런 것은 한번 물결을 타면 쉽게 가라앉지 않는다. 미국은 지금까지 선별복지를 추진해 왔다. 그래서 계층 간 격차가 심하고 갈등요소도 많다. 반면에 보편적 복지를 추구해온 북유럽의 스웨덴, 핀란드 같은 나라는 보다 평등하고 갈등요소도 상대적으로 적다.

물론 우리가 바로 북유럽처럼 보편적 복지를 전면적으로 확대하기는 어렵다. 그러니 우선적으로 할 수 있는 부분부터 차근차근 해야 한다. 무상급식은 우선적으로 해야 할 부분이다. 아이들 문제이기 때문이다. 돈도 많이 들지 않는다. 경상남도 예산 가운데 무상급식에 드는 것은 0.5%에 불과하다. 그걸 못한다고 하는 것은 돈 문제가 아니다. 무상복지, 보편적 복지를 인정하면, 우리사회의 주요이슈가 되어있는 복지논쟁에서 진보에게 주도권을 빼앗기는 것이 되고, 보수는 이를 두려워하고 있는 것이다. 하지만 더 중요한 것을 생각해야 할 때이다. 어느 것이 우리사회 미래를 위해 훌륭한 투자인지 깊이 따져서 판단할 일이다.

전국교직원노동조합(전교조)을 법외노조화 하려는 것도 이런 분위기의 연장선상에서 이뤄진 것이다. 박근혜 정부가 들어선지 반년이 좀 넘은 2013년 10월 고용노동부가 전교조를 교원노조법상의 노조가 아니라고, 즉 법외노조라고 통보했다. 해직교사의 가입을 허용하는 규약을 고치지 않는다는 이유였다. 정부정책에 비판적인 전교조를 공식 노조로 인정하지 않겠다는 뜻이었다. 해직교사 가입을 허용하는 규정은 형식적으로 내세우는 것일 테고, 정부의 기본적인 생각은 '전교조는 불온세력'

이라는 것이다. 그래서 세력을 약화시키고 싶어 한다. 법외노조가 되면 정부로부터 지원받던 사무실을 내놓아야 되고, 교육부와 시도교육청에서 지원받은 사무실 임차료 40억 원도 반납해야 한다. 전교조 사무실에서 전임으로 일하던 교사 80여 명도 모두 학교로 돌아가야 한다. 이렇게 되면 조합 차원에서 사업을 추진하는 것이 아주 어렵게 된다.

전교조는 법외노조 통보를 취소하라고 소송을 냈다. 노조의 자주성을 보장하는 것이 교원노조법의 취지이기 때문에 해직교사도 가입할 수 있다는 것이 전교조의 주장이다. 작년 6월 서울행정법원은 정부의 손을 들어줬다. 이후 2심인 서울고등법원이 이를 뒤집어 정부의 법외노조 통보 처분을 정지시켰는데, 3심인 대법원이 다시 번복해 서울고법의 결정을 파기했다. 법외노조 처분이 옳다고 판결한 것이다. 대법원이 서울고법의 결정을 파기해 돌려보냈기 때문에 서울고법이 다시 판결을 해야 하지만 통상은 대법원의 판결대로 따라간다. 전교조가 법외노조가 될 가능성이 높은 것이다. 서울고법은 '해직교사는 전교조 조합원이 될 수 없다'고 규정된 교원노조법에 대해 위헌법률심판도 제청했는데, 지난 5월 헌법재판소는 위헌이 아니라고 결정했다. 헌재도 대법원과 같이 정부입장을 두둔해준 것이다.

2013년 말에 경찰이 철도노조 간부들을 체포하기 위해 민주노총 본부를 강제 진입했는데, 이것도 같은 맥락에서 발생한 일이다. 민주노총을 불온세력으로 보고 있는 것이다. 그래서 1995년 민주노총이 생긴 이래 처음으로 본부에 강제진입한 것이다. 검찰이 탈북자 출신 서울시 공무원 유우성을 간첩 혐의로 기소했는데, 무죄로 풀려나는 상황도 발생했다. 더욱이 그를 간첩으로 몰기 위해 증거까지 조작한 국정원 과장은 실형을 선고받기도 했다.

그래서 지금을 신안보정치 시대라고 한다. 박정희 정권 못지않을 만큼 안보정치가 힘을 발휘하고 있다는 얘기다. 안보정치는 국가안보를 위해 개인의 자유는 제한될 수 있다는 낡은 안보론을 바탕으로 하고 있다. 이런 생각으로 무리하게 국가안보를 강조하고 사회의 모든 영역에 국가안보 중시의 입장을 적용하려고 하고 있다.

'임을 위한 행진곡'이 김일성 찬양?

올해 5·18기념행사는 두 쪽이 났다. 정부행사 따로, 민간행사 따로였다. 원인은 다름 아닌 기념곡 때문이다. 민간은 '임을 위한 행진곡'을 기념곡으로 해야 한다고 주장한다. 민주화의 상징과 같은 노래이기 때문에 5·18기념곡으로 적절하다는 얘기다. '임을 위한 행진곡'은 5·18기념식이 정부행사로 진행되기 시작한 1997년부터 10년 이상 참석자들이 함께 제창한 노래다. 그러던 것이 2009년부터 합창단만 부르는 노래로 바뀌었다. 정부가 이 노래를 기념곡으로 지정하는 것도, 참석자들이 모두 부르는 제창곡으로 지정하는 것도 거부하고 있기 때문이다. 합창단이 노래를 해도 자연히 따라 부르게 되어 있는데, 굳이 합창단의 합창은 되고, 참석자들의 제창은 안 된다고 하는 이유도 이해하기 어렵지만, 핵심은 정부가 이 노래를 기념곡으로 지정하기를 거부한다는 것이다.

그런데 이 노래를 기념곡으로 지정해야 한다는 주장은 민간만이 하는 게 아니다. 여야가 국회결의로 이 노래를 공식 기념곡으로 지정해야 한다고 했다. 지금의 국회의장 정의화도 같은 생각이다. "정부가 긍정적이고 미래지향적으로 생각해주길 바라고, 국회에서 결의한 것을 존중하길 바란다"고 할 만큼 입장이 분명하다. 새누리당 대표 김무성도 "북한이 '임을 위한 행진곡'을 악용한다고 (이 노래를) 못 부르게 해서는 안 된다"고 했다. "(이 노래는) 제창되어야 한다고 생각한다. 앞으로 계속 (정부를) 설득해 보겠다"고도 했다.[6]

이러한 요구에도 불구하고 이를 유독 강하게 거부하는 사람이 보훈처장 박승춘이다. 국회 얘기도 안 듣고, 국회의장과 여당대표의 말도 무시하고 있다. 그런데 보훈처 입장이 해괴하다. 보훈처는 "1991년 황석영, 리춘구(북한 작가)가 공동 집필해 제작한 북한 영화 '님을 위한 교향시' 배경음악으로 사용돼, 노래 제목과 가사 내용인 '임과 새날' 의미에 대한 논란이 야기됐다"면서 기념곡 지정을 거부하고 있다.[7] '종북딱지'를 붙이고 있는 것이다. 첫째는 북한 영화의 배경음악으로 사용됐기 때문에 안 된다는 것이다. 그렇다면 5·18관련 단체들이 주장하는 것처럼 아리랑이 북한 영화의 배경음악으로 이용되면 안 불러야 된다는 얘기가 된다. 논리적인 설명이 못 된다. 둘째는 '임'이 김일성을, '새날'은 적화통일을 의미한다는 것이다. 탈북자들의 말에 따르면 이 노래는 북한에서 사실상 금지곡이라고 한다. 98년쯤에 북한에서 이 노래를 부르는 사람들이 있었는데, 북한 당국이 반체제 성격이 있는 것으로 판단하고 못 부르게 했다는 것이다. '임'이 김일성이고, '새날'이 적화통일을 의미한다면 있을 수 없는 일이다. 노래의 가사에 나오는 대로 '임'은 동지를 얘기하는 것이고, '새날'은 민주주의가 이루어지는 날이다. 그래서 이 노래가 민주화

---

6 석진환·정대하, "정부 어깃장에 두쪽 난 5·18", 『한겨레』, 2015. 5. 19.

7 손덕호, "'임을 위한 행진곡' 종북인가 아닌가…여당 내에서도 의견 갈려", 『조선일보』, 2015. 5. 18.

투쟁의 현장에서 불렸고, 민주화운동의 상징과도 같이 된 것이다.

이런 사정을 아는지 모르는지 보훈처는 '기념곡 불가' 입장에서 한 치도 물러서지 않고 있다. 새누리당 의원 하태경이 박승춘을 경질하라고 요구할 정도이다. 하태경도 북한인권운동을 열심히 하는 매우 우익적인 인사인데, 그런 사람도 참을 수 없을 만큼 박승춘의 입장은 앞뒤가 막혀 있다. 알고보니 이 사람도 박근혜 대통령이 좋아하는 군출신이다. 육사 27기로 청와대안보실장을 거쳐 주중대사가 된 김장수와 동기다. 육군 중장까지 지내고 한나라당 국제위원회 부위원장을 거쳐 이명박 정부에서 보훈처장에 임명돼 지금까지 그 자리를 유지하고 있다.

실은 박승춘보다는 더 중요한 것이 박근혜 대통령의 인식이다. 새정치민주연합 대표 문재인이 올해 3월 대통령과 만난 자리에서 이 노래를 기념곡으로 지정해 달라고 요청했다. 이에 대한 대통령의 답은 "보훈처와 논의하라"는 것이었다. 이미 강한 반대입장을 갖고 있는 보훈처와 상의하라는 것은 강한 거부의사이다. 대통령이 이 노래를 부정적으로 생각하고 있다는 것이다. 종북딱지를 붙이고 있는 보훈처의 행동에 동의한다는 것이다. 보수성향의 여당의원도, 국회의장도, 여당대표도 아니라고 하는데, 종북 노래로 인정하고 있는 것이다. 박승춘이 국회, 국회의장, 여당대표 모두 무시할 수 있는 것은 이런 대통령의 인식을 잘 알고 있기 때문이다.

정부가 올해 5·18민주묘지에서 주최한 5·18기념식장의 맨 앞줄 사진은 아주 인상적이다. 왼쪽부터 보훈처장 박승춘, 국무총리 대행 최경환, 국회의장 정의화, 새누리당 대표 김무성, 새정치민주연합 문재인 순서로 서 있는 모습이다. 그런데 왼쪽 두 사람은 입을 꾹 다물었다. 반면에 오른쪽 세 사람은 입을 벌리고 있다. 세 사람은 '임을 위한 행진곡'을 따라 부르고 있는 것이다. 제창은 허용이 안됐지만, 허용된 합창단의 합창이 나올 때 따라서 노래를 부른 것이다. 내년에도 이런 모습이 그대로 연출될 것인가? 사회통합, 지역통합, 계층 간의 통합, 이런 거대한 통합과 화합을 외치고 있는 대통령이 이런 작은 통합 하나 이뤄내지 못하고 있다. 지나치게 좁은 시야, 심하게 경직된 사고 때문이다.

종북몰이는
보수 결속 위한 것

박근혜 정부가 들어서서 진행되고 있는 종북몰이에 적극 편승하고 있는 쪽이 종합편성채널들이다. 한정된 광고시장을 두고 생존경쟁을 벌이고 있는 종편인 만큼 시청률만을 의식한 선정적 방송은 충분히 예상되는 것이었지만, 최근에는 북한 비난을 이러한 선정적 방송에 과다하게 이용하고 있다. 문제는 정확하지도 않은 내용을 주장만 잔뜩 담아서, 그것도 완전 무절제한 용어를 사용하면서 북한을 비난한다는 것이다. 가끔 종편을 틀면 깜짝깜짝 놀랄 정도이다. 나도 방송국에서 기자생활을 16년이나 했다. 그래서 방송의 생리는 좀 아는 편이다. 그런데 종편들은 해도 너무 한다. '어떻게 방송이 저럴 수 있을까?'하는 탄식이 저절로 나올 정도이다.

특히 『TV조선』이 심하다. '돌아온 저격수다'라는 프로그램에서 김정은을 비난하는 내용을 다룬 적이 있다. 그 내용이 가히 상상을 초월한다. 김정은의 헝클어진 머리칼을 보면서 부부싸움을 했든지, 술을 먹고 들켰든지 해서 어떤 사단이 나서 저렇게 헝클어진 머리로 나왔다는 얘기로 시작했다. 그러더니 걷는 모습이 다리에 힘이 없다며 한 출연자가 말했다.

"어제 난잡하게 놀았다는 것을 단적으로 보여주는 겁니다."

김정은에 대한 얘기가 아니라도 이런 얘기를 방송에서 할 수 있는 것인지 심히 의심스럽다. 그런데 종편은 서슴없다. 곧바로 백두혈통이 말이 안 된다면서 '돼지혈통,' '백정혈통'이란다. 용감하기 그지없다. 여기서 그치지 않았다. 출연자 한 사람이 자기가 조사해온 자료라며 공개했다. 2005년 인천 아시아육상대회에 응원단으로 온 리설주의 사진이었다. 사진을 보면서 바지 지퍼가 열려있다고 주장했다. 내 눈에는 바지가 넓은 것이어서 쭈그러져 보였는데, 열렸다는 얘기였다. 그러면서 이런 얘기를 덧붙였다.

"급하게 무슨 일을 벌이다가 나왔는지 모르겠지만, 리설주의 행동이 그렇게 단정한 여자가 아니다."

리설주가 1989년생이니까 당시 16살 학생이었다. 그런데 무슨 얘기를 하는 것인가? 길거리 전단에나 나올 법한 얘기를 방송에서 대중을 상대로 그야말로 마음껏 했다.

종북몰이가 이러한 어이없는 방송을 가능하게 하고 있고, 이런 방송환경이 또한 종북몰이를 지속하게 하는 형국이다. 하긴 종편이 조선, 동아, 중앙 등 보수언론 차지가 될 때부터 이런 방송환경은 예견되는 것이었다. 그렇지 않아도 신문시장을 점령하고 있는 보수언론이 종편방송까지 차지해 그들의 기세는 제어하기 힘들 정도가 되었다. 이런 언론환경이 보수여론의 확대에 적극 기여하고 있음은 두말하면 잔소리다. 반대측의 목소리, 균형감을 가진 목소리는 퍼져나갈 공간이 없다. 보수는 과대대표되고 있고, 반대로 진보는 과소대표되고 있다. 여당보다는 야당이 비판에 훨씬 더 많이 노출돼 있다. 문재인을 친노패권주의로 몰아가는 것도 실은 이런 언론환경이다. 친노패권주의의 실체가 무엇인지 아는 사람은 별로 없다. 제대로 논의된 적도 없다. 아니, 친노라는 것 자체에 대해서도 말들이 여러 갈래다. 어떤 사람은 '노무현의 생각을 따르는 사람들'이라 하고, 어떤 이들은 '문재인을 지지하는 사람들'이라고 한다. 어떤 사람들은 친노를 '노무현에 의지해 권력을 얻으려는 사람들'이라는 의미로 쓴다. 이렇게 친노라는 것이 무엇인지부터 애매하다. 그런데 보수언론들은 어느새 진보 때리기 프레임으로 친노패권주의를 구성해냈다. 그리고 이를 바로 문재인에게 덧씌웠다. 이런 것이 지금의 신문, 방송의 모습들이다. 정부의 종북몰이가 가능한 것은 이러한 보수 중심의 언론환경이 적극 돕고 있기 때문이다.

그렇다면 박근혜 정부는 왜 이런 종북몰이, 안보정치, 안보포퓰리즘을 계속하고 있는 것일까? 내가 보기에는 세 가지 원인이 있다. 첫째는, 지금의 정부 자체가 극우적이다. 지나치게 보수적인 이념을 가지고 있다. 대통령을 비롯해 정부를 구성하고 있는 인물들이 극우적인 생각을 가지고 있다. 북한을 적대시하고 북한과의 접촉은 경계하고 꺼린다. 공산주의자라면 상종하지 않는 게 좋다는 인식을 가지고 있을 것이다. 이러한 인식을 가진 정부가 종북몰이를 하는 것은 어쩌면 당연하다. 웬만한 것은 다 위험해 보이니까 막고 제재하고 사법처리해야 하는 것이다. 이들에게 종북몰이는 나라의 근간을 지키는 것이고, 독립운동 만큼이나 중대한 문제이다. 대통령 비서실장을 하던 김기춘이 북한민주화포럼 대표 이동복, 국민행동본부 본부장 서정갑, 국가정상화추진위원회 위원장 고영주 등 극우인사들을 만나 "대한민국의 정체성을 지키기 위해 싸워온 여러분의 노고에 감사드린다"고 말할 정도이다. 국정원장 시절 남재준도 극우단체를 초청해 격려했다. 이들의 행보는 대통령의 인식을 그대로 반영하는 것이다. 대통령과 정권의 핵심세력들의 인식이 이 정도이기 때문에 종북몰이는 앞으로도 중단 없이 계속된다고 보아야 할 것이다.

둘째, 이념대립을 부추겨 보수의 결속을 강화하려 하고 있다. 정권과 보수세력은 종북몰이에 나서고, 이 몰이에 밀린 진보는 격렬히 반발하며 대립을 일으키려 하고 있다. 대립이 심화되면 대다수 국민들은 안보불안을 느끼게 되고, 그렇게 되면 보수는 결속을 강화하게 되어 있다. 북쪽에 우리의 현실적인 '적' 북한을 두고 있는 한국상황에서 좌와 우의 극한대립 상황은 우익에게 활동공간을 훨씬 넓혀준다. 종북몰이는 이런 것을 겨냥하고 있다.

셋째, 보수의 결속을 통해 결국은 정권의 지지기반을 공고히 하려 하고 있다. 종북몰이를 하는 것은 보수의 결속을 강화하는 길이고, 정권에 대한 지지를 보다 탄탄하게 하는 길이라는 판단을 하고 있는 것이다. 그러니 박근혜 정부는 북한의 입장을 이해하려는 단체나 세력에 대해서 지속적으로 종북몰이를 해야 하는 것이다.

하지만 이제 이런 효과를 기대하기에는 시민들의 생각이 너무 깊어졌다. 통진당 해산 결정이 난 작년 12월 19일 한국갤럽의 주간 여론조사 결과가 나왔다. 박근혜 대통령의 국정수행에 대한 지지도가 37%였다. 정권 출범 이후 최저였다. 영남과 여성이 주요 지지세력이었는데, 여기서도 균열이 생기기 시작한 때문이었다. 문제는 그럼에도 안보불안에 따른 정권 지지율 상승을 기대하면서 안보정치를 계속한다는 것이다.

안보정치에 매달리는 정부는 일종의 강박증을 앓고 있다고 보는 것이 맞을 것 같다. 이건 원래 내 얘기가 아니고 후마니타스 출판사 대표 박상

훈의 분석이다. 정권이 헤게모니를 잃어가면서 나타나는 현상이라는 것이다.

"진짜 본질은 박근혜 정권이 다수파의 동의를 끌어내어 헤게모니를 유지할 능력이 파산했다는 데 있다. 지금 정권지지 블록에는 강성 보스층만 남고 나머지가 떨어져나간 상태다. 이러면 통치가 안 된다. 이럴 때 종북공세는 정권이 강한 게 아니라 약하다는 증거다."[8]

강한 권력을 쥐고 맘껏 휘두르는 것 같지만 실상은 지지세력을 잃어가면서 조급증이 종북몰이, 안보정치로 나타나고 있는 것이다.

종북몰이와 남북화해는 양립 불가능

이러한 안보정치가 가능한 것은 보수정권의 '분단감도'(sensitivity to division)가 지나치게 약하기 때문이다. 남북한이 분단되어 있기 때문에 우리가 부담하는 사회적 · 경제적 비용은 이루 말할 수 없다. 남북한이 나누어져 있음으로 해서 규모의 경제와 시너지 효과를 이루지 못하는 것은 물론이고, 서로 지나치게 많이 투자하고 있는 국방비, 남한 내에서 일어나고 있는 남남갈등과 그로 인한 사회적 손실 등 분단비용은 계산이 불가능할 정도로 크다. 보수는 이런 비용의 천문학적 규모를 잘 인식하지 못 하고 있다.

그런 비용을 줄이는 길은 남북 간의 화해를 추구하는 것이다. 당장 통일이 아니어도 괜찮다. 차근차근 협력의 분위기를 만들어 가면 대결의

---

8 천관율, "종북카드로 역습 즐기는 박근혜 대통령", 『시사인』, 2014. 12. 22.

식이 약화되어 가고, 그런 가운데 사회적 · 경제적 비용이 감소되어 간다. 분단과 분단비용에 대한 감도가 떨어지다 보니 보수는 화해의 효용성에 대한 감도도 약하다. 그래서 화해의 길로 들어서질 못한다.

남북 간의 화해와 그로 인한 한반도의 총체적인 변화와 발전을 추구하는 것이 옳은 것이지만, 이것을 못하게 되어 있는 것이 보수정권의 한계이다. 보수의 기반은 우리 사회에서 가진 자들이다. 기업을 소유하고 있는 사람들, 기업에서 높은 자리를 가지고 있는 사람들, 부동산이나 현금을 많이 가지고 있는 사람들, 정부의 고위관료들, 군의 장성들 등등. 이들은 본능적으로 스스로 가진 것을 지키려 한다. 자신도 돈과 자리가 주는 혜택을 최대한 누리려 하고, 이것들을 후대에까지 세습시키고 싶어 한다. 그러니 큰 변화를 원치 않는다. 우리 사회 보수세력의 연원을 좀 더 추적해보면, 해방 후 제대로 청산되지 못한 친일세력, 북한의 토지개혁 당시 넘어온 지주들, 일본 · 미국과의 관계 속에서 부와 권력을 쌓아온 사람들이다. 그들이 우리 사회의 상류층을 형성했고, 그들의 후세들이 지금 우리 사회 부와 권력의 많은 부분을 쥐고 있다. 이러한 보수세력의 특성은 공산주의를 대화의 상대로 인정하지 않고, 미국과 일본을 추종한다. 그래야 스스로 가진 것을 지킬 수 있고, 지키려다 보니 공산주의 혐오, 미 · 일 추종 의식은 더욱 심화되는 과정을 겪어 왔다. 종북몰이와 안보정치는 보수세력이 이러한 본성에서 나오는 것이라고 봐야 할 것이다.

문제는 그러한 보수의 인식을 가지고는 남북관계를 개선하기 어렵다는 것이다. 시대착오적인 주사파가 얼마나 있는지는 모르겠지만 박근혜 정부는 이들이 우리 사회에 많이 남아있고, 이들을 뿌리 뽑으려면 웬만큼 북한에 우호적인 세력은 종북으로 몰아가야 한다는 인식을 가지고 있는 것 같다. 이러한 인식은 보수정권의 기반을 강화할 수 있다는 전략적인 이유와 함께 종북몰이의 촉매제 역할을 하고 있다.

그런데 이러한 종북몰이는 남북교류나 남북화해와는 공존하기 어렵다. 서로 물과 기름 사이이다. 모순이고, 양립 불가능하다. 개성공단이 확대되고, 금강산관광이 재개되고, 북한에 대한 인도적 지원이 확대되는 상황에서 종북몰이는 힘을 얻기 어렵다. 화해분위기에 찬물을 끼얹는 조치로 인식될 것이다. 화해의 분위기에서는 북한에 대해 교류와 협력을 주장하는 단체들의 활동력이 강화될 수밖에 없다. 그런 상황에서 종북몰이는 더 큰 역풍을 몰고올 가능성이 높다. 그러니 안보정치를 해서 정권의 기반을 강화하려는 기본적인 정책방향을 가진 정부는 북한과의 화해를 추구하지 않는 것이 유리하다. 그것이 논리적으로도 앞뒤가 맞다.

결국 종북몰이 중단이 남북관계 개선의 최소한의 조건이 된다. 종북몰이를 중단한 연후에야 북한과 관계를 지속적으로 개설할 가능성이 열리는 것이다. 그런데 종북몰이를 계속하면서 통일을 얘기하는 것은 그야말로 어불성설이다. 남북교류, 남북화해도 불가능한데 통일을 말하는 것은 속내를 숨긴 채 그저 입으로만 외치는 헛구호일 뿐이다.

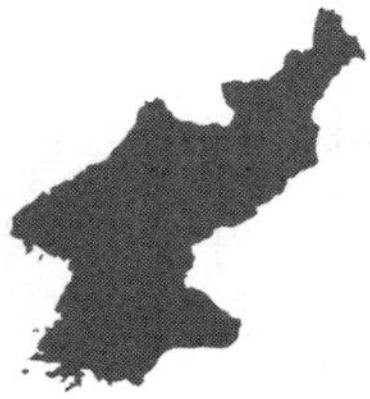

3 장

통일대박론은 흡수통일론

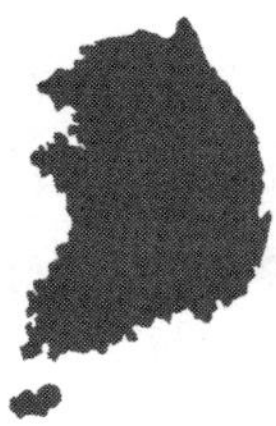

통일대박론 왜 나왔나?

카이스트에 세 가지 전설이 있다고 한다. 전설 속에는 전해지는 데 실제로는 찾아보기 힘든 세 가지이다. 용, 여자친구, 아침밥. 학교 자체에 여학생이 적고, 공부에 바쁘다 보니 여자 친구 사귀기가 쉽지 않다. 기숙사가 있지만 아침식사가 딸려있는 것이 아니라서 각자 사먹어야 하는데, 보통 늦게까지 공부하고 아침에 늦게 일어나니 아침식사를 해 본 지가 오래다. 용은 전설 속에서나 있는 것의 대표로 여자친구와 아침밥이 전설적인 것임을 강조하기 위해 등장한 소재로 보인다. 박근혜정부로 보면 통일대박론이 대표적인 전설 속 이야기이다. 한 때 있었는데 지금은 없다. 노르웨이 오슬로대학의 한국학교수 박노자는 '동화책'이라고 표현했다. 현실화될 수도 없고 현실화될 일도 없는 얘기라는 뜻이다.

통일대박론이 나온 것은 2014년 1월 6일 신년기자회견에서다. MBC 기자가 평화통일 기반 구축을 위해서 올해 구체적으로 어떤 조치들을 준비하고 있는지 물었다. 박근혜 대통령은 길게 답했다. 물론 준비된 답이다. 혹시 아직도 대통령이 기자회견할 때 기자들의 질문이 즉석에서 이루어지는 것으로 알고 계신 분이 있는지 모르겠지만, 즉석질문은 없다. 사전에 짠 각본대로 질문한다. 질문자, 질문순서, 질문내용까지 사전에 약속한 대로 한다. 특히 박근혜 대통령은 사전에 준비된 것이 아니면 답을 안 하는 스타일이다. 어쨌든 이날도 통일문제는 MBC가 질문하기로 했고, 그래서 질문했다. 준비된 답이 통일대박론이었다.

"평화통일 기반 구축은 남북관계는 물론이고, 우리의 외교안보 이 전반을 아우르는 국정기조라고 할 수가 있습니다. 지금 국민들 중에는 이 통일 비용이 너무 많이 들지 않겠느냐, 그래서 굳이 통일을 할 필요가 있겠느냐고 생각하는 그런 분들도 계시는 것으로 압니다. 그러나 저는 한마디로 통일은 대박이다 이렇게 생각을 합니다. 지금 세계적인 투자 전문가, 얼마 전에도 보도가 됐는데 이분이 '만약에 남북통합이 시작되면 자신의 전 재산을 다 이 한반도에 쏟겠다. 그럴 가치가 충분히 있다' 그래서 만약에 통일이 되면 우리 경제는 굉장히 도약을 할 수 있다고 보는 것입니다. 저는 한반도의 통일은 우리 경제가 실제로 대도약할 수 있는 기회라고 생각합니다."

이렇게 말했다. 그러면서 통일기반 구축을 위해서는 세 가지 조치가 먼저 이루어져야 한다고도 강조했다. 첫째, 한반도 평화를 만드는 것, 둘째, 대북 인도적 지원을 통한 동질성 회복, 셋째, 통일공감대 확산을 위해 국제협력을 강화하는 것이다. 이렇게 자세히 통일기반 구축을 위한 작업들을 열거한 것을 보면 사전에 잘 준비한 것은 틀림없는데, 왜 하필 속어인 '대박'이란 말을 썼을까? 이런 용어를 청와대 참모진이 써줬을 가능성은 적다. 그렇다면 가능성은 대통령 스스로 이런 용어를 선택했을 가능성만 남는다. 극적인 효과를 노린 대통령이 마음먹고 이런 워딩을 한 것으로 보인다. 그것이 가능한 배경이 있다. 2012년 대선 당시 박근혜 후보 진영에서 '대박'이라는 용어를 많이 썼다. '대통령 박근혜'를 줄여서 '대박'이라고 썼다는 것이다.[1] 나도 박근혜 대통령의 딱딱한 이미지와 대박이라는 속어는 영 어울리지 않는다고 생각했는데, 대선 당시 '대박'이란 말을 캠프에서 많이 썼다고 하니까 '통일은 대박이다'란 말이 나온 상황이 좀 이해가 된다.

---

1 권영철, "통일은 왜 갑자기 대박이 됐나?", 『CBS노컷뉴스』, 2014. 1. 7.

이후 정부에서는 대대적으로 통일대박론을 홍보했다. 통일이 되면 분단비용도 없어지고 북한지역에 대한 개발과 투자를 통해 거대한 편익을 얻을 수 있다고 여기저기서 얘기들 했다. 해외에서까지 홍보를 했다. 영어로 쓰면 bonanza(노다지라는 뜻)가 된다면서. 대통령은 1월 말 스위스 다보스에서 열린 다보스포럼에 가서 "통일은 한국에만 대박이 아니라 동북아 주변국 모두에게도 대박이 될 수 있다"고도 했다. 하지만 지금은 아니다. 정부도 새누리당도 잘 얘기 안 한다. 그만큼 뿌리가 약했다는 얘기다. 왜 이렇게 됐는지 알아볼 필요가 있다.

우선, 전설 속의 통일대박론이 왜 나왔는지부터 살펴보자. 물론 박근혜 대통령의 순수한 통일의지를 믿고 싶다. 하지만 당시의 당황을 보면 그렇게 읽히지가 않는다. 박근혜 정부는 출범하자마자 국정원과 군의 선거개입 문제로 야당과 시민단체들의 파상공격을 받아왔다. 실제로 국가의 주요기관이 선거에 개입했으니 곤욕을 치르는 게 당연한 것이기도 했다. 박근혜 대통령으로서는 여기서 벗어나고 싶었을 것이다. 한신대 교수 윤평중도 말했다. "정권 출범 첫해를 유실시킨 국가기관 대선 개입 의혹을 일거에 통일대박론이 반전시켰다"고.[2] 이런 효과를 기대했을 것이다. 그런 점에서 통일대박론은 엄청 성공한 담론이다.

통일대박론이 왜 나왔을까를 좀 더 생각해보자. 박근혜 대통령에 대한 지지층 확산 또한 노렸을 것이다. 그동안 통일은 진보의 전유물처럼 여겨져 왔다. 이런 것을 좀 깨고 싶었을 것이다. 보수도 통일을 보다 적극적으로 말해서 통일을 지향하는 세력의 지지를 일부 가져오고 싶었을 것이다. 윤평중의 말대로 통일대박론의 반짝 성공을 보고 "야당과 진보

2 윤평중, "통일은 대박인가", 『조선일보』, 2014. 2. 7.

진영이 곤혹스러워"한 것은 이 때문이다. 『조선일보』의 고문 김대중은 이것이 가장 걱정스러웠던 모양이다. 대통령이 미국, 일본, 중국과의 관계, 그리고 다자외교 등 할 일이 태산같이 많은데 통일에 올인하는 것 자체가 염려스러운데, 더욱이 박근혜 대통령이 자신의 이념적 지형을 넓혀보려는 생각에서 통일대박론을 제기했다면 위험한 것이라고 경고한다. "총체적으로 볼 때 우리의 군사력과 국방력은 긴 휴전 상태에 길들여진 탓인지 나태하고 부패하고 후진적인데 우리의 외교는 대북 외교에 매달려 글로벌 외교, 주변 강대국 외교를 방기하고 있는 형국이다. 그것도 미국과 공동 보조, 중국의 협력, 일본의 후원 없이는 진척을 이루기 어려운 통일 문제에 올인하는 것은 외교력 낭비다. 그것도 '민족'이라는 명제에 이끌려 자신의 이념적 스펙트럼을 넓혀 보이려는 감상(感想)이 작용한 '통일'이라면 위험하기까지 하다"는 것이 그의 경고이다.[3]

이렇게 정치공학적 문맥에서 나온 것이다 보니 엉뚱하기가 이를 데 없었다. 남북관계는 서서히 개선되면서 조금씩 나은 조치가 나와야 정상이다. 북한에 대해 인도적 지원이 이뤄지고, 그 다음 이산가족이 만나고, 그 이후에 개성공단이 확장되는 조치가 발표되고 이런 식으로 점진적으로 나아가는 것이 맞다. 그런데 박근혜 정부 들어서서 경색 일색이던 남북관계 속에서 갑자기 통일대박이 튀어 나왔다. 그러니 생뚱하고 엉뚱한 것이 아닐 수 없었다. 언제부터 박근혜 대통령이 이렇게 적극적이었나 하는 생각을 할 수밖에 없었다. 북한이 먼저 신뢰를 보여줘라 그러면 뭘 해주겠다는 생각을 가진 인물이 아니던가? 그것이 한반도 신뢰프로세스의 기본적인 바탕 아닌가?

---

3 김대중, "대북에 올인하는 박근혜 외교", 『조선일보』, 2014. 2. 3.

그런 인식 때문인지 나는 통일대박론을 접하는 순간, '용어가 참 경조부박(輕佻浮薄)하다'는 생각이 먼저 들었다. '통일은 도둑같이 온다'는 이명박 대통령의 말이 떠올랐다. 2012년 9월 민주평화통일자문회의 해외 자문위원들을 초청한 자리에서 이명박 대통령은 "통일은 어느 날 갑자기 도둑같이 찾아올 겁니다"라면서 "도둑이 언제 올지 모르기 때문에 항상 문단속을 잘해야 하는 것처럼 남북통일도 평소에 잘 준비하고 대비해야 합니다"라고 말했다.[4] 도둑으로 표현한 것이 천박했고, 말의 내용 또한 흡수통일을 시사하는 것이다. '대박'도 천박하고 흡수통일을 연상시킨다는 점에서 통일도둑론과 다를 바가 없었다.

또 한 가지 통일대박론이 상기시킨 것은 이명박 대통령의 남북연락소 제안이다. 이명박 대통령은 취임 두 달이 안 된 2008년 4월 18일 워싱턴으로 날아가 평양에 연락사무소 설치를 제안하겠다고 밝혔다. 당시 나는 KBS 국제부 데스크를 하고 있었다. 새벽에 출근하니 이 소식이 들어왔다. 부랴부랴 뉴스를 준비했다. 새벽 근무조는 4명이었다. 전 세계에서 들어온 뉴스를 체크하고, 특파원들 연락해서 주요사항 확인해서 중요한 뉴스를 아침방송에 공급하는 일을 소수가 하다 보니 새벽조는 늘 바빴다. 그런데 대통령이 워싱턴까지 가서 새로운 얘기를 했으니 관련 아이템을 하나만 할 수는 없는 상황이었다. 모자라는 인원을 가지고 몇 개의 아이템을 만들어내느라고 진땀을 뺐던 기억이 난다.

일을 하다보면 바쁜데도 신이 나는 경우가 있고, 바쁘게 하면서도 신경질이 나는 경우가 있다. 김대중 정부 초기 남북관계가 개선될 때 통일부를 출입했는데, 그때는 바쁜데도 신나는 경우였다. 엄청 바빴다. 거의

---

4 이명박, 『대통령의 시간: 2008-2013』, 알에이치코리아, 2015, p.363.

매일 새로운 얘기가 나왔다. 현대그룹회장 정주영이 소떼를 몰고 북한에 올라가고, 금강산 관광길이 처음 열리던 것이 그 때이다. 이런 정보는 놓치면 그야말로 큰일 난다. 기자들 용어로 '물먹는다'고 하는 데, 이런 큰 기사는 한 번 물먹으면 기자로서는 치명타가 된다. 회사에서는 '곰바우'로 찍힌다. 사전에는 안 나오는 용어인데, 기자들 사이에서는 '느리고 감이 떨어지는 기자'를 '곰바우'로 부른다. 한 번 곰바우로 찍히면 회복불능이다. 그래서 매일 긴장의 연속이었고, 쉴 틈도 없었고, 일주일이 어떻게 지나가는 지도 몰랐다. 그런데 신났다. 남북이 가까워지는 것을 몸으로 느끼면서 일할 수 있었기 때문이다. 남북관계에서 처음 있는 일들이 많아서 역사적인 현장에 바로 서 있는 쾌감도 맛보면서 일할 수 있었다.

반대로 바쁘게 일을 하면서도 신경질이 나는 것을 어찌할 수 없는 경우가 있는데 '남북연락사무소 제안' 건이 그 중 하나였다. 대통령이 북한에게 새로운 제안을 한 것이니 큰 기사이긴 하다. 그런데 듣는 순간 '웬 연락사무소'라는 생각이 먼저 들었다. 남북관계에 꾸준히 관심을 가지고 있었던 나로서는 관심이 가는 뉴스이긴 했지만, 누가 봐도 뜬금없는 것이었다. 남북 간의 주요제안은 분위기가 무르익었을 때 나와야 실현가능성이 있다. 그런데 북한과의 관계개선의 조짐이 전혀 없는 상황에서 미국에서 연락사무소를 제안했다. 진심이 담긴 제안이 전혀 아니었다.

당시의 남북관계는 임기초반인데도 아주 좋지 않았다. 2008년 3월 26일 김태영 합참의장이 "NLL은 어떤 일이 있어도 지킬 것"이라고 말하자 이틀 후 북한이 서해상에서 단거리 미사일을 발사했다. 4월 1일자 『노동신문』은 이명박 정부의 비핵 · 개방 · 3000 구상에 대해 "북남관계를 파국으로 모는 반통일선언"이라고 규정하고 이명박 대통령을 "역도"라고까지 표현하고 있었다. 이러한 상황에서 더군다나 통일부는 알지도 못하는 사이에 연락사무소를 제안한 것이다. 연락사무소를 열 정도면 원만한 관계가 오랫동안 지속되어 수교로 가도 될 만한 단계가 되어야 한다. 상대국에 자기나라 대표를 파견하는 것이니까 공식적 외교관계를 형성하기 직전까지 가야 할 수 있는 것이다. 그런데 이런 것을 대통령이 외국언론과의 회견에서 불쑥 내놓은 것이다. 그래서 당시 나는 바쁘게 뉴스를 준비하면서도 기분이 좋지 않았다. 북한도 황당했던지 "북남관계 악화 책임을 회피하며 여론의 시선을 딴 데로 돌리기 위한 얕은 수"라고 맞받았었다.

통일대박론도 이에 못지않게 '불쑥' 나온 것이다. 대통령은 매우 이성적인 계산을 했겠지만, 일반 국민들이 볼 때도, 남북관계 전문가가 볼 때도 엉뚱한 것이었다. 그래서 실제로 일반인들의 반응도 싸늘하게 식어갔다. 서울대 통일평화연구원이 2014년 7월에 조사한 바에 의하면 통일대박론에 대한 공감률은 31.4%에 불과했다. '전혀 공감 안 된다'라고 응답한 비율이 6.5%, '별로 공감 안 된다'가 22.1%, '보통'이라고 답한 비율이 40%에 이르렀다.[5] 앞의 두 개, 즉 '공감 안 된다'라고 생각하는 사람이 28.6%에 이르고, '보통'과 합하면 68.6%에 달했다. 한마디로 "통일대박론 별로다"라고 생각하는 사람이 아주 많아졌다는 얘기다. 그래서 통일대박론은 신기루처럼 잠깐 나타났다 사라진 것이 돼버렸다.

---

5 서울대 통일평화연구원, 『2014통일의식조사발표: 통일준비와 대북정책, 국민의 평가와 기대』, 서울대 통일평화연구원, 2014, p.35. 이 여론조사는 2014년 7월 1일 ~ 22일 전국의 19세 이상 65세 이하 성인 남녀 1,200명을 상대로 실시되었고, 표본오차는 ±2.8%(95%신뢰수준)이다.

1층 안 짓고 2층만 짓는 것

결과만을 놓고 보면 박근혜 대통령의 말대로 통일은 대박일 수 있다. 나는 대박이라는 용어 자체를 싫어하지만, 통일이 거대한 경제적 이익을 가져다 줄 수 있다는 데에는 전적으로 공감한다. 한국이 가지고 있는 자본과 기술, 북한의 장점인 노동력이 합쳐지면 커다란 경제적 효과를 얻을 수 있다. 그야말로 한국경제의 블루오션이 될 수 있는 것이다.

나는 현대 한국사회에서 가장 중요한 이슈를 두 가지로 본다. 하나는 경제, 다른 하나는 통일이다. 먹고 사는 문제는 동서고금을 막론하고 중요한 문제이다. 인류가 끝없이 전쟁을 해온 가장 큰 원인도 더 잘 먹고 잘 살기 위해서이다. 미국 남부의 작은 주 아칸소의 지사를 지냈을 뿐이었던 빌 클린턴이 1994년 미국 대통령 선거에 나서 당시 대통령이던 부시(George H. W. Bush)를 이긴 것도 경제구호 때문이었다. 무명에 가까운 클린턴은 "바보야, 문제는 경제야"(It's economy, stupid.)라는 구호로 어려운 경제사정을 꼬집으면서 자신이 경제를 살릴 수 있다고 외쳐 대통령이 되었다. 그만큼 경제는 중요하다. 우리사회의 많은 문제도 원인은 경제다. 빈부격차, 노인문제, 아동문제, 이혼문제, 저출산 등 대부분의 문제가 경제로 귀결된다. 서울에서 지하철을 타고 다른 사람들이 통화하는 내용을 잘 들어보시라. 대부분 돈 얘기다. 어쩌다 애인하고 사랑을 속삭이는 사람, 부모님께 안부전화를 하는 착한 아들도 발견할 수 있다. 하지만 대부분은 주식을 샀는데 주가가 떨어졌다, 아파트를 팔아야 되는데 안 팔린다, 월급이 더 올라야 되는데 안 오른다, 애들 학원비를 내야 하는데 아주 힘들다 등등 돈에 얽힌 얘기다.

통일도 우리사회에서 경제 못지않은 중요한 이슈다. 삼국통일 이후 1,300년이나 하나의 국가로 살아온 하나의 민족이 분단이 된 것이니 언젠가는 하나가 되어야 한다는 근본적인 통일지향의식이 우리에게는 있다. 세계화시대에 민족이라는 것이 중요한 의미를 지닐 수 있는 것이냐 하는 지적도 있지만, 여전히 세계인의 의식 속에 정체성 확보의 요체로서 민족 개념은 엄연히 남아 있다. 한국인의 의식 속에도 기본적인 정체성 인식의 단위는 한민족이다. 이민을 간 사람도 한국뉴스를 보고 한식을 찾는다. 중국의 조선족도 한국의 관습을 지켜가면서 한국드라마를 즐겨 본다. 그래서 통일문제는 정권을 막론하고 중요하게 다루어 왔고, 대통령이면 누구나 남북정상회담을 하고 싶어 했다.

이렇게 통일은 중요한 문제인데다 한국경제의 블루오션도 될 수 있기 때문에 통일은 이루어지기만 하면 박근혜 대통령 말대로 대박이 될 수 있는 것이다. 하지만 통일대박론은 외침만 컸다. 소리만 큰 박근혜 대통령의 통일 흥행 몰이에 박철언도 따끔하게 한마디 했다.

"통일 대박이라고 하는데 누가 그걸 모르나. 통일부도 있고, 민주평화통일자문회의(민주평통)도 있는데 굳이 통일준비위원회까지 만들어야 하나. 통일은 조용히 준비해야 한다. 경험상 대통령이 나서면 북한이 '이놈들, 우리가 무너질 줄 알고 준비하는 구나' 하고 생각할 거다."[6]

박철언은 북한을 깊이 연구하지는 않았지만 북한을 누구보다 많이 접촉한 인물이다. 전두환 · 노태우 정권 당시 42차례나 남북비밀회담의 수석대표로 나섰다. 북한에 대한 '감'(感)은 누구 못지않게 좋은 사람이라고 하겠다. 통일은 소리 나지 않게 내실을 기하면서 차근차근 준비하는

---

6 배수강, "대통령이 '통일 대박'하니 북한은 위협으로 느껴 반발", 『주간동아』, 2014. 4. 8.

것이라는 게 그의 충고이다. 박철언은 한국현대정치사에서 '문제적' 인물 가운데 하나이다. 6공 당시 노태우 대통령의 측근으로 북방정책에 직접 관여하면서 청와대외교안보수석 김종휘와 경쟁하고, 심지어는 민자당 대표를 하고 있던 김영삼과도 경쟁했다. 내가 보기엔 그도 자신의 이름값을 높이기 위해서 헝가리, 소련, 중국, 북한을 오갔다. 그런 의미에서 그가 남북관계의 진정한 발전을 위해 대단한 공헌을 했다고 평가하고 싶지는 않다.

하지만 남북관계와 통일문제는 소리 나게 해서 될 일이 아니라는 그의 의견에는 전적으로 동의한다. 북한과의 관계를 말로만 해가지고는 얻을 수 있는 게 아무것도 없고, 결국 누구에게도 도움이 안 된다. 통일과 관련한 업무는 통일부가 해왔다. 통일준비에 대한 연구, 통일대비 준비계획 이런 것도 다 되어 있다. 새삼스럽게 통일준비위라는 것을 만들어서 통일준비 관련 제반 분야의 과제를 연구하고 통일대비 계획을 세운다고 하지만, 이런 것들이 없었던 것이 아니다. 통일부의 주요업무가 북한과 대화하고 통일대비 준비작업을 하는 것이다.

1950년대부터 언론과 정계에서 왕성하게 활동해온 남재희의 비유가 적확하다. 젊은 시절의 김대중에게 '한국의 빌리 브란트가 되시라'고 조언을 해줬다는 남재희다. 동방정책을 시작해 독일통일의 기초를 마련한 브란트 서독총리 같은 사람이 되라고 덕담을 해준 것이다. 삼천포로 잠깐 빠져본다면, 4.19혁명 이후 민주당이 집권했던 시절 김대중은 국회의원도 아니면서 집권당의 대변인을 맡아서 주목을 받았다. 그때 남재희는 조선일보 초년병 기자였다. 한 번은 취재를 마치자 김대중이 봉투를 줬다. 남재희는 '살림이 궁하지 않습니다' 라며 거절했다. 그때 김대중의 얼굴이 하얗게 변했다. '원외라고 무시하나'하는 표정이었다고 한다. 그

후 30년이 지나 어느 상가에서 만났는데, 김대중이 "남의원, 그 때 내가 준 촌지 안 받았지?"했다고 한다. 김대중이 30년 후까지 기억할 만큼 당황하긴 했었던 것 같다. 어쨌든 남재희는 1964년쯤 김대중과 단둘이 식사를 하면서 오랫동안 얘기를 하던 중 "김의원은 내가 보기엔 한국의 빌리 브란트가 되셔야겠습니다. 한국의 빌리 브란트가 되십시오"라고 말해줬다고 한다. 그런 남재희의 통일대박론에 대한 소회는 이렇다.

"박근혜 대통령의 '통일대박'은 솔직하게 말하면 1층은 안 짓고 2층만 짓겠다는 거예요. 박 대통령이 지어야 할 1층은 남북 간 군사적 긴장완화 아닙니까. 그것을 안 하고 통일대박 얘기하는 것은 말이 안 됩니다."[7]

역시 남북 간에 교류하고 협력해서 긴장을 푸는 것이 우선이고, 그 다음에 통일얘기를 하는 것이 옳다는 말이다.

새삼 통일준비위를 띄운 것은 청와대가 통일 이슈를 완전히 점령하겠다는 의도에서 나온 조치일 것이다. 대통령이 통일대박을 말하고, 이의 실행기구로 통준위를 구성해서, 통일하면 박근혜가 떠오르도록 하고 싶었던 것이다. 북한과의 고위급대화에 청와대 국가안보실 1차장을 내보낸 것도 마찬가지이다. 대통령이 남북관계 · 통일 업무는 어떤 것보다 철저하게 장악하려는 욕구를 가지고 있기 때문에 나온 조치이다. 그러니 통일부는 존재감 없이 대통령의 입만 쳐다볼 수밖에 없는 신세가 되었다.

---

7 송홍근, "원로 언론인·정치인 남재희가 본 대통령들", 『신동아』, 2015. 1. p.148.

'어떻게'가 없다

드레스덴 선언이라는 것도 통일대박과 비슷한 맥락에서 나온 것이다. 대통령이 독일에 가서 느닷없이 3가지 제안을 했다. 남북주민의 인도적 문제 해결, 남북 공동 번영을 위한 민생 인프라 구축, 남북주민 간 동질성 회복을 제안한 것이다. 물론 좋은 얘기다. 통일기반 조성을 위해서는 꼭 필요한 작업들이다. 문제는 그야말로 '느닷없이' 이런 제안이 나왔다는 것이다. 남북 간의 교류를 점차 확대하면서 대화도 하고 긴장분위기도 완화되는 상황에서 이런 제안은 나와야 한다. 긴장을 푸는 조치는 전혀 안 하면서 불쑥 '이런 것을 하자'고 하는 것은 그야말로 '진정성 제로'의 선언이다. '나는 이런 제안했다. 나는 노력 많이 한다. 그런데 문제는 북한이 응하질 않는다' 이런 얘기를 하고자 하는 것이다.

북한이 문제 삼는 것도 이런 것이다. 첫째는, 왜 하필 독일에 가서 그런 얘기를 하느냐 하는 것이다. 북한은 독일이 흡수통일의 전형적인 사례라고 보고 있고, 이를 바람직하지 않은 경우로 여기고 있다. "도이칠란드는 흡수통일로 이루어진 나라"라면서 "바로 그곳에서 박근혜가 자기가 구상하고 있다는 통일에 대해 입을 놀렸다는 것만으로도 불순한 속내를 짐작하고도 남음이 있다"는 것이 북한의 반응이다. 특히 과거 동독의 중심도시 드레스덴에서 남북통일과 관련한 선언을 하는 것에 대해 부정적인 인식을 가지고 있다. 둘째는, 일방적이라는 것이다. 남북한이 함께 논의해서 함께 실행해야 하는 일을 북한과 논의가 없는 상황에서 갑자기 발표하는 상황에 대해 북한은 '이해할 수 없다'는 입장이다. 셋째는, 말 그대로 진정성이 없다는 것이다. 민생인프라를 구축하고, 동질성을 회복하려면 남북 간의 교류가 필수적인데, 5·24조치 해제 없이는 이런 것이 불가능하다는 생각이다.

그래서 통일대박론, 드레스덴 선언 모두 메아리가 없다. 북한의 호의적인 반응이 없는 것이다. 오히려 북한의 반감만 불러왔다. 왜 그랬을까? '어떻게'가 없기 때문이다. 통일을 하자는데, 어떤 방법으로 통일을 할 것인지, 북한에 대해서는 어떻게 접근할 것인지가 없다. 과정이 없다는 얘기다. 통일은 결과보다는 과정이 훨씬 중요하다. 왜? 상대가 있는 문제이기 때문에. 그것도 분단 이후 70년이나 적대관계로 지내왔고, 전쟁까지 치른 상대와의 문제이기 때문에. 그래서 우리는 노태우, 김영삼 정부 당시에 오랫동안 논의해서 3단계 통일방안이라는 것을 만들어 가지고 있다. 김대중, 노무현 정부도 이 방안을 정부의 공식통일방안으로 유지했고, 지금도 마찬가지다. '남북교류 → 남북연합 → 완전통일'의 3단계를 거쳐서 통일을 이뤄야 한다는 것이다.

여기서도 가장 먼저 이뤄져야 하는 것이 남북교류이다. 꾸준히 사람이 오가고, 물자가 이동해야 한다는 것이다. 이것이 오랫동안 지속되어 남북이 합의하면 남북한이 서로의 체제를 유지한 채 연합체를 구성할 수 있고, 이런 상태가 오랫동안 지속되어 다시 남북한이 합의하면 통일로 갈 수 있다는 것이다. 여기에는 중요한 이론적 함의가 있다. 교류를 하고 교역을 오랫동안 하면 서로 정체성과 이익이 비슷해질 수 있다. 비슷해진 정체성과 이익은 남북한을 하나로 묶어주는 기능을 한다. 이런 것이 오래 가게 되면 하나가 된 남북한이라는 구조가 생긴다. 그렇게 되면 통일이 되는 것이다. 이게 바로 국제정치이론 가운데 요즘 각광받고 있는 구성주의(constructivism)이다.

교류를 하고 거래를 하면 국가들 사이의 관계와 국제체제의 성격이 바뀐다는 것이 구성주의의 핵심 내용이다. 구성주의 자체는 중립적인 것이어서 교류가 서로 좋은 관계를 만들어 낼 수도 있고, 나쁜 관계를 만들어낼 수도 있다고 본다. 그래서 남북한의 경우는 교류를 하는 것이 능사가 아니고 서로 호혜적인 관계가 되도록 노력하면서 교류를 하는 것이 중요하다. 우리보다 어려운 북한에 대한 인도적 지원, 특히 못 먹고 헐벗는 어린이나 노약자들을 위한 의약품과 식량 지원 같은 것은 그래서 지속적으로 이루어지는 것이 필요하다. 정치적인 상황에 영향받지 않고 계속되어야 하는 것이다. 이러한 통일의 과정에 대한 인식이 통일대박론에는 보이지 않는다.

상호의존론(interdependence theory) 관점에서도 남북교류는 더없이 중요하다. 국가 간의 교류가 다각적으로 진행되면 서로 의존하는 관계가 형성되고, 그렇게 되면 평화가 유지되기 쉽다는 것이 상호의존론이다. 남한 사람들이 개성공단에 가서 일하게 되고, 북한 사람들이 안산공단에 대규모로 내려와 거주하게 된다면 서로 경제적으로 의존하는 관계가 되고, 서로 공격을 할 수 없게 된다는 것이다. 남한이 북한을 공격하는 순간 개성에 있는 남한 사람들이 위험해진다. 북한이 공격하게 되면 안산에 있는 북한 사람들이 위태로워진다. 그래서 서로 공격하기 어렵게 된다. 상호의존론도 결국 강조하는 것은 국가 간의 긴밀한 교류이다.

그뿐인가? 지역통합의 중요한 논리적 근거가 되는 기능주의(functionalism)도 교류와 협력을 강조한다. 특히 경제와 문화 등 비정치적인, 즉 기능적인 분야의 교류를 중시한다. 이런 부분에서 교류가 지속되면 국가 간의 협력이 정치 · 군사적인 부분으로 옮겨간다는 생각이다. 남북 간에도 경제협력, 이산가족 상봉과 같은 인적교류, 문화교류, 스포츠교류 등과 같은 기능적 부분에서 교류와 협력이 계속되면, 점차 정치적 문제도 해결의 길을 찾게 되고, 군사적 긴장을 완화하는 합의도 가능하게 된다는 것이다. 이와 같이 국가 간의 협력과 통합이 가능하다는 입장의 이론들은 한결같이 기초적인 교류를 중시한다. 그런데 통일대박론은 이것이 결여되어 있다.

그러다 보니 국토개발 마스터플랜만 넘쳐난다. 통일부와 통일준비위원회, 국토교통부가 각각 개발계획을 만들고 있다. 이미 만들어져 있는 것도 있는데 또 만들고 있다. 북한과 대화 한번 제대로 하지 못하고 있는데 통일 이후의 계획만 잔뜩 만들고 있는 것이다. 계획을 위한 계획만을 만들고 있고, 허공 속에 그림을 그리는 행위만 계속하고 있다.

"멋있는 말과 예쁜 그림으로 통일준비가 끝나는 건 아니다. 북한에서 시범프로젝트 하나라도 실제로 해봐야 하는 것 아니냐."[8]

북한 인프라에 대해 꾸준히 연구해온 서울대 교수의 탄식이다. 북한이 받을 생각도 전혀 하지 않고 있는 것들을 여기서 논의하고 계획만 여러 개 경쟁적으로 작성하고 있는 것에 대한 비판이다. 공무원들도 뭐가 뭔지 모르고 그저 대통령이 얘기한 것이니까 하고 있다. "마스터플랜이 부처마다 쌓여 있지만 뭐가 맞는지 우리도 잘 모르겠다"는 게 공무원의 말이다.[9]

이런 모습을 두고 『조선일보』 논설고문 강천석이 재미있는 비유를 했는데, 눈에 쏙 들어온다.

"뒷맛이 개운치 않은 요즘의 대미외교, 스스로 외압을 불러오는 듯한 작금의 대중외교, 제자리걸음만 하다 오히려 후퇴해버린 지난 2년의 대

---

8 배성규, "장밋빛 비전만 넘쳐난 통일대박 1년", 『조선일보』, 2015. 2. 27.

9 위의 글.

일외교, 화려한 시사회용 필름을 계속 돌릴 뿐 끝내 본영화가 상영되지 않아 관객을 지치게 만드는 대북관계가 국민을 불안하게 하고 있다. 정권의 외교 기본 설계도에 중대한 결함이 있는 게 아니냐는 불신이 따라서 커지고 있다."[10]

외교 · 통일에 대한 전반적인 비판인데, 남북관계에 대한 부분이 특히 위트 있으면서 신랄하다. 예고편은 화려해도 너무 화려한데, 본편이 상영될 가능성은 점점 낮아지고 있다. 5년 동안 아무것도 못한 이명박 정부를 보는 것 같다. '본편이 상영되기나 할 것인지, 상영되더라도 조금 하다가 다시 끊기는 것은 아닌지' 이런 생각을 하는 사람이 나만은 아닌 것 같다.

통일 이후의 계획은 그만 짜도 된다. 있는 것만 잘 정리하면 된다. 훨씬 더 중요한 것은 북한과 실질적인 대화를 해서 작은 문제 하나라도 풀어가는 것이다. 이산가족 상봉, 금강산 관광 재개, 대북지원, 남북교류 이런 것 중 하나라라도 시작해서 지속하는 것이 중요하다. 국민여론도 그것이다. 통일준비위가 출범한 직후인 2014년 7월 18일 〈모노리서치〉의 여론조사가 이를 잘 보여준다. 통일준비위 향후 과제를 물었는데, 41.2%가 '남북 교류 확장 등 대화 및 협력 확대'라고 답했다. '주변국과 공조를 통한 외교적 대응 강화'는 26.2%, '경제적 · 군사적 우위를 통한 흡수통일'은 17.8%에 불과했다. 지금은 통일이 필요한 게 아니라 교류와 협력이 필요하고, 전시성 기구 통일준비위원회가 필요한 게 아니라 '교류협력추진단' 같은 구체적인 실행기구가 필요하다.

그런 점에서 정부가 지난 5월에 밝힌 '지자체 · 민간교류 허용' 방침은

---

10 강천석, "한국외교, 안녕하신가요", 『조선일보』, 2015. 3. 28.

환영할 만한 일이다. '광복 70돌 민족공동행사 준비위원회'의 방북을 허용하고, 이희호여사의 방북을 용인한 것도 바람직한 일이다. 문제는 이런 조치가 얼마나 지속적으로 진행되느냐 하는 것이다. 일시적인 조치라면 또 그 의미는 반감된다. 지속적으로 이뤄지려면, 근본적으로는 북한에 대한 불신을 누그러뜨려야 한다. 북한을 믿는 마음을 한꺼번에 가지라는 것이 아니라, 불신을 표시하지 말고 숨겨두라는 것이다. 한 나라가 다른 나라를 못 믿는 것은 어색한 일이 아니다. 국가 간의 관계라는 것이 기본적으로 상대의 의도에 대한 불확실성과 불신 위에 형성되는 것이다. 무정부상태(anarchy)인 국제정치의 기본적인 속성 때문에 어쩔 수 없는 일이기도 하다. 북한에 대한 불신이 있다 하더라도 이를 표현하지 않고 할 수 있는 일을 찾아서 관계를 형성하려는 노력을 계속해야 한다. 또, 교류의 활성화는 5·24조치 해제 없이는 불가능하다. 4장에서 좀 더 자세히 다루겠지만, 이 조치를 선제적으로 해제하고 교류를 활성화해 나가는 것이 지금의 남북경색을 벗어나 관계 발전의 단계로 들어서는 길이다. 그것이 공허한 통일대박론에 내용을 채워주는 방안이기도 하다.

결국은 흡수통일 하자는 것

어떻게 통일을 하겠다는 것에 대해 얘기가 없는 것은 결국 흡수통일을 하겠다는 것인가? 마침 통일대박론이 나오기 얼마 전인 2013년 12월 김정은의 고모부 장성택이 숙청됐다. 역시 남한에서는 북한이 어떻게 되는 것인가? 김정은 정권은 제대로 북한을 통치할 수 있겠는가? 이런 얘기들이 여기저기서 나왔다. 박근혜 정부는 급변사태에 대비해 국가안보전략지침에 급변사태에 대응하는 포괄적인 비상계획을 포함시키겠다고 했다. 청와대 국가안보실 주도로 국가정보원, 국방부, 통일부, 외교부 등도 불안한 북한에 대비해 세부적인 대응방안을 정비했다.[11] 이런 상황에서 통일대박론이 나왔다. 장성택 숙청을 북한붕괴 임박의 신호로 읽은 것인가?

그랬을 가능성이 있다. 당시 국가정보원장 남재준의 발언으로 짐작해볼 수 있다. 2013년 12월 21일 국정원 간부 송년회장 남재준도 참석했다. 남재준은 간부들에게 통일문제를 얘기했다. "2015년에는 자유 대한민국 체제로 조국이 통일돼 있을 것"이라고 말했다. "우리 조국을 자유민주주의 체제로 통일시키기 위해 다 같이 죽자. 한 점도 거리낌 없이 다 같이 죽자"라고도 했다. 그리고 그 자리에서는 통일을 위한 구체적인 플랜도 논의되었다.[12] 말하는 시점에서 '1년 정도 지나면 통일이 되어 있을 것이다'라고 강조하면서 이를 위해서 '다 죽자'고 역설하고, 구체적 플랜까지 논했다는 것은 무엇을 의미하는 것일까? 국정원은 기본적으로 다른 나라의 정보를 수집하고 공작을 하는 기관이다. 그렇다면 통일을 위해 공작을 하겠다는 것인가. 무력통일이라고 하겠다는 것인가. 아니면 당장 북한이 무너지고 곧 흡수통일이 될 것이란 얘기를 한 것인가.

북한 동향에 대해 최신정보를 가장 많이 가지고 있고, 이를 바탕으로 북한을 평가하는 역할을 하고 있는 국정원장이 이런 생각을 하고 있었으니 대통령도 북한붕괴, 흡수통일 이런 것을 염두에 두고 통일대박론

---

11 안동환, "북 급변사태 대응할 비상계획 세운다", 『서울신문』, 2013. 12. 16.

12 "남재준 '2015년 통일 가능' vs 류길재 '기개만으론 안돼'", 『조선일보』, 2014. 12. 24.

을 얘기했을 가능성이 아주 높다. 이후에도 과정에 대한 언급 없이 결과만 가지고 얘기하는 상황을 보면 점전적 합의에 의한 통일을 염두에 둔 발언이 아닌 것은 분명해 보인다. 게다가 1장에서 살펴본 대로 지금의 국정원장 이병호도 북한이 망할 것으로 보는 북한붕괴론자이다.

남재준 발언 1년 3개월 뒤인 2015년 3월, 이번에는 통일준비위원회 민간부위원장 정종욱이 흡수통일을 준비하는 팀이 따로 있다고 말했다. "통일 로드맵 가운데 평화적인 합의통일도 있고 동시에 비합의 통일, 그러니까 체제통일에 관한 것도 있습니다. 체제통일만 연구하는 팀이 우리 위원회 가운데 따로 있기 때문에…"라고 말한 것이다. 체제통일이나 흡수통일은 싫다고 해서 일어나지 않는 건 아니라면서 정부 내 다른 부처도 흡수통일을 연구하고 있다고도 얘기했다. 파문이 커지자 정종욱은 흡수통일을 준비하는 팀이 있다고 정확하게 지칭해 얘기한 건 아니라고 했다. 말이 안 되는 변명이다. 비합의 통일이 흡수통일이 아니면 무엇인가? 정직하지 못하다.

파문이 커지자 통준위도 나서서 흡수통일을 준비하는 팀이 위원회에 따로 있지 않다고 해명을 했다. 부위원장이 있다고 했는데, 다시 위원회 차원에서 없다고 얘기를 하는 상황이 된 것이다. 도무지 이해할 수 없는 조직이다. 부위원장이 우리 사회에서 상당히 유력한 사람들이 모여 있는 ROTC중앙회 모임에 나와서 한 얘기인데, 그걸 다시 금방 아니라고 말하는 것을 이해할 사람이 있을까? 정종욱은 "제가 깊이 말씀은 안 드리겠다"고까지 말했다. 통준위의 해명이 거짓이라고 밖에 할 수 없다. 파문이 커지니까 어떻게든 이를 진화해 보겠다는 생각으로 임시로 대응한 것일 텐데, 아무리 임시 대응이라 하더라도 지나치게 어리숙한 모습이다.

외교부장관 윤병세도 올해 1월 다보스포럼에서 "역사를 되돌아 볼 때 통일은 예측된 방식이 아니라 갑작스럽게 예상치 못한 방식으로 찾아오며, 이제 그날이 다가오고 있어 정부는 공고한 통일기반을 구축하려 하고 있다"고 말했다. 역시 통일은 갑자기 올 수 있다는 얘기인데, 갑자기 오는 통일이라는 것은 무엇이겠는가? 박근혜 정부의 주요 인사들은 이렇게 흡수통일을 연상할 수밖에 없는 발언들을 지속적으로 내놓고 있다.

급기야는 박근혜 대통령 스스로도 "내년에라도 통일이 될 수 있다"고 말을 한 것으로 전해진다. 『한겨레』 지난 8월 18일자가 전하는 바에 따르면 박근혜 대통령이 지난 7월 10일 통일준비위 민간위원 집중토론회에서 "통일은 내년에라도 될 수 있으니 여러분 준비하셔야 한다"면서 급변사태 가능성을 직접 언급했다.

이런 모습을 관찰하고 있는 중국도 한국이 흡수통일을 추진하는 것으로 인식하는 경향이 있다. 한국정부가 북한을 생존-붕괴의 틀로 보면서 붕괴 이후 흡수통일이 가능하다고 생각하고 있는 것으로 중국은 파악하고 있는 것이다.[13] 중국은 생존-번영의 틀로 북한을 보면서 번영으로 나아가기 위해서는 핵을 포기해야 한다고 북한을 설득하고 있다. 중국은 한국의 입장이 이러한 자신들의 지향점과는 완전히 다르다고 인식하고 있는 것이다.

통일의 상대는 북한이다. 이런 모습을 북한은 어떻게 보고 있을까? 물론 매우 부정적이다. 정종욱의 발언이 있고 나흘 뒤 북한 대남기구 조국평화통일위원회 대변인은 "박근혜는 통일준비위원회 수장으로서 온 민족 앞에 이번 망발에 대해 명백히 책임적인 해명을 하고 사죄해야 하며

---

13 김홍규, "시진핑 시기 중국 외교와 북중관계", 『JPI정책포럼』, 2015-4, p.7.

극악한 반통일 체제대결 모략기구인 통일준비위원회를 당장 해체해야 한다"고 말했다. 그러면서 "그렇게 하지 않을 경우 우리는 현 남조선 당국과 상종조차 하지 않을 것"이라고 했다. 예상되는 반발이었다. 그렇지 않아도 통일대박론을 흡수통일론, 통준위를 흡수통일의 전위대로 보고 있던 북한에게 말할 거리를 충분히 제공한 셈이 되었다.

나는 정종욱 발언 파문을 보면서 '이 분은 이제 물러나겠구나' 생각했다. 하지만 여전히 건재하다. 놀라운 일이다. 흡수통일 준비팀이 있음을 얘기해서 북한의 큰 반발까지 불러왔는데도 '무슨 일이 있었냐?'는 듯이 자리를 잘 지키고 있다. 이는 박근혜 대통령이 '이 정도는 괜찮다'고 보기 때문에 가능한 일이다. 흡수통일팀 비밀스럽게 운영하고, 문제되면 거짓말하고, 북한이 반발하면 무시하고, 이런 일을 해도 괜찮다는 얘기가 된다. 건전한 상식으로는 이해하기 몹시 어려운 상황이다.

키신저(Henry Kissinger)가 말했다. '외교가 막다른 골목에 온 경우는 두 나라가 같은 말을 다른 뜻으로 사용할 때'라고. 그렇게 되면 두 나라는 앵무새처럼 같은 말만 되뇌면서 상대의 악의만을 캐내려한다고도 했다. 우리는 통일대박을 말하고, 통일에 대비해 북한을 개발하는 프로젝트를 준비하는 기구로 통일준비위원회를 가동하고 있는데, 북한은 '저것들이 우리를 집어삼키려고 하는구나'라고 생각한다. 같은 말을 두고 완전히 정반대의 의미를 떠올리고 있다. 그러면서 상대가 말하면 진정성이 없다는 얘기만 되풀이한다. 또, 무슨 저의로 저런 얘기를 하는지만 살핀다. 지금 남북 사이에 외교는 없다. 그저 하고 싶은 얘기만 한다. 최근 일본의 외교를 후진외교라고 한다. 역사에 대한 성찰 없이 과거 반성했던 내용도 부정하는, 거꾸로 가는 외교라는 의미이다. 박근혜 정부의 대북정책은 '무사(無思)외교'라 할 만하다. 생각이 없다. 장기적인 남북관계 개선 전략, 북한을 대화로 유도하려는 의사 자체가 보이지 않는다.

설상가상으로 통일준비위 전문위원이 보안사고까지 저질렀다. 전문위원으로 참여하고 있는 황나미 한국보건사회연구원 선임연구위원이 지난 3월 25일 국제보건의료재단 방문단으로 개성공단을 방문하면서 북한 붕괴 시 대응방안을 담은 USB를 갖고 가다가 북한당국에 적발된 것이다. 북한은 일단 벌금을 물리고 돌려줬다고 한다. 통준위 자료도 아니고 개인적으로 갖고 있는 자료였다고 한다. 하지만 그 내용을 파악하고 있는 북한이 언제든지 다시 문제 삼을 수 있다. "너희들은 우리가 망하기를 기다리고 있잖아. 그 증거가 이거야." 이런 식으로 통준위가 흡수통일 전위대라는 주장의 또 다른 근거로 USB 내용을 사용할 수 있는 것이다. 이렇게 정리 안 되는 체계의 통준위가 통일에 어떤 도움이 될 수 있을까?

여하튼 남재준이나 정종욱의 얘기가 나오는 맥락을 보면 박근혜 정부의 기본적인 대북관을 이해할 수 있다. 북한이 언제든 붕괴할 수 있다고 보는 것이다. 제재를 강화하면 북한이 손을 들고 나오든지 망하는지 할 수 있다는 인식을 정부 내에서 공유하고 있는 것이다. 그러니 북한과의 대화에 적극 나서지 않는 것이다.

아이러니컬하다. 통일대박을 얘기하면서 흡수통일을 말하다니. 흡수통일은 대박이 아니라 쪽박이 될 가능성이 높다. 십중팔구 그렇다. 북한이 붕괴되거나 북한 붕괴를 유도하는 것이니 그 이후를 어떻게 감당할 수 있겠는가? 돈으로 막아야 한다. 엄청난 돈이 드는 것이다. 돈도 돈이지만 우리정부가 북한붕괴라는 엄청난 쓰나미를 감당할 능력이 있는지도 의문이다. 세월호 침몰도 눈뜨고 보고 있을 수밖에 없었고, 그 이후에도 형편없는 대처로 온 나라를 혼란 속에 빠뜨린 정부가 북한이 무너지는 상황을 효율적으로 관리할 것이라고 기대하기는 어렵다. 그건 대박과는 반대의 길이다.

고사성어 하나 배워보자. 남원북철(南轅北轍)이라는 4자성어다. '끌채(수레의 몸체)는 남쪽을 향하고 있는데, 수레바퀴는 북쪽을 바라보고 있다'는 의미이다. 춘추전국시대 어떤 사람이 위나라에서 초나라로 가려 했다. 초나라는 남쪽에 있었다. 본인은 남쪽으로 가려 했다. 하지만 마차는 북쪽으로 가고 있었다. 다른 사람들이 그쪽으로 가면 안 된다고 지적했다. 하지만 이 사람은 믿지 않았다. 좋은 마차와 좋은 말, 능숙한 마부까지 있는데, 무슨 소리냐고 생각했다. 이런 경우가 남원북철이다. 수레의 몸체는 남쪽으로 가려하는데, 바퀴가 북쪽을 향하고 있으니 결국은 북쪽으로 갈 수밖에 없는 경우이다. 통일대박을 얘기하는 것은 남쪽으로 가려는 의도이다. 흡수통일을 운운하는 것은 실제로는 북쪽으로 가는 것이다. 통일문제는 그냥 마음이 가는 대로 말하면 되는 것이 아니다. 앞뒤를 잘 생각하고, 일관성, 실현가능성, 이전 정부와의 관계 등을 종합적으로 고려해 말해야 하는 것이다.

통일대박은 경제의 문제이니 통일경제 전문가의 얘기를 들어보면 좀 더 확실해질 것 같다. 서울대 경제학과 김병연 교수의 애기다. "통일대박이 가능하려면 '점진적 통합 후 통일'이 전제돼야 한다면서 이렇게 강조한다.

"통일 대박론이 점진적 통합 후 통일을 전제로 하고, 이 점진적 통합은 북한이 스스로 체제 이행을 택하는 시나리오 하에서 가능하지만 이런 상황이 현실적으로 일어날 가능성이 낮다는 점은 딜레마다. 따라서 우리 쪽에서 할 수 있는 것은 북한이 스스로 체제를 변화하도록 하기 위한 노력이다. 노력의 첫 단추는 경제적 교류다. 상품교역, 북한 지하자원

공동관리, 특구 투자 등 자본이동 단계를 거쳐 그 다음으로 정책 공조가 돼야 한다. 그리고 이 경제적 교류의 활로를 민간부분 협력에서 찾아야 한다." [14]

점진적 통합이 아니면 대박이 될 수 없고, 점진적 통합이 되기 위해서는 경제협력을 하는 것이 기본중의 기본이라는 얘기다. 다시 말하면, 이 기본을 하지 않고 통일대박을 말하는 것은 주객전도라는 말이다.

종말론 같은 북한 붕괴론

북한붕괴론과 흡수통일의 실상은 좀 자세히 얘기할 필요가 있을 것 같다. 통일은 크게 보면 무력통일, 흡수통일, 합의통일 세 가지로 나눠볼 수 있다. 무력통일은 전쟁에 의해 점령하는 것이다. 남북한 사이에서는 절대 일어나서는 안 되는 것이다. 통일을 하지 않는 것만 못한 것이다. 흡수통일은 어떤가. 남한이 북한을 흡수해 통일하는 경우를 생각해보자. 북한이 붕괴하는 경우에 가능한 얘기다. 북한이 붕괴하는 경우는 혁명이 일어나거나 쿠데타가 일어나는 경우다. 하지만 북한의 실정에서 둘 다 일어나기 어렵다. 3중 4중의 감시시스템과 시민사회의 결여 때문에 혁명은 가능성이 낮다. 조상으로부터 가산(家産)으로 물려받은 국가를 최고지도자가 운영하면서 권력과 부를 적절히 배분하면서 하부엘리트를 관리하고 있기 때문에 쿠데타 가능성도 매우 낮다. 어려운 시기를 견디면서 생존하고 있는 북한의 역사가 이를

---

14 권다희, "김병연 서울대교수 '통일대박론, 아쉬운 세 가지는...'", 『머니투데이』, 2014. 10. 24.

잘 말해준다.

이런 상황에서 흡수통일을 운운한다는 것은 북한을 있는 그대로 보지 않는 행위이다. 만약 혁명이나 쿠데타가 일어났다고 하더라고 김정은 정권은 최후의 순간 중국에 도움을 요청할 것이다. 그렇게 되면 중국은 자연스럽게 병력을 지원할 수 있다. 중국의 북한에 대한 영향력은 훨씬 커지는 것이다. 북한이 무너져서 한국의 품으로 들어올 것이라고 생각하는 것은 환상이다. 정교하게 상황을 분석하지 않고 하는 막연한 기대에 다름 아니다. 『프레시안』에 실린 탈북자 김형덕(한반도평화번영연구소 소장) 인터뷰 기사를 읽다보니 이런 부분이 나온다.

"박근혜 대통령 집권 2년 차지만, 아무것도 느낄 수가 없다. 북한을 붕괴시켜서 갑자기 통일하겠다는 건 현실적이지 않다. 이건 무식한 이야기이다. 점진적 통일이 맞다. 상호이익이 되는 방법을 찾아 통일하는 것이 바람직하고 현명한 방법이다. 급격한 통일은 긍정적인 효과보다 부작용이 더 크다." [15]

아래 댓글을 보니 "이 자식아 대통령을 모독하는 거야. 탈북자가 무슨 벼슬이야" 이런 글이 있는가 하면, "남한에 내려와서 열심히 공부하고 고민한 흔적이 보입니다. 상당히 설득력이 있네요" 이런 글도 보인다. 내가 볼 때 김형덕 얘기는 백번 옳다. 설사 남한이 북한을 흡수하는 통일이 이뤄진다고 해보자. 북한사람들은 영원히 남한을 증오할 것이다. 어려울 때 도와주지는 않고 망하게 해서 접수해버렸다고 두고두고 남한을 원망할 것이다. 이런 것은 우리가 원하는 통일상이 결코 아니다.

---

15 한림국제대학원대학교 정치경영연구소, "박근혜 '통일대박론', 무식한 이야기", 『프레시안』, 2014. 11. 7.

더욱이 흡수통일은 북한 붕괴를 전제로 한 것인데, 북한은 붕괴는커녕 사정이 더 나아지고 있다. 2012년 6월 28일 '새경제관리체계'의 실시에 따라 두 가지 제도가 실행되었는데, 농업의 포전담당제와 기업의 독자경영체제이다. 포전담당제는 함께 일하는 작업의 단위를 기존의 10명~25명에서 2~6명으로 대폭 줄인 것이다. 가족이 하나의 단위가 되어 농사를 짓게 한 것이다. 또, 생산량의 일정부분을 국가에 내고 나머지는 시장에 내다 팔 수 있게 했다. 이 제도는 북한의 식량생산량을 증가시키고 있다. 작년 생산량이 571만 톤으로 2013년보다 5만 톤이 늘었다.[16] 1990년대 북한이 어려울 때 1년 식량생산량이 300만 톤에 불과했던 것에 비하면 아주 사정이 좋아진 것이다. 기업의 독자경영체제는 생산과 판매, 종업원의 보수 등을 자율적으로 결정하는 체제를 말한다. 이 제도를 도입한 이후 종업원 인센티브제를 실시하는 기업이 많아졌고, 그 바람에 기업의 생산성도 높아졌다. 월급이 100배 이상 오른 공장이 있을 정도이다.[17]

게다가 중국이라는 거대한 변수가 있다. 중국은 북한에 급변사태가 일어나지 않고 안정화되는 것을 자신들의 핵심이익으로 삼고 있다. 북한에 큰 변동이 생겨 동북3성으로 수백만의 난민이 밀려들게 되면 중국으로서도 감당하기 힘들기 때문이다. 또, 한반도에서 남북 간의 분쟁과 같은 사태가 발생하면 중국이 경제에 올인하는 데 결정적인 장애가 되기 때문이다. 그래서 북한에 식량도 주고 원유도 주고 하는 것이다. 한마디로 중국은 북한정권이 흔들리는 것을 원치 않고 있는 것이다.

---

16 지성림, "김정은 체제의 안정성과 북한의 대외정책", Korea Policy 25, 2015, p.23.

17 위의 글.

북한붕괴론에 대해서 재미있는 비유가 있다. 때가 되면 나타나는 시한부 종말론과 같다는 것이다. 통일부에서 오랫동안 북한을 관찰하면서 정책홍보본부장까지 지낸 한국사이버대 교수 고경빈의 비유다.

"북한 붕괴론은 거의 20년 동안 이야기돼온 것이며, 북의 경제가 어렵다고 해서 바로 붕괴로 이어지는 것이 아니라는 역사적 경험에도 불구하고 붕괴론에 대한 기대가 언제나 새로워지는 것은 시한부 종말론의 끈기와 같다."

한마디로 북한붕괴론은 역사적으로 잘못된 것임이 증명됐는데도, 그렇게 믿고 싶은 사람들이 다시 만들어내고 있는 허구라는 것이다. 그러면서 그는 "발생 여부와 시기와 양상을 알 수 없는 북한 붕괴사태에 대비하는 일에 몰두하여 다른 모든 가능성과 시급한 현실의 현안을 돌보지 않는 것은 문제"라고 북한붕괴론의 남북한관계에 대한 악영향을 얘기한다.[18] 적확한 지적이 아닐 수 없다. 결국 북한 급변사태를 얘기하고 북한 붕괴론을 전제로 한 통일론을 언급하는 것은, 우선 근거가 부족한 비논리적인 주장일뿐만 아니라 남북관계 발전을 크게 저해하는 일이 아닐 수 없다.

그럼에도 불구하고 흡수통일을 자꾸 얘기하는 사람들은 북한붕괴의 가능성과 관계없이 북한 붕괴를 희망하는 사람들이다. 대부분 보수논객들의 글에는 그런 희망이 녹아 있다. 지난 4월 6일자 『조선일보』에 실린 고려대 북한학과 교수 홍관희의 글을 보자.

"흡수통일 반대 주장에는 우리가 통일 이니셔티브를 포기하고 반드시 북한과의 합의를 거쳐 통일해야 한다는 맹목적 전제가 엿보인다. 우

---

18 김경년, "북한 붕괴론은 이단 종교의 시한부종말론과 같다", 『오마이뉴스』, 2011. 2. 16.

리가 의도적으로 북한 붕괴를 추진하는 것이 아니라 북한이 스스로 무너질 경우의 통일준비에도 반대하는 뉘앙스다. 그러나 북한급변에 따른 통일대비는 정부가 시행해야 할 필수적인 안보 · 통일 책무다. 이를 회피하면 직무유기라는 비판을 면할 수 없다."[19]

내가 알기로는 흡수통일을 반대하는 사람들은 모든 여건을 합의 친화적인 쪽으로 개선해 나가 결국은 남북 간의 합의로 하나의 국가를 이루자는 생각을 가지고 있다. 그것이 민족의 진정한 화해와 남북한의 미래를 위해서 가장 좋은 방안이라는 생각이다. 주관이나 원칙 없이 덮어놓고(맹목적으로) 합의로 통일해야 한다는 생각을 하는 것이 아니다. 북한이 무너지는 상황에 대비하지 말자는 것이 아니라 북한 붕괴를 추진하지 말자는 것이다. 진보정권들도 안보상황에 대해서는 철저히 대비했다. 그러면서 북한붕괴가 아닌 남북교류를 추진했다. 그런 방식이 합의에 의한 통일에 가까이 가는 길이다. 홍교수는 많이 오해를 하고 있는 것 같다. 그러면서 그는 이런 주장도 한다.

"독일 통일이 주는 교훈은 '접촉을 통한 변화' 끝에 획득된 열매로서의 통합이다. 동 · 서독은 상대를 인정하고 교류를 확대해 통일을 달성했지만 그 이면에는 수십 년간 수백만 명의 인적교류와 자유로운 접촉의 밑거름이 있었음을 간과해선 안 된다. 과연 지금 남북한 주민 간에 의미 있는 접촉과 대화가 가능한가? 한반도에 독일통일 사례를 무비판적으로 적용하는 것은 비현실적이고 위험하다. 남북경협은 자칫 실질적 인적교류 없는 대북지원으로 변질돼 세습독재 강화에 악용될 소지가 크다."

그런가? 인적교류가 이루어져야 물적교류가 활성화될 수 있는 것인

---

19 홍관희, "구체적 통일방안으로 보완돼야 할 통일대박론", 『조선일보』, 2015. 4. 6.

가? 그 반대다. 물적인 지원과 교류가 이루어지고 이를 바탕으로 인적교류가 활성화되는 것이 자연스럽다. 물자교류는 쉽고, 사람 교류는 그보다 조금 더 어렵다. 실제도 서독도 동독에 물적 지원을 엄청나게 했고, 동독의 정치범을 빼내오기 위해서도 물자를 지원했다. 그런 기반 위에서 인적교류가 활성화될 수 있었다. 남북관계도 마찬가지다. 인적교류 없이 경제협력을 추진하는 것이 위험하다고 하는 것은 앞뒤가 바뀐 얘기다. 경제협력을 하고, 물자를 주고 받는 일은 다른 분야보다 비교적 쉽다. 그런 것이 진척되면 인적왕래가 찾아지고 더 높은 단계의 정치적 협력도 가능해진다. 그러니 경제협력을 활성화하는 것이 우선이다. 그것이 자연스러운 순서다. 그런데 인적교류의 바탕이 없으니 경제협력도 안 된다는 것은 억지에 가깝다. 되는 쪽으로 일을 생각하지 않고, 안 되는 쪽으로 논리를 끼워맞추다 보니 이런 비논리가 나오는 것이다.

북한이 붕괴할 것이라는 북한붕괴론에서 한 발 더 나아가서 '북한소멸론'을 얘기하는 사람도 있다. 국방부 대변인 김민석 얘기다. 작년 5월 브리핑 말미에 북한을 비난하면서 본인의 소신인 듯 소멸론을 서슴없이 피력했다. "북한은 나라도 아니다. 인권이 있나, 자유가 있나… 계속 거짓말하는 역사 퇴행적인 얘기를 하는데 있을 수 없는 나라다"라면서 "그래서 빨리 없어져야 한다"라고 막말을 쏟아냈다.[20] 놀라운 일이다. 정부 관료가 '북한이 없어져야 한다'라는 말을 했다는 얘기는 이전에 들어본 적이 없다. 그렇게 생각하는 사람은 있을지 모르겠지만 다른 사람이 인식하도록 표현한 경우는 없었다. 더 놀라운 것은 그러고도 무사하다는 것이다. 지금도 대변인을 하고 있다는 것이다. 그렇다면 국방장관이나

---

20 권홍우, "국방부 대변인 발언, 진정인가", 『서울경제』, 2014. 5. 12.

대통령이 비슷한 생각을 하고 있다는 것인가? 박근혜 정부가 이해할 수 없는 면이 많지만, 정종욱이 건재한 것과 함께 이 경우도 참 이해 안 되는 사례이다.

합의통일은 어떤가? 위에서 김형덕이 말한 점전적 통일이다. 결론적으로 말하면 한반도의 통일방안으로는 이것밖에는 대안이 없다. 물론 길고 긴 시간이 필요하다. 어렵기도 하다. 하지만 다른 대안을 생각하긴 어렵다. 평화를 유지한 채, 남북한의 이념과 정서, 문화의 차이를 서서히 줄여가면서 하나가 되어가는 것 이외에 대안이 있을 수 있겠는가? 혹자는 인류역사에서 합의에 의해 통일된 경우가 없다고 한다. 그렇지 않다. 가까운 예로 예멘이 있다. 남북 예멘은 오랜 협상 끝에 1990년 통일했다. 물론 얼마 안 돼서 다시 내전상태가 되긴 했다. 하지만 이는 개혁에 대한 입장의 차이와 출신 지역별 이해관계를 스스로 관리하지 못했기 때문이다. 요는 합의에 의해 통일을 했다는 것이다. 가능하다는 얘기다. 통일 이후 관리를 잘 하면 영원한 통일도 가능한 것이다. 북아일랜드도 신·구교 세력 사이의 분쟁이 1920년대부터 심했었지만 긴 협상 끝에 2007년 공동정부가 구성되어 지금에 이르고 있다. 남아프리카 공화국의 경우는 흑인과 백인 세력이 오랜 분쟁을 끝내고 1994년 자유총선거에 합의, 흑백이 모두 참여하는 정권을 탄생시켰다. 모두 적대세력들이 합의에 의해 하나로 통일된 사례이다. 그러니 인류역사는 전쟁만이 통일의 유일한 방법임을 말해준다는 명제는 틀린 것이다. 한반도의 경우도 얼마든지 합의로 통일할 수 있는 것이다.

혹시 지금도 박근혜 대통령이 흡수통일을 머릿 속에 가지고 있다면 버리기 바란다. 이것은 북한에 재앙을 기원하는 꼴이고, 그 재앙이 온다고 해도 북한이 우리한테 흡수되지는 못하게 되어있는 것이 동북아의 국제관계임을 인식하길 바란다.

보여주기 식만 무성

바탕이 없고 체계가 없는 것이 통일대박론이다 보니 정부의 하는 일들이 보여주기 식으로 갈 수밖에 없다. 통일부, 통일준비위원회, 국토교통부가 각각 북한개발 마스터플랜을 만드는 것은 물론이고, 외교부도 나름의 일을 벌였다. 이른바 '한반도클럽'이란 것이다. 통일대박론이 나온 지 한 달쯤 된 2014년 2월 외교부가 나서서 한반도클럽을 만들었다. 남북한의 대사를 함께 하고 있는 대사들의 모임이다. 호주, 벨기에, 이탈리아, 헝가리 등 21개국의 대사가 멤버들이다. 외교부 장관 윤병세가 직접 아이디어를 냈다. 외교부가 대대적으로 홍보도 했다. 출범식에도 윤병세는 직접 참석했다.

"북한에 대한 경험과 의견을 교환하고 평화통일 신뢰외교 추진을 위한 최우선 파트너로 남북한 겸임대사들과의 협력관계가 중요하다."

이런 축사로 모임의 취지를 대신 설명해줬다. 하지만 1년도 채 안 돼 모임은 있는 둥 없는 둥 되어버렸다. 왜 이렇게 되었을까? 북한의 반응 때문이다. 한반도 클럽을 출범시키고 외교부가 이를 대대적으로 홍보하자 북한이 신경질적인 반응을 보였다. 21개국 대사들에게 공문을 보내서 "이런 모임을 계속하면 앞으로 부임하는 대사들에 대한 아그레망(주재국 임명 동의)을 내주지 않겠다. 대사들의 북한 방문 시 비자도 제한하겠다"고 위협까지 했다. 북한대사를 한국대사 말고 중국대사가 겸임하도록 권유를 하기도 했다.[21] 이건 과한 것이고, 상대국 대사의 겸임문제를 얘기하는 것은 외교적 결례이지만 북한은 그렇게까지 했다. 그만큼 민감하게 반응한 것이다.

정부는 이런 예상을 못했다. 못했으니까 그런 모임을 만들었다. 북한의 입장에 대한 고려가 전혀 없었던 것이다. 그저 대통령이 통일준비 열심히 하라니까 우리는 이런 일도 한다는 것을 내세우기 위해 이 클럽을 만들다보니 이런 상황이 연출되었다. 북한 입장에서 잠깐만 생각해보자. 자기 나라에 온 외국의 대사 21명이 서울에서 만난다. 모임은 한국외교부가 주선한다. 만나서 무슨 얘기를 하나 관찰해봤더니 어떻게 하면 통일을 이룰 것인지 논의하고 한국정부에 조언도 한다. 그렇지 않아도 남한이 흡수통일을 추진하고 있는 것으로 의심하고 있는 북한이 기분이 좋을 수 있겠는가? 자국에 부임해온 대사가 적대국가 수도에서 적대국의 주선으로 자국을 어떻게 하면 통일시킬 것인가를 논의한다는 데 언짢지 않을 수가 있겠는가 말이다.

외교부에는 한반도평화교섭본부라는 큰 조직이 있다. 본부장이 차관급으로 6자회담 대표도 겸임하고 있다. 그 아래 북핵외교기획단과 평화외교기획단이 있다. 단장이 국장급이다. 전자는 북핵정책과와 북핵협상과, 후자는 대북정책협력과와 평화체제과를 두고 있다. 북한을 연구하고 협상전략을 짜고, 장기적으로는 평화체제 이행을 위한 구상까지도 마련하는 중요한 일들을 하고 있다. 이런 '훌륭한' 조직을 가지고 있는 외교부가 왜 실제 북한에 접근을 하는데 있어서는 그토록 서툰지 알다가도 모르겠다. 가지고 있는 능력과 전략적인 마인드가 대통령의 한마

---

21 임민혁, "'한반도 클럽' 실종사건", 『조선일보』, 2015. 2. 17.

디에 초토화되고, 대통령의 구미에 맞을 만한 작은 것을 하나 만들어 내기 위해서 그저 아무 생각 없이 한쪽으로 달려가는 모양새이다.

이 모임에 들어간 대사들은 실제로 그동안 곤란을 겪었다. 어떤 사람은 중국에서 며칠이나 기다렸는데 북한이 비자를 안 내줘서 그냥 한국으로 돌아왔다. 남북한 사이에 끼여서 이들만 곤란해진 것이다. 조용한 외교(quiet diplomacy)라는 것이 있다. 소리 나지 않게 상대국과 대화하고 협상해서 원하는 바를 얻어내는 것이다. 북한에 대사관을 두고 있는 나라들과 협력을 할 일이 있으면 각국의 대사들을 만나 조용히 대화하면 된다. 그래야 얻는 게 있다. 정보도 얻을 수 있고, 대북 접근 전략에 대한 조언도 얻을 수 있다. 이들을 한자리에 모아서 무엇을 얻을 수 있겠는가? 북한을 성토라도 하겠다는 것인가? 단체로 흡수통일전략이라도 짜낼 수 있다는 것인가? 북한이라는 상대가 있는 작업은 더욱 더 조용한 외교가 필요하다.

비슷한 문제는 통일준비위원회와 관련해서도 발생하고 있다. 연초인 지난 2월 16일 통일준비위 집중토론회가 열렸다. 박근혜 대통령도 참석했다. "몽골과 베트남, 미얀마 등은 개혁·개방을 선택한 이후 발전과 성장의 길을 걷고 있고 얼마 전 쿠바는 미국과 수교협상을 재개했다"고 말했다. 또 주문이다. 이렇게 늘 박근혜 대통령은 북한에 주문만 한다. 아니면 통일되면 북한에 개발투자를 하겠다고 한다. 둘 다 공허한 얘기다. 통일을 어떻게 이루어야 하니 조속히 만나자 우선 당국이 만나서 인도적 지원문제부터 논의하자 이런 식으로 나와야 대화가 되는 것인데, 대통령은 늘 북한에 요구하고 훈계한다. 어쨌든 대통령이 이런 토론회에 나와서 무슨 토론을 할 수 있는 것인지는 모르겠지만 나왔다. 국토부 장관 서승환도 나와서 경원선 연결 사업에 대해서 검토에 착수했다고 말했다. 북한은 전혀 반응이 없는데, 또 계획을 얘기했다. 전문가들도 북한 경제개발구를 통한 협력방안에 대해 얘기했다. 역시 의미 없는 얘기였다.

문제는 이날 회의가 급하게 잡혔다는 것이다. 통일준비위는 통상 한두 달 전부터 준비해서 열린다. 그런데 이날 회의는 열흘 전쯤 통보됐다. 의제도 제대로 전해지지 않은 상태였다. 많은 위원들이 일정조정을 못해서 불참할 수밖에 없었다. 그래서 전체회의가 아니라 부위원장, 분과위원장, 태스크프스 위원장 30여 명만 참석하는 집중토론회로 개최되었다.[22] 표적은 설연휴 민심이었다. 18~22일까지가 설연휴였다. 설연휴 직전에 그나마 대통령 지지율에 좋은 영향을 주는 통일문제를 거론해서 대통령의 지지율을 좀 올려보겠다는 생각이었던 것으로 보인다. 앞뒤 정황이 그렇다. 역시 보여주기 식이다. 한반도클럽이 윤병세가 대통령한테 보여주기 위한 것이었다면, 이것은 대통령이 국민한테 보여주기 위한 것이다.

대화도 안 되는 상황에서 대화여건조성과 대화준비문제보다는 통일을 얘기하고 있고, 더욱이 보여주는 데 급급한 회의와 그런 회의 결과의 발표를 접하고 북한이 '진정성 있다'고 판단하겠는가? 통준위에 대한 북한의 반응은 싸늘하기 이를 데 없다. 통일을 위해 사회 각 분야의 준비사항을 점검하면서 통일헌장까지 만들고 있는 통준위를 흡수통일을 위한 기관으로 보고 있는 것이다. 특히 통일헌장에 대해서는 체제 대결을 고착화하기 위한 것으로 간주하고 있다.

그런데도 정부는 지난해 12월 통준위를 내세워 북한에 대화를 제의하

---

22 황대진, "박대통령 '북, 몽골·베트남 변화의 길 따라야'", 『조선일보』, 2015. 2. 17.

기까지 했다. 남북관계가 주요업무인 통일부를 제쳐두고, 박근혜 정부 들어서서 남북대화 창구 역할을 해왔던 국가안보실도 뒤로 하고 통준위를 앞세웠다. 북한이 흡수통일의 전위대라고 하는 기관을 내세운 것이다. 이러한 정부의 마이웨이 식 행위를 보면 대화를 열겠다는 의도를 가지고 있는 것인지 의구심이 들 정도이다. 순수한 의도에서 만든 것이라도 북한이 그렇게 반발하는데 대화제의의 주체로 내세울 필요까지 있을까? '나는 이렇게 하고 있는데, 너는 뭐하냐' 하는 식으로 북한을 면박주기 위한 것이거나, '우리는 이렇게 적극적인데 쟤들이 안 움직여요'라고 국제사회에 보여주기 위한 것이라고 밖에는 해석이 안 된다. 순우리말로 '어깃장'이란 말이 있다. 못마땅한 말이나 행동을 하면서 뻗대는 행동을 말한다. 북한을 짐짓 약올리고 북한에 대해 어깃장을 놓으려는 의도가 아니면 하기 어려운 행동을 정부가 하고 있다.

통일준비 안 된 통일준비위

내가 보기에도 통준위는 우선 통일을 위한 준비가 되어있지 않다. 남북한의 통일을 준비한다는 기관이 남한 내의 통일도 이뤄내지 못하고 있다. 아무리 보수정부이지만 명색이 통일준비위원회이면 좌우를 아우르는 모습을 띄기 위해 노력한 모습을 보여줘야 한다. 그런데 그렇지가 않다. 36명의 민간위원 가운데 그나마 진보적 색깔을 가진 인물을 연세대 교수 문정인, 연세대 석좌교수 김성재 정도이다. 전문위원도 31명 있는데, 그 가운데 이름 있는 진보인사는 없다. 다만 새정치민주연합 정책위원회 통일전문위원 김종수가 여야 안

배 차원에서 들어가 있을 뿐이다. 압권은 민간부위원장 정종욱이다. 김영삼 정부에서 외교안보수석을 한 인물이다. 김영삼 정부의 대북정책은 북한 붕괴론을 기반으로 했다. 그래서 미국이 북한과 협상하는 것도 달가워하지 않았다. 북한의 신고하지 않은 두 개 시설에 대한 특별사찰을 지속적으로 주장하면서 북미 간의 협상을 어렵게 했다. 카터가 김일성을 만나러 북한에 갈 때도 부정적이었다. 북한의 선전에 이용만 당할 것이라고 했다. 하지만 카터가 가서 북미간의 협상이 다시 시작하도록 했고, 남북정상회담도 성사시켰다. 물론 남북정상회담이라는 성과를 가지고 서울로 왔을 때는 반겼다. 강경하면서 일관성도 없는 대북정책을 추진했다.

내 박사논문이 미국의 대북정책에 대한 한국의 영향력이 어느 정도인지를 평가하는 것이어서 김영삼 정부 당시 미국의 대북정책 담당자들을 만나서 인터뷰를 한 적이 있다. 당시 국무부 차관보 로버트 갈루치(Robert Gallucci), 갈루치의 보좌관 조얼 위트(Joel Wit), 백악관 국가안전보장회의 비확산 담당 선임국장 대니얼 포네만(Daniel Poneman) 등이다. 이들은 김영삼 정부 얘기를 하면서 고개를 설레설레 저었다. 지긋지긋하다(awful)는 얘기였다. 미국이 북한과 협상을 하려면 계속 특별사찰과 남북관계 진전 등 자기들의 요구사항을 말하면서 협상을 돕지 않았다는 것이다. 그러면서 대표적인 인물로 청와대 비서실장 박관용, 외교안보수석 정종욱을 직접적으로 얘기했다. 그런 인물이 부활해서 통준위의 부위원장을 하고 있다. 광복 70년 기념사업추진위원회 민간위원장도 겸임하고 있다. 물론 보수정부이니 어쩔 수 없다고 할 수 있겠다. 하지만 이것은 우리사회에서 첨예하게 의견이 갈리는 통일문제를 다루는 기관이다. 그러면 보다 다양한 의견을 수렴하려는 노력은 보였어야 한다.

그게 통일준비위의 통일준비를 위한 최소한의 조건이다.

통준위의 편중인사를 얘기하고 있지만, 박근혜 대통령의 포용력 결여와 소통 부재는 어제 오늘의 얘기도 아니고, 이제는 고쳐질 문제도 아니라는 생각까지 든다. 집권 2기 내각에서도 이런 문제는 여실히 드러났다. 총리와 장관 18명 가운데, 6명이 여당의원이다. 여당의원 3명을 정무특보로 임명하기도 했다. 윤상현, 김재원, 주호영이다. 정부를 견제해야 할 헌법기관인 국회의원을 어떻게 자신의 특보로 임명할 생각을 할 수 있는지 궁금하다. 이 국회의원들은 또 어떻게 특보가 되어도 괜찮다는 생각을 했는지도 궁금하다. 3권 분립은 의미 없다고 보는 것인지, 한국 정치를 후진국형으로 퇴행시키기로 마음먹은 것인지 매우 궁금하다. 더욱이 국회의원을 대통령의 정무특보로 임명하는 명분을 국회와의 소통이라고 내세웠는데, 이들 세 사람은 친박이다. 친박으로 비박, 야당과 소통을 한다니 어불성설이다. 이 점에 대해서는 나보다 『한겨레』 사설이 더 명쾌하고 지적하고 있다.

"현역 의원들의 정무특보 기용은 단지 법률적인 측면에서만 문제가 되는 게 아니다. 청와대 쪽은 정무특보 임명의 명분을 '소통'에서 찾고 있지만, 특보들이 대부분 강경파 친박의원들이라는 점에서 오히려 정치적 파열음만 커지고 있다. 소통을 위해서라면 새누리당 안에서 청와대와 생각이 다른 사람들, 그리고 야당 쪽 인사들과 대화가 잘되는 사람들을 기용해야 논리적으로 맞는데 정무특보들의 면면을 보면 완전히 반대이기 때문이다." [23]

이런 후진국형 인식과 인사 때문에 국회에서 어이없는 풍경도 벌어진

---

23 "'대통령 특보'가 장관후보 인사 청문하는 희극", 『한겨레』, 2015. 3. 13.

다. 대통령 정무특보로 임명된 윤상현이 통일부장관 후보자 홍용표에게 질문하는 장면은 누가봐도 '아니다'였다. 대통령이 임명한 정무특보가 대통령이 지명한 장관후보자를 검증한다니 이를 누가 제대로 된 검증이라고 믿겠는가? "저는 그냥 들러리나 서겠습니다. 여당과 여당의원은 대통령 밑에 있는 것입니다"라고 말하는 게 솔직한 것 아닐까?

이런 문제를 지적한 『조선일보』 기사 가운데 재미있는 게 있다. 2015년 2월 23일자 칼럼 '동서남북'이다.

"이번 인선만 봐도 결국 또다시 한쪽으로만 편중돼 친정 체제 구축이라는 소리까지 나오고 있다." "좀 더 넓게 주변을 돌아보고 포용하는 자세를 가져야 한다." "소수의 이너서클이 의사결정과정을 좌지우지하고 소위 코드가 맞는 몇몇 그룹만 품에 안는 정치를 해서는 안 된다." "더 심각한 문제는 이런 결과가 나오기까지 어떤 커뮤니케이션도 제대로 이뤄지지 않고 있다는 점이다." [24]

이 대목을 보고 '누군가가 올해 2월 박근혜 정부 2기 내각의 인선을 두고 한 얘기를 인용하는가 보다' 했다. 그런데 그게 아니란다. 놀랍게도 10년 전인 2005년 1월 당시 한나라당 대표 박근혜의 당직인선을 보고 당시 김용갑 한나라당 의원이 낸 성명의 내용이란다. 지금의 박근혜 대통령에게 적용해봐도 그대로 들어맞는다. 경제 · 사회분야보다 훨씬 장기적인 안목에서 다양한 의견을 수용해 정책을 추진해야 하는 것이 대북문제이고 통일분야이다. 그런 점에 대한 고민이 없는 것이, 또, 고민 없는 모습이 너무 적나라하게 드러나는 것이 아쉽기 그지없다.

---

24 권대열, "'열두 폭 치마' 대통령을 바라는 노신의 고언", 『조선일보』, 2015. 2. 23.

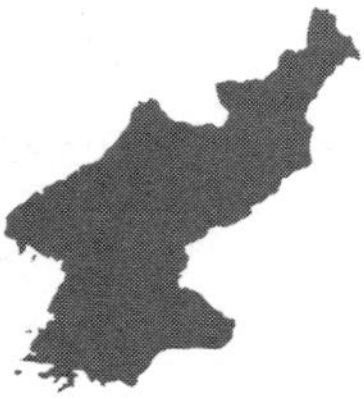

4 장

불신프로세스가 된 한반도 신뢰프로세스

북한을 불신하는 한반도 신뢰프로세스

올해 초 통일부 장관을 하고 있던 류길재가 한국기독교 목회자협의회에서 마련한 자리에서 특강을 했다. 한반도 신뢰프로세스에 대해 스스로 평가했다. “2년 동안 추구하려고 했던 한반도 신뢰프로세스가 얼마만큼 진전됐느냐고 묻는다면 알다시피 크게 진전이 안 됐다”고 자평했다. 자신에게 점수를 아주 낮게 준 것이다. 그는 원인을 북한에 돌렸다. “우리 정부의 끊임없는 대화 제의에도 북한이 마음의 문을 열지 않는다”고 하소연하면서 “하루빨리 북한이 대화의 장에 나오는 것이 한반도에서 남북이 믿음을 쌓는 계기가 될 수 있다고 본다”고 말했다. “북한이 계속 호응을 않는 것은 정말 이런 상황이 지속되게 되면 결국 북한이 대화를 할 의사가 없다는 것을, 비록 말은 않더라도 그렇게 비춰질 수밖에 없다는 생각이 든다”고까지 언급했다. 처음부터 끝까지 북한 탓이다. 어쨌든 결론적으로 2년 동안 박근혜 정부의 대북정책은 실효가 없었다는 얘기이다. 남북관계를 한 발짝도 진전시키지 못하고 제자리걸음만 했음을 스스로 인정한 것이다.

지난 8월 북한의 지뢰도발과 그에 따른 대화로 존재감이 조금 부각되긴 했지만, 박근혜 정부에서 통일부는 어정쩡한 위치였다. 일을 하는 것도 아니고 안 하는 것도 아니고. 남북 간의 대화는 국가안보실에서 맡고 있다. 2014년 2월 남북고위급 접촉에도 국가안보실 1차장 김규현이 대표로 나갔다. 통일준비작업과 통일 이후의 계획은 통일준비위원회의 일이 되었다. 그래서 현재의 일은 청와대가, 미래의 일은 통준위가 담당하고 있고, 통일부는 과거자료만 제공해주는 도서관 신세가 되었다는 얘기까지 나오고 있다. 그러니 ‘경제는 최경환이 책임지고 있는데 대북정

책은 주무책임자가 누구냐'라는 물음에 공무원들도, 학자들도 모두 "모르겠다"고 답한다.[1]

박근혜 정부 대북정책인 한반도 신뢰프로세스의 핵심은 '남북한이 신뢰를 바탕으로 통일기반을 구축하자'는 것이다. 시작은 2011년 9월 한나라당 의원 박근혜의 『Foreign Affairs』(포린어페어즈) 기고문이다. 국제정치학자들이 많이 보는 학술지에 투고를 한 것인데, 2007년 대선후보 경선과정에서 '여성이라서 안보에 취약하지 않겠느냐'라는 지적을 받았기 때문에 북한과 안보문제에 대해 선제적으로 대응한다는 차원에서 외국의 저명한 학술지를 택해 기고를 한 것이다. 물론 기고문 작성은 외교 · 안보 자문팀이 했다. 김앤장 고문으로 있던 윤병세, 연세대교수 이정민, 북한대학원대학교 교수 류길재 등이 당시 자문팀에 있었다.[2] 이후 윤병세는 외교부 장관, 류길재는 통일부 장관이 되었다. 『Foreign Affairs』 기고 당시의 신문기사를 찾아보니 기고문 작성에 참여한 자문교수가 "모두 박 전 대표의 아이디어였고 나는 팩트(fact)만 확인했다"고 얘기했다고 한다.[3] '그랬을까?' 하는 생각이 들지만 확인하기는 어려울 것 같다.

어쨌거나 이 기고문의 핵심내용이 '신뢰외교'(trustpolitik)이다. 남북한의 신뢰를 바탕으로 남북관계를 발전시켜 나가야 한다는 것이다. 그런데 내용을 자세히 읽어보면 북한이 뭘 하라고 주문하는 내용이다. "신뢰의 최소수준을 형성하기 위해서는 북한이 한국 · 국제사회와 한 합의

---

1 주용중, "대북정책이 겉도는 이유", 『조선일보』, 2014. 9. 26.

2 권은영, "새누리당 대선후보 박근혜의 사람들: 외교안보 분야", 『뉴스1』, 2012. 9. 4.

3 최재혁, "박근혜, 대선정책시리즈 2탄 포린어페어스에 남북문제 기고", 『조선일보』, 2011. 8. 17.

를 지켜야 한다"(North Korea must keep its agreements made with South Korea and the international community to establish a minimum level of trust)는 것이다.[4] 우리가 무엇을 먼저 해서 남북관계를 개선할 것인지를 얘기하지는 않는다. 남한이 선제적으로 어떤 조치를 취해서 남북관계를 끌어가면서 한반도 문제를 풀어가고 동북아 질서의 안정도 동시에 추구해보겠다는 내용은 없다.

이러한 배경을 바탕으로 형성된 박근혜 정부의 대북정책 '한반도 신뢰 프로세스'는 남북 간 신뢰 형성을 통해 남북관계를 발전시키고, 한반도 평화를 정착시키며 통일의 기반도 구축하겠다는 정책이다.[5] 이 정책은 3가지 추진 원칙을 가지고 있는데, 균형 있는 접근, 진화하는 대북정책, 국제사회와의 협력이다. 이 정책의 4가지 추진 기조는 튼튼한 안보에 기초한 정책 추진, 합의 이행을 통한 신뢰 구축, 북한이 올바른 선택을 할 수 있도록 여건 조성, 국민적 신뢰와 국제사회와의 신뢰에 기반한 정책 추진 등이다.

물론 핵심은 합의 이행을 통한 신뢰 구축이다. 관련해서 통일부가 발행한 『한반도 신뢰프로세스』는 "남북 간 합의는 물론 국제사회와의 합의를 존중하고 이행하는 것으로부터 신뢰를 축적해 나갈 것입니다. 실천할 수 있는 내용에 합의하고 합의된 내용은 반드시 이행함으로써 신뢰를 다져나갈 것입니다"라고 밝히고 있다.[6] 남북 간의 합의가 지켜지도

---

4 Geun-hye Park, "A New Kind of Korea: Building Trust Between Seoul and Pyongyang," *Foreign Affairs* 90-5, Sep/Oct 2011, p.14.

5 통일부, 『한반도 신뢰프로세스』, 통일부 정책협력과, 2013, p.6.

6 위의 자료, pp.12-13.

록 하는 것이 신뢰형성의 시작이라고 여기고 있는 것이다. 여기에는 북한이 그동안 신뢰를 얻을 만한 행동을 하지 않았다는, 즉 약속을 지키지 않았다는 기본 인식이 깔려 있다. 그래서 이를 강조하고 이름까지 '신뢰프로세스'로 지은 것이다.

위에서 살펴본 대로 한반도 신뢰프로세스의 기반은 아이러니컬하게도 북한에 대한 철저한 불신이다. 북한은 믿을 수가 없다. 그러니 너희들이 뭔가 보여줘라. 그게 그간의 합의를 다 지키는 것이다. 그러면 그 다음에 이쪽에서 뭔가를 주겠다 하는 것이다. 이런 모습을 보고 『The Economist』(디 이코노미스트)는 박근혜 정부가 말하는 신뢰외교가 실제로는 '불신외교'(distrustpolitik)라고 꼬집는다. "남한은 북한이 약속을 지킬 것으로 믿지 않는다. 북한도 남한이 자신들의 충고를 따를 것으로 믿지 않는다"라고 말하고, "박근혜는 '불신외교'가 더 적절할 것 같은데 자신의 외교를 신뢰외교라고 불러왔다"고 비판한다.[7]

남북관계를 발전시키기 위해 우리가 뭘 하겠는 것이 대북정책이다. 외교정책이란 것은 한 나라의 다른 나라에 대한 의사표시이고, 그 내용은 '내가 어떻게 하겠다'는 것이다. 하지만 한반도 신뢰프로세스는 이런 외교정책의 기본적인 성격을 무시한 것이어서, 대북정책이라기보다는 '대북주문' 또는 '대북요구'라고 해야 옳을 것이다.

그리고 남북관계가 그렇게 단순한가? 온통 북한이 잘못했고, 남한은 모두 잘했다고 말할 수 있는가? 가까운 사례로 이명박 정부는 남북 간에 합의한 10·4공동선언의 내용을 지켰는가? 아니다. 북한이 그렇게 지키라고 해도, 지킨다고 약속을 하라고 해도 하지 않았다. 10·4공동선언

---

7 "Nuclear North Korea: Bad or Mad," *The Economist*, October 26, 2013.

의 6항은 어렵지 않은 것이었다. "남과 북은 백두산관광을 실시하며 이를 위해 백두산-서울 직항로를 개설하기로 하였다. 남과 북은 2008년 북경 올림픽경기대회에 남북응원단이 경의선 열차를 처음으로 이용하여 참가하기로 하였다" 이런 내용이다. 의지만 있으면 얼마든지 지킬 수 있는 것이었다. 하지만 의지가 없었다. 북한에 뭔가를 주는 것을 싫어했다. 북한에 지원을 하고 협력을 얻어내는 것이 엄청난 원칙을 어기는 것으로 여겼다. 남북관계 악화가 남북의 평화유지와 통일분위기 조성이라는 더 큰 원칙을 심각하게 훼손하는 것임은 깨닫지 못했다. 한반도 신로프로세스도 북한에 대한 불신을 바탕으로 한 정책이어서 기본적인 구조를 바꾸지 않는 한 남북관계는 이명박 정부 당시와 크게 다르지 않을 것으로 보인다.

한반도 신뢰프로세스의 모순

대북 불신을 기초로 한 정책이면서도 외양으로는 그렇지 않은 모습을 가지다 보니 모순이 금방 드러난다. 한반도 신뢰프로세스의 기본적인 목표 중 하나가 남북한 합의를 지켜나간다는 것이다. 청와대 국가안보실이 만든 『국가안보전략』을 보자. "정부는 남북한이 합의한 사항은 반드시 이행하는 문화를 정착시키고자 한다. 이는 남북한 간의 신뢰구축과 남북관계의 지속적인 발전 그리고 한반도 평화정착과 통일기반 조성에 기여할 것이다. 또한 북한을 상식과 국제사회 규범에 맞게 행동하도록 유도함으로써, 국제사회의 책임 있는 일원으로 견인하는 길이기도 하다"라고 밝히고 있다.[8] '남북 합의사항의 반드시 이행'이라고 강조하고 있다. 그런데 바로 아래 이런 대목이 있다. " '7 · 4공동성명'을 비롯해서 '남북기본합의서', '6 · 15공동선언', '10 · 4선언' 등 남북 간의 기존 합의에 담긴 평화와 상호존중의 기본정신을 실천하고자 한다. 다만, 구체적인 사안별 이행문제는 국민적 합의와 안보상황 등을 종합적으로 고려하여 검토해 나갈 것이다." 무슨 얘기인가? 이런 게 전형적인 모순 아닌가? 앞에서는 남북 간의 합의가 반드시 이행되어야 하고 이것이 남북한 신뢰의 바탕이라고 해놓고서는 남북 간의 가장 중요한 합의들을 사안별로 이런저런 문제를 고려하면서 실행하겠다고 한다. 쉽게 말하면 정부의 구미에 맞지 않는 부분은 이행하지 않겠다는 것이다. 이명박 정부와 다른 것이 전혀 없고, 남북관계를 진전시키겠다는 진정성을 찾아보기 어렵다. 그래서 실제로 2년이 넘도록 남북관계를 진전시키지 못하고 있는 것이다.

베이징대 교수 진징이(金景一)의 지적이 단도직입적이다.

"신뢰는 서로가 주고받는 믿음이다. 어느 때부터인지 남과 북은 주진 않고 받으려고만 하는 형국이 된 것 같다. 그러니 70년 동안 네 탓 내 탓을 계속 반복하는 게 아닐까. 신뢰는 바닥을 치는데 통일 열기가 상승하니 한쪽에서는 흡수통일, 체제통일 위협이라고 보는 것이다."[9]

조건이 성숙되지 않은 상태에서 통일을 말하고, 주는 것 없이 요구만 계속하는 것은 경색을 더 가속화할 뿐이라는 얘기다.

사람의 생각은 여러 가지여서 이런 정책을 긍정 평가하는 경우도 있

---

8 청와대 국가안보실, 『국가안보전략』, 청와대 국가안보실, 2014, p.62.

9 진징이, "이젠, 정치적 결단력이다", 『한겨레』, 2015. 3. 9.

다. 이화여대 교수 박인휘의 생각을 잠깐 훑어보자. 우선 그는 "현 정부가 유독 강한 면모를 보이는 분야는 남북관계와 대외정책이라고 생각한다"면서 후한 점수를 주고 시작한다. 그러고는 상찬을 한다. 더 뒷부분에서는 한반도 신뢰프로세스가 풀어가야 할 과제도 제시하지만, 내 눈에 들어오는 것은 이 상찬 부분이다.

"박근혜 정부의 신뢰프로세스는 남북한 관계 개선과 평화통일을 신뢰라는 요소를 통해 펼쳐 나가겠다는, 매우 창의적인 문제의식을 전제로 하고 있다. 냉전 종식 이후만 따져 보더라도 20년이 넘게 보수와 진보 정권이 번갈아 가면서 다양한 대북정책을 전개했지만 북한으로 하여금 핵을 포기토록 하는 데에도, 또 개방의 문을 열고 변화의 길로 들어서게 하는 데에도 실패했다. 왜 그럴까? 한반도 신뢰프로세스는 바로 이러한 질문에서 출발하고 있다. 북한을 상대로 한 약속이나 합의가 부족해서가 아니다. 통일에 대한 우리 국민의 열망이 없어서도 아니다. 한반도 통일에 대한 국제사회의 무관심을 탓하는 것도 아니다. 바로 남북한 사이에 신뢰가 부족하기 때문이라는 의미이다." [10]

신뢰부족이 문제라는 생각을 창의적인 문제의식이라고 한다. 남북관계가 안 풀리고, 풀렸다가도 다시 경색되고 하는 것이 근본적으로는 남북한의 불신 때문임을 모르는 사람이 있다는 얘긴가? 북미 간의 합의도 만들어졌다가 안 지켜지는 이유가 양국 간의 심한 불신 때문임을 새삼 강조할 필요가 있을까? 이는 누구나 공유하는 문제의식이고, 이 불신을 어떻게 해소할 것인지에 대해 창의적이고 능동적인 대안을 제시하는 것이 대북정책의 핵심이 되어야 하는 것 아닐까? 그런 대북정책이라야 후

---

10 박인휘, "한반도 신뢰프로세스, 향후 3년의 향방은?", 『동아일보』, 2015. 3. 4.

한 점수를 받을 수 있는 것 아닐까?

북한을 왜 그렇게 불신하나

그건 그렇고 박근혜 대통령의 북한에 대한 뿌리 깊은 불신은 어디에서 나오는 것일까? 그의 자서전에 이를 알 수 있는 단서가 있다.

"북한은 나에게 어떤 존재였던가. 어머니가 북의 사주를 받은 총탄에 돌아가셨고, 아버지와 우리 가족을 기습하기 위해 북에서 보낸 특수부대가 청와대 바로 앞까지 왔었다. 어려서부터 아버지가 북의 위협으로부터 나라를 지키기 위해 노심초사하시던 모습을 보아왔다." [11]

자신과 자신의 가족을 늘 위협하는 존재로 북한을 인식해 왔다. 이러한 경험이 북한을 믿지 못하게 하는 바탕을 이룬 것으로 보인다.

박근혜 대통령이 북한에 대해 말할 때 늘 뭘 주문하는 것도 실은 불신 때문이다. 믿지 못하니 뭘 해주겠다는 얘기는 안 하고 뭘 하라는 주문만 한다. 개혁 · 개방으로 나와라, 미얀마를 배워라, 핵 · 경제 병진정책 바꿔라, 대화에 나와라, 이런 식이다. 박근혜 대통령의 사촌형부이기도 한 김종필이 박근혜 대통령에 대해서 이런 얘기를 한 적이 있다. "아버지와 어머니의 좋은 것만 반반 닮아서 결단력과 판단력도 있다"라고. 북한에 대해서는 결단력이 너무 분명한 것이 문제다. 양보가 없다. 북한이 숙이

---

11 박근혜, 『박근혜 자서전: 절망은 나를 단련시키고 희망은 나를 움직인다』, 위즈덤하우스, 2007, p.195.

고 나오지 않으면 대화도 없다는 식이다. 이런 결단력이 무얼 위해서 봉사하는지를 생각해봐야 한다. 북한을 자극해서 남북경색을 가져오는 것이 어떤 것이고, 그 반대로 가는 길이 무엇인지를 생각해봐야 하는 것이다. 그런 부분에 대한 냉철한 판단을 못하는 한 박근혜 대통령이 좋은 판단력을 가졌다고 평가하기는 어렵다.

주문식 발언이 아니면 먼 통일 이후의 얘기를 하는 경우가 많다. "세계의 공공 및 민간자본이 한반도에 투자하고 그것이 세계경제 도약의 종잣돈이 될 수 있는 상생의 방안을 강구해야 한다" "통일 이후 북한의 SOC건설과 자원개발 계획들을 세심하게 세워나간다면 때가 될 때 (북한이) 국내외 투자를 받아들일 수 있게 될 것" 등등.[12] 구체성이 없고, 내용이 없는 것이다. 통일로 가는 실질적인 노정의 시작은 전혀 보여주지 못하면서 통일 이후를 얘기하고, 세계 공공자본의 투자를 얘기한다는 것은 그저 말을 위한 말일 뿐이다. 국민들에게 "이런 일도 있을 수 있으니 희망을 가지세요" 하는 것 이상의 의미는 없다. 듣는 국민들은 어떨까? 물론 듣는 순간 희망을 느낄 수도 있을 것이다. 하지만 금방 "그래서 지금 뭐가 되고 있나?" 할 것이다.

"우리 경제를 생각하면 저는 좀 불쌍하다는 생각도 든다"라는 대통령의 얘기를 들을 때도 구체성 없는 통일 얘기를 들을 때와 마찬가지로 '어쩌면 저렇게 남의 나라 얘기하듯 하지?' 하는 느낌이 절로 들었다. 부동산 3법 처리를 야당이 방해해서 우리 경제가 회복될 기회를 제대로 잡지 못했다는 얘기를 하는 것이었다. 경제는 나라의 살림을 챙기는 일이다. 나라 살림의 책임자는 대통령이다. 그런데 대통령이 '나는 책임 없고 국

---

12 황대진, "박대통령 '북, 몽골·베트남 변화의 길 따라야'", 『조선일보』, 2015. 2. 17.

회가 문제예요'라고 말한 것이다.

지난 4월 성완종 메모로 온 나라가 흔들릴 때는 어땠나? 마찬가지였다. "부정부패에 책임이 있는 사람은 누구도 용납하지 않을 것이고 국민은 그런 사람을 용서하지 않을 것"이라는 게 대통령의 말이었다. 현직 총리와 비서실장 등 정권의 핵심인사들에게 돈을 줬다는 메모가 발견되어 국민들이 분노하고 있는데, 대통령은 남의 얘기 하듯했다. 국민들에게 송구하다는 얘기 한마디 없었고, 책임지고 철저히 진실을 밝혀 공명정대하게 처리하겠다는 다짐도 없었다. 그러고는 중남미로 떠났다.

박근혜의 화법이 이런 식이다. 소위 유체이탈 화법이라는 것이다. 경제가 안 좋으면 대통령이 밤낮으로 발벗고 나서서 해결하는 노력을 해야 한다. 야당이 협조를 안 해서 안 된다고? 미국 대통령은 법안 하나를 통과시키기 위해 야당의원들과 수시로 통화한다. 전화로 안되면 직접 만나 설득한다. 정권 내부에 부정한 일이 발생하면 "내탓이오"를 먼저 얘기하고, 철저한 후속 조치를 국민한테 약속해야 한다. 멀찌감치 떨어져서 뒷짐 지고 뭐가 이렇게 안 되지? 이런 식의 화법은 믿음을 줄 수 없다. 통일문제나 경제문제, 부정부패 척결 모두 마찬가지다.

미국이 다 좋은 건 아니지만, 가끔 부러울 때가 있다. 특히 대통령이 언론이건 토론장이건 자연스럽게 나와 자유롭게 정책에 대해 설명하고 사과할 것은 사과하고, 또 국민을 설득하기도 하는 모습은 우리의 대통령과 크게 대비돼 많은 생각을 하게 한다. 오바마는 특히 언론, 국민과의 소통에 마음과 시간을 많이 쓴다. 미국이 당면한 문제를 두고 학자, 언론인들과의 자유토론도 자연스럽게 한다. 지난 5월에는 워싱턴의 조지타운 대학에서 700여명이 지켜보는 가운데 하버드대 교수, 미국기업연구소(AEI) 회장과 한 시간 이상 자유토론을 벌이기도 했다. 대통령이라고 따로 발언기회를 주는 것도 아니고, 시간을 더 주는 것도 아니었다. 주제는 불평등 해소책이었다. 오바마는 그 자리에서 "헤지펀드 운영자 25명의 연봉을 합치면 미국의 유치원 교사 전부의 연봉보다 많다"며 미국의 부의 편재를 지적하기도 하고, 폭스뉴스(Fox News)는 가난한 사람들을 벌레 보듯 한다는 불만을 얘기하기도 했다. 심지어는 인종차별이 이제는 계층차별로 변화했다면서 미국사회의 민감한 부분을 거론하는 것도 마다하지 않았다. 메모지 한 장 들지 않았고, 필요할 땐 손과 몸으로 액션도 해가면서 자연스럽게 미국사회의 핵심문제에 대한 얘기를 풀어갔다.

오바마의 이런 모습은 우선 정책적인 사안은 문제를 드러내놓고 해결책을 찾아야 한다는 생각에서 나오는 것이다. 수뇌의 몇 사람이 토론도 없이 주요결정을 하면 정확한 해법이 나올 수 없다는 생각이다. 또 하나 오바마가 이렇게 할 수 있는 이유는 정책이슈에 대한 자신감 때문이다. 주요 사안에 대해서는 깊이 공부하고, 백악관의 참모나 관련부처의 고위관계자들과 수시로 대화하고 토론하면서 그런 자신감은 생긴 것이다. 주요 발언은 '말씀자료'에 쓰여진 것만 말하고, 주요 사안에 대한 토론이 필요한 자리에서도 짧게 말하고, 이해하기 힘들고 때론 뜬 구름 잡는 듯한 얘기를 자주 하는 박근혜 대통령과는 많이 다르다. 특히 외교·안보·통일 관련 사안은 긴급한 것이 많고 국가전체에 미치는 영향이 큰 만큼, 국가의 최고지도자가 평소 토론을 많이 하고 이를 바탕으로 필요할 때 결론을 현명하고 분명하게 내려주는 것이 중요하다. 자꾸 그런 대통령을 동경하게 하고, 지금의 대통령을 그런 대통령과 비교하게 하는 상황은 곤란하다.

도덕적 원칙 속에 갇힌 현실

외교는 국가의 목표를 실현하기 위해 국력의 여러 가지 구성요소들을 효율적으로 통합하는 기술이다.[13] 국가는 국가이익을 최대화하기 위해 때로는 경제력, 때로는 문화적 능력 등 다양한 국력을 사용해 다른 나라와 대화하고 협상한다. 그것이 외교다. 목표는 이익을 가장 많이 얻는 것이다. 그래야 국제사회에서 침략당하지 않으면서 살 수 있기 때문이다. 그래야 국력을 신장해 국민의 복지를 충분히 책임질 수 있게 되고, 나아가서는 세계의 제도와 규칙을 만들어 가는 일을 할 수 있다. 그래서 외교는 도덕이라기보다는 현실이다. 현실주의 외교의 달인이라고도 할 수 있는 키신저(Henry Kissinger)가 갈파했다. 외교는 제한된 가능성 속에서 현실적인 타협을 만들어 내는 것이라고. 다른 얘기로 하면 너무 도덕적 원칙에 얽매이면 곤란하다는 말이다. 명분에 대한 집착은 외교적 경색과 친하다.

박근혜 대통령이 이를 잘 보여주고 있다. 신뢰가 회복되지 않으면 움직이지 않겠다는 것이다. 북한이 먼저 신뢰를 보여줘야 한다는 것이다. 그 신뢰라는 명분에 매달려 있다. 다른 표현을 하기도 한다. '진정성'이라고. 올해 초 김정은이 신년사에서 정상회담 용의가 있다고 밝혔다. "분위기와 환경이 마련되는 데 따라 최고위급 회담도 못할 이유가 없다"고 밝힌 것이다. "남조선 당국이 진실로 대화를 통하여 북남관계를 개선하려는 입장이라면 중단된 고위급접촉도 재개할 수 있고 부문별 회담도

---

13 Hans Morgenthau, *Politics among Nations: The Struggle for Power and Peace*, 7th Edition, McGraw-Hill, 2006, p.152.

할 수 있다"고도 했다. 이에 대해 박근혜 대통령은 "현시점에서 중요한 것은 북한의 진정성, 실천의지를 행동으로 보여주는 것"이라며 진정성을 보여 달라고 주문했다. 물론 북한 제안에는 한미 군사훈련 중단과 체제통일 시도 중단 등의 전제조건이 있긴 했다. 하지만 긍정적인 부분을 주요 계기로 삼아 대화의 분위기를 살려가지 못하고 진정성을 요구하며 맞섰다. 너희를 믿지 못하겠으니 믿을 수 있게 해달라는 주문을 계속하고 있는 것이다.

국가들은 다른 국가의 의도(intention)가 뭔지 몰라 항상 불안해 한다. 그래서 현대의 국가들은 제도(institution)를 만든다. 국제기구를 구성하기도 하고, 조약을 맺기도 한다. 그것들이 다 제도이다. 그렇게 국제기구를 만들고, 조약을 맺으면 그 속에서나마 불확실성을 줄일 수 있다. 그 속에서 논의하고 협력하면서 상대방의 의도를 조금씩 알아가고, 상대방의 의도를 알기위해 쓰는 정보수집 비용도 줄일 수 있게 된다. 국제기구와 조약의 규칙을 어기면 보복을 하기도 한다. 그런 과정을 통해 차츰차츰 진정성을 확인하고, 신뢰를 만들어 간다.

그런 게 국제사회이다. 그런데 박근혜 정부는 북한이 먼저 진정성을 보이란다. 신뢰를 보여 달란다. 많은 과정이 이루어진 뒤에 얻어질 수 있는 것을 미리 내놓으라고 하는 것이다. 인제대 통일학부 교수 김연철이 지적하는 문제도 이런 것이다.

"박근혜 정부는 신뢰를 대화의 결과가 아니라 대화의 조건으로 생각한다. 정부관계자들은 북한과 대화를 시작하기도 전에 믿지 못하겠다고 말한다. 믿어야 대화할 수 있는가? 그런 생각은 현실적이지 않고, 동시에 역사적 근거도 없다. 예를 들어 박정희 정부가 7 · 4공동성명을 채택할 때 과연 북한을 신뢰했을까? 아니다. 냉전시대 미-소관계나 분쟁해결을 위한 다양한 대화와 협상에서 신뢰를 전제조건으로 내세운 적이 있는가?"[14]

그래서 지금의 남북관계에서 나타나는 것은 '불신 프로세스'라는 것이 김연철의 분석이다.

그렇다면 이러한 현상의 더 근본적인 원인은 무엇일까? 박근혜 정부가 스스로 설정해 놓은 명분에 얽매여 있기 때문이다. '도덕적 원칙'에 지나치게 목을 매고 있는 것이다. 서울대 명예교수 장달중의 지적은 이렇다.

"도덕적 원칙에 따라 궁극적 목표에 올인하는 것은 위험하다는 것이다. 전쟁과 같은 엄청난 재앙을 불러올 수 있기 때문이다. 그래서 부분적이지만 현실적인 해답을 통해 궁극적인 목표로 가는 길을 모색하지 않으면 안 된다는 것이다. 우리가 직면하고 있는 실존적 위협, 5년이라는 제한된 시간, 박 대통령의 현실적인 외교안보 이니셔티브를 절실히 요구하고 있다."

도덕적인 원칙을 내세우고 이를 북한을 향해 실현하려는 것은 북한을 우리식 원칙에 굴복하도록 하겠다는 것이다. 이것이 실현된다면 우리 입장에서는 전부를 얻는 것이지만, 북한입장에서는 전부를 잃는 것이다. 그걸 계속 주장하고 있으면 평행선만 계속될 수밖에 없다. 전부 말고 일부만 얻으려 생각하고 북한과 대화하고 협상해야 하는 것이다.

한 가지 주목할 것은 김정은의 남북정상회담 언급에 대해 정부 내에서 시간이 지나면서 반응이 바뀌었다는 것이다. 김정은의 신년사가 나온 1

---

14 김연철, "한반도 신뢰 프로세스의 운명", 『한겨레』, 2013. 5. 31.

월 1일 오후 통일부 장관 류길재는 관련 입장을 발표했다. "오늘 김정은 국방위원회 제1위원장이 신년사를 통해 남북 간 대화 및 교류에 대해 진전된 자세를 보인 데 대해 의미 있게 받아들인다"는 것이었다. "정부는 분단 70년의 최대 비극인 이산가족 문제 해결과 오늘 북한이 제기한 최고위급 회의를 포함해 남북 간 모든 관심 사항에 대해 실질적이고 허심탄회한 논의가 필요하다고 본다"고도 했고, "이런 입장에서 우리 정부는 가까운 시일 내에 형식에 구애되지 않는 남북 당국 간 대화가 개최되기를 기대한다"는 얘기도 했다.[15] 정상회담 가능성까지도 상정하고 만나서 얘기를 해볼 수 있다는 말이었다. 이날 애초 통일부는 보도자료로 입장발표를 갈음하려 했다가 오후 늦게 장관이 직접 나와 언론을 향해 입장을 발표했다. 그만큼 북한의 신년사 내용을 중요하게 생각한 것이다.

그런데 다음날 통일부 대변인이 발표한 북한 신년사에 대한 입장은 많이 다른 것이었다. "남북관계 개선에 대한 진정한 의지가 있다면, 아무런 조건 없이 대화에 나와야 할 것"이라며 북한을 압박했다. 국방부는 키 리졸브 훈련과 독수리 훈련 등 한미연합훈련의 일정은 조정될 수 없고 예정대로 실시된다고 밝혔다.[16] 북한의 한미연합훈련 중단 요구를 일축한 것이다. 그러고는 1월 6일 대통령이 국무회의에서 북한이 진정성이 없다고 얘기한 것이다.

이러한 일련의 흐름을 보면 1월 1일 당일에는 통일부의 입장이 많이 반영된 것으로 보인다. 북한이 매년 1월 1일 신년사를 발표하기 때문에 통일부는 기다리고 있었고, 정상회담 용의와 남북대화 중시라는 내용이

---

15 김희준, "3시간 만에 변한 北신년사 평가, 남북대화 물꼬 예고?", 『이투데이』, 2015. 1. 2.

16 구경근, "정부 '北, 조건없이 대화 응해야...성사되면 이산가족 최우선 논의'", 『MBC』, 2015. 1. 2.

나오자 회담의 계기로 삼아보려 한 것이다. 그래서 신년사를 긍정적으로 평가했고, 장관이 직접 발표까지 했다. 하지만 이후 국가안보실, 국가정보원이 관여한 것으로 보인다. 그래서 통일부를 압박했을 것이다. 다시 입장 발표를 하라고. 그래서 다시 나온 것이 1월 2일의 통일부 대변인 발표일 것이다. 군출신이 수장으로 있는 국가안보실, 대화보다는 대결 논리에 경도되어 있는 국가정보원이 개입해 '조건 없이 대화에 나와라. 한미훈련 일정 조정은 안 된다'는 내용의 발표가 나오게 된 것으로 보인다. 대통령도 이들의 의견을 수용해 '진정성 없다'는 얘기를 하게 됐을 것이다.

'진정성'을 반복적으로 얘기하면서 북한이 완전히 굴복하고 나오지 않으면 움직이지 않겠다는 태도는 수시로 확인되는데, 그 중 하나가 2014년 초 북한의 중대제안에 대한 거부이다. 북한은 1월 16일 국방위원회를 내세워 중대발표라는 것을 했다. 내용은 크게 세 가지였다. 첫째는 "1월 30일부터 음력 설명절을 계기로 서로를 자극하고 비방중상하는 모든 행위를 전면중지하는 실제적인 조치를 취하자는 것"이다. 둘째는 "남조선당국은 년례적이며 방어적이라는 미명하에 2월말부터 강행하려는 키리졸브, 독수리 합동군사연습부터 중단하는 결단을 내려야 할 것"이는 내용이다. 셋째는 "핵재난을 막기 위한 현실적인 조치도 상호 취해나갈 것을 제안한다"는 것이다.

이 제안을 두고 박근혜 정부는 긴급하게 국가안보정책조정회의를 열었다. 국가안보실장 김장수가 주재하고 통일부와 외교부, 국방부 장관 등이 참석했다. 인도를 방문하고 있던 대통령에게도 보고됐다. 논의의 결론은 '제안 거부'였다. 부분적으로 받을 수 있는 것이었다. 비방 중단 제안은 어떤 전제조건이 있는 것도 아니고 지키기 어려운 것도 아니다.

과거에도 합의하고 실행했던 것이다. 하지만 이것도 받지 않았다. 남한이 원하는 것을 모두 하지 않으면 너희가 말하는 어떤 것도 안 듣겠다는 태도였다. 거부 성명을 발표하면서 북한에 대한 훈계도 잊지 않았다. "북한은 남북 간의 신뢰는 말로 하는 것이 아니라 행동으로 보여야 한다는 점을 명심해야 할 것입니다"라고. 물론 맞는 말이다. 하지만 이는 박근혜 정부에 대한 훈계로도 손색이 없는 것이다. "말로만 신뢰, 진정성 운운하지 말고 작은 것부터 실천하는 것이 중요하다" 는 얘기는 북한뿐만 아니라 박근혜 정부도 들어야 하는 말이다.

물론 북한이 이런 제안을 한 것은 나름의 사정이 있었기 때문이다. 장성택을 처형한(2013년 12월 12일) 이후 내부적인 동요가 있을지 모르는 상황에서 체제를 좀 더 단속하기 위해 남한을 비난하고, 중대제안도 내놓았을 것이다. 오랫동안 남북관계를 관찰해온 전문가들이 많은 만큼 정부도 이런 사정을 모를 리 없다. 설사 북한의 의도가 그렇다고 하더라도 북한의 얘기 중 대화로 이어갈 수 있는 부분을 단서로 활용해 남북관계를 개선해 가야 하는 것이 우리의 바람직한 태도일 것이다. 그런 과정이 반복될 때 대화와 교류는 조금씩 확대되는 것이다. 그런데 박근혜 정부는 어떤가. 인도를 방문하던 중 전화로 연락을 받은 대통령의 지시가 정부 입장을 단적으로 보여준다. "북한이 이런 선전공세를 할 때일수록 더욱 대남 도발에 대비해 안보태세에 만전을 기하라"는 것이 대통령의 지시였다.

또, 김영삼 정부를 상기시킨다. 김일성이 사망했을 때 김영삼은 전군에 비상경계태세를 지시했다. 초상집 앞에서 강도 잡겠다고 수선을 떤 격이다. 김일성이 사망한 것이 1994년 7월 8일. 김영삼과 정상회담을 17일 남겨놓고 있었다. 곧 정상회담 자리에서 만나기로 되어 있던 상대가 사망했는데, 군에 경계태세 강화를 지시한 것이다. 북한이 경악했다. 그 이후 남북관계는 시베리아의 동토와 같이 될 수밖에 없었다.

남북한의 분단체제는 70년의 세월 동안 이제 하나의 시스템(체제)이 되어 있다. 오스트리아의 이론 생물학자 베르탈란피(L. V. Bertalanffy)가 말하는 시스템이다. 이 시스템은 각 요소들이 모여서 만들어진 것이지만, 이 요소들의 성질은 사라지고, 새로운 성질을 가진 하나의 통일체이다. 이 시스템 자체가 살아서 움직인다. 작은 요소들에 얽매여 작은 싸움에 매몰되어서는 이 체제를 벗어나는 길을 찾기 어렵다. 보다 큰 시야로 체제 자체를 바로보고 이 체제의 방향을 고스란히 바꾸어 나갈 수 있는 결단이 있을 때 변화가 가능하다. 지금 남북관계에 필요한 것도 그런 결단들이다. 박근혜 정부가 그런 길을 가야 할 텐데, 그러자면 우선 이런 것을 관찰할 수 있는 시야가 있어야 할 것이다. 대통령이 못 보면 주변의 전문가들이 옳게 보고 조언을 해야 할 텐데, 그런 사람도 보이지 않는다. 작은 요소에 얽매여 있는 사람들만 보인다.

북한,
"핵 포기시키려는 전략"

그렇다면 한반도 신뢰프로세스에 대해 북한은 어떤 생각을 하고 있을까? 무엇보다도 북한은 한반도 신뢰프로세스가 '어처구니없는 망동'이라고 비난하고 있다. 호응은커녕 심한 용어를 써가면서 한반도 신뢰프로세스에 대한 불신을 표시하고 있는 것이다. 북한의 주장은 한반도 신뢰프로세스가 '핵포기를 전제조건으로 내세우는 것'이라는 것이다. 무슨 얘긴가? 한반도 신뢰프로세스의 핵심

내용은 '북한이 그동안의 약속을 지켜야 한다'는 것이다. 박근혜 정부가 얘기하는 그동안의 약속 가운데 핵심은 '한반도 비핵화공동선언'이라는 것이 북한의 추정인 듯하다. '북한이 한반도 비핵화공동선언을 지켜서 핵을 포기해야 북한을 신뢰할 수 있고, 그래서 이후 남북관계가 진행될 수 있다'는 논리구조를 가진 것이 한반도 신뢰프로세스라는 것이다.

1992년 한반도 비핵화공동선언을 할 당시와는 상황이 완전히 달라졌고, 특히 북미관계가 적대관계가 되어 미국이 북한을 핵으로 위협하고 있기 때문에 국가안보를 위해서 핵무기를 만들었다는 것이 북한의 주장이다. 그래서 포기할 수 없다는 것이다. 그래서 일단 핵을 포기하라는 주장을 담고 있는 한반도 신뢰프로세스는 '하나의 망동에 불과하다'는 것이 북한 주장에 담긴 내용이다.

이러한 한반도 신뢰프로세스에 대한 기본적인 인식을 바탕으로, 북한은 그동안 남북관계에서 신뢰를 깬 것은 남쪽이라는 주장도 하고 있다. 신뢰를 말하면서 북한에게만 신뢰관계 미형성의 책임이 있는 것처럼 얘기하는데, 이것이 잘못이라는 것이다. 대표적인 것으로 6·15공동선언과 10·4선언을 제대로 지키지 않는 것을 말하고 있다. 또 노무현-김정일 정상회담 당시의 대화록을 박근혜 정부가 공개한 것도 신뢰를 깬 것으로 지적하고 있다. 비밀을 전제로 한 정상 간의 대화를 일방적으로 공개한 것은 명약관화 한 신뢰 훼손이라는 것이다. 남쪽의 정쟁 와중에서 정치적 목적으로 정상회담 대화록이 공개되는 모습을 보면서 북한은 크게 분개했고, 그러면서도 '신뢰'를 계속 말하는 박근혜 정부에 대한 실망감과 반감이 높아져 있는 상태이다.

좀 더 구체적인 문제로는 작년 2월에 이루어진 이산가족 상봉과 그 이후의 상황도 남한에 대한 불신을 키운 것으로 보인다. 북한은 이산가족 상봉에 대한 대가를 요구하지 않고 상봉을 허용했다. 북한이 원하는 것은 금강산관광 재개였다. 하지만 박근혜 정부는 이후 금강산관광 재개도, 다른 대가 지불도 하지 않았다. 그러면서 대가 없이 이산가족을 상봉시킨 것을 한반도 신뢰프로세스의 성공사례나 되는 것처럼 자랑했다. 그래서 더 이상의 이산가족 상봉은 이루어지지 않고 있다. 북한은 '이산가족 상봉 이후에는 자연스럽게 남쪽에서 뭔가를 내놓지 않을까'라고 생각했을 것이다. '그런 것이 신뢰관계를 형성하는 길 아닌가'라는 인식도 갖고 있었을 것이다. 하지만 남쪽에서 주는 것은 없었다. 여기서 '신뢰'를 강조하는 박근혜 정부의 진정한 속내가 무엇인지에 대해 북한 내부에서 깊이 검토했을 것으로 추정된다. 물론 그 결론은 남한의 '신뢰'라는 말을 액면 그대로 수용하면서 선행동을 하는 일을 반복해서는 안 되고, 앞으로는 철저하게 주고받기를 해야한다는 내용이었을 것으로 여겨진다.

전체적으로 북한은 한반도 신뢰프로세스에 대해 깊은 불신감을 갖고 있고, 북한에게 일방적으로 요구하는 내용으로만 구성되어 있다는 인식을 가지고 있다. 또한 '북한에 신뢰관계 형성에 북한이 기여하라'고 요구할 자격을 박근혜 정부는 갖고 있지 못하고, 신뢰관계 구축을 위해서는 박근혜 정부가 먼저 신뢰받을 만한 행위를 해야 한다는 생각을 갖고 있다고 하겠다.

한 · 미군사훈련도 중단할 수 있다

또 한 가지 생각해봐야 할 문제가 한미군사훈련이다. 매년 봄과 가을에 한 번씩 있는 한미군사훈련을 둘러싸고 남북 간에 큰 대결구도가 형성되어 왔다. 봄에는 키 리졸브 훈련과 독수리 훈련이 실시된다. 키 리졸브 훈련은 지휘소 훈련이다. 지휘소 훈련이라는 것은 실제 병력은 조금만 움직이고, 사령부급의 상황실들이 서로 통신을 통해 벌이는 일종의 워 게임(War Game), 즉 전쟁 시뮬레이션이다. 키 리졸브는 2013년부터 한국군 합참이 주도적으로 계획을 세우고 미군이 보조하는 방식으로 실시되고 있다. 독수리 훈련은 실제로 병력이 움직이는 야외기동훈련이다. 가을에 하는 것은 을지프리덤가디언 훈련인데, 이것도 시뮬레이션이다.

이 훈련들은 한국군과 미군이 큰 규모로 동원돼 실시되기 때문에 남북 간에 중요한 이슈가 되어온 것이다. 특히 이명박 정부 당시인 2009년 키 리졸브-독수리 훈련 때 한국군과 미군의 지휘부가 이 훈련이 북한의 급변사태에 대비한 것이라고 밝히면서 북한의 반발은 거세졌다. 그래서 북한은 전쟁연습이라며 한미군사훈련에 심한 반감을 표시하고 있다.

군사훈련은 어디까지나 방어적인 것이고 군대가 존재하는 한 다른 나라의 간섭을 받지 않고 자유롭게 실시할 수 있는 것이다. 당연한 얘기다. 군사훈련에 대해 북한이나 중국이나 무슨 얘기를 하면 안 된다는 주장도 물론 일리 있다. 문제는 북한과 마주보고 있는 상태이고, 그 상대가 망하는 것에 대비해 훈련을 하는 것이 상대를 자극한다는 데 있다. 게다가 북한은 많은 게 부족하다. 기름도, 먹을 것도, 입을 것도 모자란다. 그런데 남쪽에서 훈련을 하면 대응훈련을 하지 않을 수 없다. 기름을 써야

하고 먹을 것도 더 준비해야 한다. 더욱이 한미군사훈련이 실시되는 초봄은 농사를 준비해야 하는 시기이다. 북한은 군대도 농사를 짓는다. 먹을 것을 스스로 마련해야 하기 때문에. 남쪽에서 훈련이 시작되면 농사 준비를 팽개치고 훈련에 나서야 한다. 그렇게 되면 1년이 힘들어진다. 그래서 북한이 남쪽의 훈련에 그렇게 민감한 것이다. '우리가 우리 군대 동원해서 순수 방어적인 목적으로 훈련을 한다는 데 왜 난리야' 이렇게 얘기할 만한 단순한 사항이 아닌 것이다.

게다가 중대국면에서 훈련을 중단하면 북한에서 대화에 응하고, 회담의 물꼬가 트일 것 같은 상황에서는 훈련을 중단해도 된다. 과거 사례도 있다. 북한의 지속적인 팀스피리트 훈련 중단 요구에 대해 우리정부가 1991년 말 조건을 제시했다. 국제원자력기구(IAEA)의 핵사찰을 수용하고, 제5차 남북고위급회담에서 시범사찰을 받아들이면 팀스피리트 훈련을 중단하겠다는 것이었다. 북한이 이를 수용, 12월 31일 '한반도의 비핵화에 관한 공동선언'을 채택할 수 있게 되었고, 1992년 봄의 팀스피리트 훈련은 취소되었다. 93년에는 북한의 미신고 핵시설에 대한 특별사찰 문제로 북미 간의 갈등이 심해져 팀스피리트 훈련이 다시 재개되었다. 1993년 11월 국제원자력기구(IAEA)의 사찰을 거부하는 북한을 설득하기 위해 미국은 북한이 사찰을 수용하면 팀스피리트 훈련을 중지하겠다고 했다. 물론 김영삼 정부가 반대했다. 미국은 한국을 설득했고, 결국 1994년 팀스피리트 훈련은 다시 중단됐다. 대신 94년부터 한·미 연합전시증원연습(RSOI, Reception, Staging, Onward Movement, and Integration)이 실시되어 2007년까지 왔고, 2008년부터는 키 리졸브로 이름이 바뀌었다.

이렇게 한미군사훈련이라는 것도 필요에 따라 중단할 수도 있고, 규모를 줄일 수도 있는 것이다. 마치 절대 양보할 수 없는 주권인 것처럼 말하는 것을 과장이다. 훈련은 왜 하는가? 군의 조직과 영향력을 강화하기 위해서? 북한의 위협을 강조해서 군비를 강화하기 위해서? 국방부나 군, 미군은 그런 의도를 가지고 있을 수 있다. 공적인 조직은 한 번 생기면 자신의 영역과 영향력을 확대하려는 경향이 있지 않은가? 그래야 조직의 힘도 커지고 구성원의 승진도 잘 된다. 그게 파킨슨의 법칙(Parkinson's Law)이다. 하지만 한미군사훈련의 근본 목표는 안보를 확보하기 위한 것이다. 남북관계에서 안보를 근본적으로 확보하는 방안은 무엇인가? 북한의 적대관계를 완화시키는 것이다. 북한과 대화하고 협의하는 것이 훈련보다 더 근본적인 문제해결의 길이다.

오래된 유물
5·24조치

박근혜 정부가 열심히 추진하는 것 중 하나가 '나진-하산 프로젝트'이다. 남북한과 러시아 사이의 협력사업으로, 러시아의 하산과 북한 나선 사이의 철도를 보수하고 나진항 3호 부두를 현대화해서 사용하는 프로젝트이다. 우리 기업 코레일과 포스코, 현대가 컨소시엄을 구성해 참여하고 있다. 러시아와 북한이 7대 3의 비율로 합작한 '라선콘트란스'라는 회사의 러시아 측 지분의 절반을 우리기업 컨소시엄이 사들여 3국 합작 형태로 운영되고 있다. 이 프로젝트에 따라 작년 12월 1일 러시아산 석탄 40,500톤이 처음으로 포항에 들어왔다. 러시아 하산에서 북한 나진까지 54km는 철도로 운반되고, 여기서 배에 선적되어 포항까지 온 것이다. 올해 4~5월에도 시베리아 쿠즈바스

탄전의 유연탄 14만여 톤이 같은 경로로 남한의 광양, 당진, 보령까지 운송되었다.

이렇게 하면 러시아 자루비노 항구에서 바로 배로 운송해 오는 것보다 시간과 비용 모두 10~15% 정도 덜 든다. 연 500만 톤 정도는 이 경로를 통해 석탄이 수입될 것으로 보이는데, 수입량이 늘어날수록 절약되는 비용은 훨씬 더 많아진다. 남북 간의 경제협력이 우리에게 얼마나 도움이 되는 것인지를 다시 한번 실질적으로 보여주는 사례가 아닐 수 없다.

문제는 5·24조치다. 이명박 정부가 2010년에 천안함 사건에 대한 보복조치로 시행하기 시작한 것이다. 이 조치에 따라 긴급구호 성격의 인도적 지원을 제외한 대북지원, 개성공단을 제외한 북한과의 모든 경제적 교류협력을 모두 금지되어 있다. 개성공단과 금강산지구를 제외한 북한지역에 대한 한국 국민의 방북과 북한주민 접촉도 금지되고, 제주해협을 포함해 한국 측 해역에 대한 북한 선박의 운항도 금지돼 있다.

나진-하산 프로젝트는 남 · 북 · 러 간의 경제협력 사업이다. 그러니 남북한 경제협력이다. 결국 5·24조치에 저촉된다. 그러면서도 허용된다. 2010년 당시 유일하게 5·24조치의 예외는 개성공단이었다. 나진-하산 프로젝트로 예외가 하나 더 늘어난 것이다. 나진-하산 프로젝트는 5·24조치에 대한 큰 구멍이다. 그런데도 정부는 5·24조치를 그대로 가지고 있다. 큰 구멍이 났으니 앞으로는 구멍이 나지 않도록 철저하게 남북경협을 막겠다는 얘기도 없고, 그렇다고 큰 구멍이 났으니 이제 없애겠다고 말하지도 않고 있다.

나진-하산 프로젝트뿐이겠는가? 5·24조치 이전 우리 기업들은 북한에 하청을 주어서 옷을 생산했다. 그 옷을 주로 국내에 들여와 팔았다. 5·24조치로 지금은 이게 안 된다. 그래서 우리 기업들은 중국기업에 일단 하청을 준다. 중국기업은 다시 북한에 하청을 준다. 그 물건이 한국에 들어온다. 물론 중국산으로 표시되어 있다. 한 단계를 더 거치기 때문에 물건 값이 더 올라간다. 우리 기업이 그만큼 힘들어진 것이다. 물론 소비자도 더 비싸게 물건을 사야 한다. 수산물도 비슷한 경로로 들어온다. 북한에서 직접 들어오지 못하니까 중국을 통한다. 중국기업이 서해에서 북한 선박으로부터 북한산 조개를 넘겨받는다. 중국기업은 이것을 한국기업에 중국산으로 넘긴다.

남북한의 교류는 이루어지고 있다. 중간에 중국이 끼느냐 그렇지 않느냐의 차이이다. 5·24조치는 중국이 사이에 끼도록 만들었다. 실제로 최근 중국기업들이 북한에서 수입하는 물품 가운데 지하자원은 대부분 중국에서 소비되지만, 그 외의 물품 중 50%는 한국으로 다시 수출된다고 한다.[17] 결국 5·24조치로 좋아진 것은 중국이고, 손해 보는 쪽은 우리 기업들이 되었다.

수도거성(水到渠成), '물이 흘러 자연스럽게 도랑이 만들어지도록 하겠다'는 것인가? 아니면 특별한 아이디어가 없어서 그냥 내버려 두는 것인가? 박근혜 정부는 '천안함 사과해야 5·24조치 해제할 수 있다'는 얘기 외에는 별다른 얘기가 없다. 상황은 이렇게 변했는데도. 무정책의 정책이라고 말할 수밖에 없다.

5·24조치가 나온 지도 5년이 지났다. 정부는 천안함 사건에 대해 계속 사과를 요구했다. 사과가 없으니 아직까지 이 조치를 해제하지 못하고 있다. 물론 사과를 받고 해제를 하면 그 이상 좋을 수가 없다. 하지만 북한이 사과할 기미는 보이지 않는다. 그렇다면 이 조치를 그냥 놔둔 채 교

---

17 김병연, "통일 소박 없는 대박론은 통일 도박", 『중앙일보』, 2014. 7. 17.

류 하지 않고, 일부 이루어지는 교류는 어떤 원칙에 따른 것인지 아주 불투명한 상태로 흘러가게 두는 것이 옳은 것인가? 정리를 해야 할 때가 됐다. 이명박 대통령이 회고록에 썼다. 우리 정부가 북한에 천안함 사건에 대한 사과를 요구했을 때, 북한은 유감 표명 정도까지는 가능하다는 입장이었다고.[18] 지금도 협상하면 이 정도는 얻어낼 수 있다는 얘기이다. 유감표명을 받고 5·24조치는 해제해서 교류를 활성화하는 것이 지금의 남북경색을 타개하는 길이고, 장기적으로는 남북 간의 신뢰를 회복해서 제2의 천안함 사건 같은 것이 일어나지 않도록 하는 길이 될 것이다.

전두환 정권도 1983년 랭군 테러 사건에도 불구하고 이듬해 남북체육회담을 열었다. LA올림픽 단일팀 구성을 위한 회담이었다. 당시 국토통일원(지금의 통일부) 회담운영부장이 김대중 · 노무현 정부에서 통일부 장관을 했던 정세현이다. 정세현은 북한의 소행으로 밝혀진 랭군 사건에 대해 아무런 언급 없이 넘어가는 것은 문제가 있다는 입장을 피력했다. 하지만 당시 대통령 전두환은 조건 없이 회담에 응하라고 했다.[19] 1987년에는 KAL기 폭파사건이 있었다. 하지만 다음 해 대통령 노태우는 7 · 7선언을 발표했다. 남북한 간의 상호교류, 해외동포들의 자유로운 남북 왕래, 이산가족 상호방문, 남북 간의 대결외교 지양 등을 제안하는 선언이었다. 이것이 북방정책의 시발점이 되기도 했다. 내가 전두환, 노태우를 높이 평가한다는 얘기는 아니다. 쿠데타로 집권한, 대통령으로 인정하기 힘든 인물들이다. 전두환, 노태우에 대한 평가와는 별개로 남북관계의 역사가 그렇다는 것이다. 하나의 사건에 붙들려 있으면 만

---

18 이명박, 『대통령의 시간 2008-2013』, 엘에치코리아, p.370

19 이재호, "악마라며 진정성 타령? 박근혜, 레이건에게 배워라", 『프레시안』, 2015. 1. 15.

년 경색과 대결 이외에는 있을 수 없다. 한국전쟁에 대해 북한에 사과를 요구하고 전범 처벌을 계속 요구했다면 어떻게 되었을까? 1953년 이후 한 번의 대화도 있을 수 없었을 것이다.

올해 4월 정부가 민간단체(재단법인 에이스경암)의 대북 비료 지원을 승인한 것은 약간 달라진 것이긴 하다. 15톤으로 소량이긴 하지만 5·24 조치 이후 정부가 비료지원을 승인한 것은 처음이다. 그동안 정부는 쌀, 옥수수, 비료 등의 지원을 금지해 왔다. 하지만 정부는 여전히 정부차원의 대규모 지원에 대해서는 부정적이다. 김대중 · 노무현 정부에서 이뤄지던 정부차원의 쌀과 비료 지원은 이명박 정부에 들어서면서 없어졌다. 박근혜 정부도 여전히 하지 않고 있다. 대통령 후보 당시부터 박근혜 대통령은 남북 간의 교류협력은 정부보다는 민간에서 주도하는 것이 맞다고 생각해 왔다. 그런데 그 민간차원의 교류를 막고 있는 5·24조치는 여전히 상존하고 있다. 정부차원의 교류도, 민간차원의 교류도 안 되고 있는 것이다. 박근혜 정부 5년 동안 남북관계를 전혀 안 할 생각이 아니라면, 이제 5·24조치는 그만 해제하는 것이 옳을 것이다.

천안함 얘기가 나온 김에 그 용어에 대해 생각해보자. 사건 이후 정부가 해외의 전문가들을 참여시켜 공동조사한 결과 북한의 소행으로 결론을 냈다. 이후 천안함 폭침, 천안함 공격, 천안함 피격 등 다양한 용어로 표현되고 있다. 보수층은 '천안함 폭침'이라고 쓴다. 정부도 이 용어를 주로 쓴다. 이 용어를 안 쓰면 자기편이 아닌 것으로 본다. 진보진영은 '천안함 사건'이라고 주로 쓴다. 민주통합당은 초기에는 정부의 결론에 의혹을 제기하다가 2013년 사건 3주기 때 당차원에서 북한의 소행임을 인정하고 '천안함 폭침'이란 용어를 썼다. 새정치민주연합 대표 문재인은 올해 3월 '북한에 의한 폭침'임을 야당의 대표로는 처음으로 공식 인정했다. 당에서 찬반양론이 있었는데, 문재인이 그렇게 쓰기로 결론을 내렸다고 한다. '다시는 천안함 문제로 인한 정치적 논란이 없어야 한다'는 생각이었다고 전해진다.[20]

하지만 '폭침'이란 말을 굳이 붙여야 하는 것인지 생각해볼 필요가 있다. '폭침'이란 말을 안 쓰면 종북으로 낙인찍힐까 두려워 그런 격한 용어를 일부러 쓰는 것이 사려 깊은 행동인지 의문스럽다. 남북관계 발전이라는 측면에서 보면, '폭침'과 같은 어감이 강하고 감정이 섞인 듯한 용어는 사용하지 않는 것이 좋을 것 같다. 1950년 남북한의 전쟁을 '한국전쟁' 또는 '6 · 25전쟁'으로 많이 쓰지 '6 · 25남침'이라는 용어는 잘 쓰지 않는다. 남침임을 몰라서가 아니다. 김일성의 남침임을 모두 알면서도 미래지향적인 관점에서 남북관계 발전을 위해서 그런 자극적인 용어를 안 쓰는 것이다. 박정희 정권 당시에는 북한을 지칭해 '북괴'라 했다. 이제는 그렇게 쓰지 않는다. 그러니 천안함의 경우도 '천안함 사건' 정도의 용어를 쓰면 적절하지 않을까 한다.

천안함 사건을 생각하면 한 가지 유감스러운 점이 있다. 당시 이명박 정부는 북한의 소행이라고 결론을 냈다. 국제공동조사라며 자신 있게 발표했다. 그런데 북한의 공동조사 요구에는 응하지 않았다. '북한의 선전에 이용당할 가능성이 있다'는 이유였다. 이 부분은 나로서는 이해되지 않는다. 보수정부는 걸핏하면 북한의 선전선동을 얘기한다. 북한의 요구를 들어주기는 싫고 특별한 명분이 없을 때 하는 말이다. 1994년 6월 카터가 긴장국면에서 북미 간의 협상을 다시 살려내기 위해 평양에

---

20 정우상, "文, 야당 대표로 처음 '천안함 폭침' 규정", 『조선일보』, 2015. 3. 26.

들어가기 직전 대통령 김영삼을 만났을 때, 김영삼도 그런 얘기를 했다. 북한의 선전에 이용당할 가능성이 있으니 안 가는 게 좋지 않으냐는 것이었다. 그러고는 카터가 남북정상회담을 성사시켜 가지고 오자 크게 환영했다.

우리가 다른 나라와 공동으로 조사해서 내놓은 결론에 자신감이 있다면 북한과 공동조사 못할 것이 없다. 사건의 당사국이 남북한이다. 당사국이 서로 다른 주장을 할 때는 모두 참여해서 공동조사를 하는 것이 문제 해결의 가장 확실한 방법이다. 그런데 정부는 거부했다. 2008년 금강산 관광객 피격 사망 사건에 대해서는 우리가 공동조사를 하자고 요구하지 않았나? 북쪽에서 일어난 사건이기 때문에 우리가 들어가서 공동으로 조사해서 사건의 발생 경위를 분명하게 알아보자는 것이었다. 북한의 주장도 우리 측 지역에서 일어난 사건이기 때문에 자기들도 참여해서 조사해봐야 하겠다는 것이었다. 이를 수용해서 북한의 주장을 하나하나 논리적으로 반박할 수 있었다면 불필요한 오해를 없앨 수 있었을 것이다.

보수세력과 보수정부는 '북한의 폭침' 이외의 가능성을 전혀 없다고 말하면서, 정부조사에 대한 과학적 의문을 제기하는 것도 허용하지 않는다. 그럼에도 의문을 제기하는 사람들은 존재한다. 북한도 여전히 남쪽의 조작극이라고 주장하고 있다. 이런 상황에서 '북한에 의한 폭침'을 인정하지 않으면 안보의식이 없는 것으로 몰아가는 것도 보수의 종북몰이이다. 정부와 여권이 해야 할 일은 몰이정치가 아니라 과학적 의문을 잠재우는 것이다. 이건 나 같은 민초들도 얼마든지 요구할 수 있는 것이다. 중국과 러시아를 설득하지 못해 유엔의 결의에서도 천안함 사건의 주체를 확실히 표시하지 못했다. 정부가 과학적 의문을 완전히 잠재우기 전까지는 '폭침' 이란 용어를 안 쓰는 것도 민초들이 얼마든지 할 수 있는 선택이다. 과학적인 의문이 없어진 이후에도 '그럼에도 불구하고 남북관계는 좋아져야 한다'는 당위에 동의한다면 '폭침' 같은 친화적이지 못한 용어는 쓰지 않는 것이 옳다.

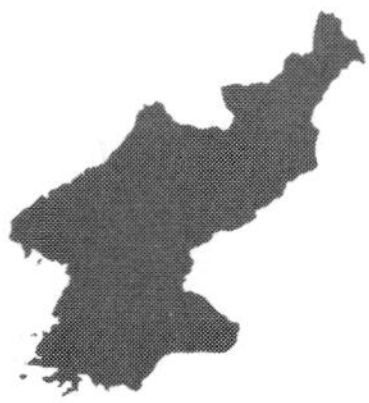

5 장

좀스런 정부

궁색한 통일부

통일부가 올해 3월 27일 드레스덴 선언 1주년을 맞아서 보도자료를 하나 냈다. 박근혜 대통령이 2014년 3월 28일 독일 드레스덴에서 인도적 문제 해결, 민생인프라 구축, 동질성 회복을 제안한 것을 기념하기 위한 것이다. 거기에는 이런 대목이 있다.

"우리 정부는 동 구상을 이행하기 위해 북한에 지속적으로 대화를 제안('14. 8. 11.', '14. 10. 13.', '14. 12. 29.' 등)하고 민간차원의 인도적 지원과 사회문화 교류를 꾸준히 추진한 결과, 일부 의미 있는 성과가 있었음."[1]

'의미 있는 성과'가 있었다는데, 무엇을 말하는 것인지 알 수가 없다. 남북관계를 꾸준히 관찰하고 있는 나의 기억으로는 '의미 있다'라고 평가해줄 만한 성과가 없다. 국제기구를 통한 인도적 지원을 말한다면, 궁색하기 이를 데 없다. 그건 최소한 중의 최소한에 불과하다. 2014년 정부의 대북 인도적 지원은 141억 원에 불과했다. 라오스나 스리랑카 등 후진국에 대한 무상원조는 7,890억 원이었다. 북한에 대한 지원이 대외원조의 56분의 1에 불과한 것이다. 2010년부터 2014년까지 5년간의 통계를 보아도, 후진국 원조에 3조 3,723억 원을 썼는데, 북한에 대한 인도적 지원은 566억 원으로 60분의 1에 지나지 않았다. 라오스의 조세 시스템을 구축해주는 데 307억 원을 쓰는데, 북한에 대한 지원은 1년 동안 이것의 절반도 안 되는 것이다.[2]

---

1 통일부, "통일부 대변인 논평", 2015. 3. 27.

2 황대진·정경화, "외국 돕는데 5년간 3조 4,000억 쓰는 한국 北주민 돕는 데는 2%도 안 썼다",

하긴 통일대박과 드레스덴 선언을 흡수통일 기도로 보는 북한과 어떤 교류를 얼마나 할 수 있었겠는가? 앞뒤 없이 불쑥불쑥 튀어나온 이런 제안이나 선언들 때문에 남북관계가 전혀 안 되고 있는 상황이다. 상대의 호응이 없는데 무슨 교류가 이뤄질 수 있다는 것인가? 개성공단? 이건 최소한으로만 운영하고 있다. 이것까지 단절시키면 남북관계를 완전히 '제로'로 만들었다는 평가를 받을 것이기 때문에.

통일부는 같은 보도자료에서 이렇게도 말했다.

"앞으로 북한이 호응해 온다면 드레스덴 구상은 남북 모두에게 호혜적이고 주민 간 상호 이해를 증진시키는 토대가 될 것임. 정부는 광복 70주년을 맞는 올해, 드레스덴 구상을 차근차근 이행함으로써 남북 간 실질적인 협력의 통로를 개척하고 이를 통해 신뢰에 기반한 남북관계를 발전시켜 나가겠다는 입장임을 다시 한번 밝힘. 이를 위해 정부는 앞으로도 다양한 교류와 협력사업을 지속 발굴, 추진하고, 국제기구 · 민간단체와도 더욱 긴밀하게 협력해 나갈 것임."

이렇게 되었으면 좋겠다. 그렇게 되어야 한다. 하지만 어렵다. 지난 8월 25일 남북회담에서 남북 교류를 활성화하기로 합의했지만, 구체적인 조치들이 이뤄지지 않으면 안 된다. 5·24조치, 금강산 관광 재개와 같은 문제에 전향적으로 접근하지 않으면 교류는 어렵다. 이런 문제가 풀려서 분위기가 좋아지지 않으면 인도적 지원도 어렵다. 정부가 지난 5월 1일 지방자치단체와 민간단체의 대북지원을 허용했지만, 실제로 지원이 활성화되지는 않고 있다. 박근혜 정부의 속내에 대해 북한이 여전히 의심을 가지고 있고, 그런 북한이 남한의 지원에 대해 그다지 반갑게 생각

『조선일보』 2015. 6. 29.

하지 않기 때문이다.

남북관계의 마지막 보루로 남아있는 개성공단 사업마저도 매끄럽지 못하다. 올봄 임금인상 문제로 난항을 겪었다. 북한이 올해 2월 24일 우리 측에 통지문을 보냈다. 내용은 개성공단 북측 근로자들의 최저임금을 올린다는 것이었다. 70.35달러에서 74달러로. 물론 이렇게 일방 통보하는 것은 북한의 잘못이다. 임금인상은 남북의 합의로 결정하게 되어 있다. 그래서 우리 측은 반대했다. 협의도 없이 일방적으로 최저임금을 변경하는 것은 안 된다는 내용의 통지문을 보내려 했다. 하지만 북한은 통지문 수령도 거부했다. 개성공단 입주업체들의 요구로 남쪽의 '개성공단 관리위원회'와 북쪽의 중앙특구개발지도총국이 접촉을 하긴 했지만 상당기간 별 소득은 없었다.

요구가 관철되지 않자 북한은 종전 임금으로 지불하되 추후 남북당국이 임금인상에 합의하면, 오른 부분을 2015년 3월분부터 지급하겠다는 확인서를 제출하도록 했다. 업체들은 이 요구에 따르기로 했다. 북한의 요구에 응하지 않았다가 조업중단 사태가 나면 판로가 끊겨 어려워지기 때문이다. 여기에 정부는 지침위반이라며 법적 · 행정적 조치를 취하겠다고 으름장을 놓았다. 남북의 긴장국면에서 중간에 낀 중기기업들만 골탕을 먹는 꼴이 되었다.

5월 말이 되어서 일단 종전 임금을 지불하고, 임금인상 협의는 계속하기로 했다. 합의가 되면 2015년 3월분부터 소급 적용하기로 했다. 8월에 그나마 다행스럽게 최저임금을 73.8달러로 인상한다는데 남북이 합의를 이뤘다. 하지만 남북관계는 유동적이어서 비슷한 문제는 언제든 재발할 수 있는 상황이다. 그런데 인상을 요구하려면 좀 크게 할만도 한데 북한은 왜 이렇게 작은 인상을 요구한 것인가? 돈을 위해서라면 더 큰 인상폭을 얘기했을 것이다. 이렇게 작은 요구를 하는 것을 보면 여기서 돈을 더 얻어내겠다는 심산은 아니다. 그렇다면 뭔가? 내가 보기엔 박근혜 정부의 태도에 대한 불만이고, 이런 태도를 바꿔보려는 의도이다. 박근혜 정부는 대북전단 살포 금지요구를 거절하고 있다. 핵문제도 북한이 비핵화 선조치를 해야 6자회담을 할 수 있다는 입장이다. 북한에 대해서 신뢰를 보여달라, 진정성을 보여라 하면서 북한의 완전한 굴복을 요구하고 있다. 이에 대해 북한은 '우리도 카드가 있다. 개성공단 유지하려면 우리 얘기를 들어라' 하는 식이다.

물론 북한의 억지이다. 우리는 이러한 억지를 많이 경험해왔다. 2013년에는 한미연합군사훈련을 이유로 개성공단을 일방적으로 폐쇄하기까지 했다. "억지부리지 마라"고 호통을 쳐봐야 그 얘기를 아예 듣지도 않는다. 통지문을 아예 수령도 하지 않는데 어떻게 경고하고 훈계하겠는가? 우리는 오랫동안 북한을 관찰해 왔다. 혼내고 질책하면 반발하고 도발한다. 임금인상 통보는 작은 도발이다. 이런 것이 커지면 한반도는 다시 위기상황으로 치달을 수 있다. 문제는 북한이 박근혜 정부를 못믿고, 박근혜 정부도 북한을 신뢰하지 못하면서 관계가 근본적으로 막혀 있다는 것이다. 이걸 풀지 않고서는 개성공단 사업도 이렇게 터덕거릴 수밖에 없다.

개성공단 임금인상과 비슷한 작은 규모의 시비가 국제철도협력기구(OSJD) 가입문제다. 한국은 현재 제휴회원인데, 정회원이 되려 하고 있다. 박근혜 대통령이 2013년 10월 한반도종단철도(TKR)를 시베리아횡단철도(TSR)·중국횡단철도(TCR)와 연결해 유럽에까지 이르는 철도를 만들겠다는 구상, 즉 실크로드 익스프레스(SRX)를 제시했는데, 이를 실현하기 위해서는 OSJD 정회원이 되어야 한다. 중국과 러시아, 북한뿐만 아니라 중앙아시아 · 동유럽 국가들을 포괄하고 있는 OSJD의 정회원이 되어야 이들 회원국들의 협조를 얻어 북한-러시아-중국-유럽으로 연결되는 철도사업을 추진할 수 있다.

문제는 정회원이 되려면 기존 회원국의 만장일치 동의가 필요하다는 것이다. 북한은 협조적이지 않다. 지난 5월 서울에서 열린 OSJD사장단회의에 북한이 불참했다. 여기에 북한이 참여했더라면 설득을 해볼 수도 있었을 텐데 그럴 기회를 갖지 못했다. 곧이어 6월 몽골에서 열린 OSJD장관회의에서 정회원 가입문제가 논의됐는데, 결국 한국의 가입은 무산됐다. 역시 북한의 동의를 확보하지 못했기 때문이다. 러시아와 폴란드, 우크라이나, 체코, 카자흐스탄 등 회원국 대부분이 한국의 가입을 찬성했지만 북한은 반대의사를 굽히지 않았다. 그래서 박근혜 대통령의 희망인 SRX도 실현되기 어렵게 되었다.

개성공단 임금인상이나 OSJD가입 문제는 작은 문제이지만, 실제로 남북관계의 냉각을 보여주는 사례들이다. 북한에 대해 도덕적 원칙에 기반한 외교를 하면서 북한을 꼼짝 못하게 제압하려는 정책이 어떤 모습으로 남북관계를 악화시키는지 구체적으로 보여주는 것들이다. 이런 정책으로는 미래가 없다는 것도 잘 보여주고 있다. 방법은 달래고 다독거리면서 필요한 협력을 해나가는 것이다. 좀 손해 본다는 생각을 할 수도 있다. 하지만 손해 보면 어떤가. 그걸 통해서 관계가 좋아지고 협력이 더 확대되고 협상이 더 많아지면 그게 더 좋은 것이다. 그게 결국은 손해가 아니라 큰 이익이 되는 것이다. 길게 보고 장기적인 안목으로 접근하는 것이 필요하다.

하찮은 '격' 때문에 날린 남북장관급회담

2013년 6월 남북은 어렵게 장관급 회담을 열기로 합의했다. 실무회담에서 남측은 통일부 장관의 상대로 노동당 통일전선 부장이 나와야 한다고 주장했다. 북측은 통전부장은 부총리급이기 때문에 안 된다고 맞섰다. 이른 바 '격' 논란이다. 회담을 하루 앞두고 대표단 명단을 교환했다. 남측은 통일부 차관 김남식을 수석대표로 제시했다. 통전부장이 안 나온다면 차관이 나가는 것이 맞다고 본 것이다. 북측은 조국평화통일위원회(조평통) 서기국장 강지영을 수석대표로 내세웠다. 북한은 강지영이 장관급이기 때문에 남측에서도 장관급이 나와야 한다고 주장했다. 남측은 통일부 장관의 상대역은 북한의 통일전선 부장이라고 계속 주장했다. 이렇게 옥신각신하다가 결국 회담은 무산됐다.

1994년 3월 남북한특사교환을 위한 실무접촉 당시 '서울이 불바다가 될 수 있다'고 해서 악명이 높아진 조평통 서기국 부국장 박영수가 우리측 송영대 통일부 차관의 상대역으로 나왔으니까 서기국장이면 장관급이라는 북측의 주장도 일리가 있다. 2009년 10월 남북정상회담을 위한 싱가포르 접촉에 북측 대표로 나온 인물이 김양건 통일전선 부장이었고, 우리측 대표가 임태희 노동부 장관이었으니까 통일부 장관의 상대도 김양건이라야 한다는 우리측 주장도 근거 있는 얘기이긴 하다. 문제는 회담을 실제로 성사시키겠다는 의지의 문제이다. 회담을 통해 뭔가를 이루어내야 하겠다는 의지가 강할 때는 '격'의 문제는 작게 보인다.

북한이 회담할 때 '격'을 문제 삼는 것은 오래된 레퍼토리다. 거슬러 올라가면 1970년대부터 이를 이용했다. 회담 시작 단계에서 기선제압을 위해 사용하는 전략이기도 하다. 월남이 망하는 단계에서 1975년 5월 이대용 공사 등 우리측 공관 사람 3명이 월맹에 붙잡혔다. 북한과 가까운 월맹은 이들을 석방하지 않았다. 1978년 7월 이들 3명과 남한에 수감되어 있는 북한간첩을 교환하는 협상이 시작됐다. 당시에도 수석대표의 격이 초기에 문제가 됐다. 차관급이 수석대표를 맡기로 했다. 그런데 북한이 대사는 북한 기준으로 국장급이기 때문에 차관급에 해당되지 않는다고 주장하고 나섰다.

대사가 어떤 급수인지는 각국의 고유 결정사항인데도 그런 기준을 내세운 것이다. 당시 주인도대사가 이범석이었다. 1972년 8월 남북적십자회담을 할 때 우리측 수석대표가 이범석이었다. 당시에 북한은 이범석을 꽤 껄끄러워했다. 그래서 남북회담에 경험이 있는 이범석이 다시 수석대표로 나서는 것을 막기 위해 북한은 그런 주장을 한 것이다. 실랑이 끝에 결국 우리측 수석대표는 외무부 차관에서 스웨덴대사로 발령이 난 윤하정 본부대사가 맡았다가 두 차례 회담 후 이범석 주인도대사가 수석대표를 이어받는 방식을 택했다. 그 아래 대표로는 외무부 아주국장 공로명 등이 참여했다. 북측 수석대표는 조명일 조국평화통일위원회 부위원장이 되고, 박영수 조평통 참사가 대표로 참석했다. 10개월 정도 협상을 했지만 북한이 남한 출신 복역자 인도를 고집하면서 협상은 결렬됐다. 이대용 공사 등은 한국과 베트남 관계가 좀 개선되는 1980년 4월 석방되었다.

이대용 공사 석방 협상 당시에도 초기 '격'에 매달렸다면 협상 자체가 시작되지 못했을 것이다. 하지만 여기에 얽매이지 않고 융통성 있게 대처했다. 실제로 회담을 성사시켜야겠다는 생각이 강해서 이것이 가능했다. 외무부 차관을 수석대표로 내세웠다가 얼마 후 이범석 대사로 교체한 것이다. 북한이 꺼리는 인물을 고집스럽게 처음부터 수석대표로 내세우려 하지 않은 것이다. 좀 더 크게 생각하면 이런 '격'의 문제는 형식에 불과하다. 중요한 것은 어떤 내용으로 합의를 하고 어떤 방향으로 남북관계를 개선하느냐 하는 것이다.

그런데 박근혜 정부는 형식에 목숨을 거는 모습을 보였다. 과거 사례를 보면 북한의 통일전선 부장을 우리 정부가 부총리급으로 인정한 적이 있다. 1994년 6월 28일 남측의 부총리 이홍구와 북측의 통전부장 김용순이 남북정상회담 예비접촉을 벌였는데, 통일부는 이 회담을 '부총리급 회담'으로 기록해 놓고 있다. 그런데 정부는 우리의 장관급이 나가면 통전부장이 나와야 한다고 고집했다. 언론이 이 문제를 제기하자 통일부는 '통일부자료가 통전부장을 부총리급으로 소개하고 있다는 것은 사실이 아니다'라는 식으로 말하기도 했다.[3] 통전부장을 부총리급으로 직접 언급하지는 않았다는 얘기인 것 같다. 어설픈 변명이고, 정리 안 된 모습이다.

그러면서 청와대는 "굴종과 굴욕을 강요하는 형태는 발전적인 남북관계를 위해 바람직하지 않다"고 말하기도 했다. 김대중 · 노무현 정부가 21번이나 남북장관급 회담을 했는데, 남측은 통일부 장관, 북측은 내각참사가 수석대표였다. 당시에도 '격' 얘기가 있긴 했었다. 하지만 크게 문제 삼진 않았다. 남북 간의 산적한 문제를 하나하나 풀어나가고 협력을 추진하는 것이 더 시급하고 중요한 일이라는 생각 때문이었다. 장관과 내각참사가 만나서도 주요합의를 이루는 데는 문제가 없었다. 지금의 청와대는 진보정권의 이러한 모습을 굴종과 굴욕으로 보고 있는 것

---

3 손제민, "정부, 7·4남북성명도 리셋할 텐가", 『경향신문』, 2013. 6. 14.

이다. '격'을 맞추는 것이 그 어떤 것보다 상위의 가치라는 인식이다.

경남대 정치외교학과 교수 김근식은 이를 '신뢰의 빈곤'과 '원칙의 과잉'으로 표현한다.

"집권 첫해 북한이 주도한 안보위기에서도 박근혜 정부는 신뢰의 불씨를 살려보려고 했지만 결정적 국면에서 형식적 원칙에 매몰된 나머지 한반도 신뢰프로세스는 한 발짝도 나가지 못했다. 박근혜 정부의 대북정책을 '신뢰의 빈곤'과 '원칙의 과잉'으로 평가하는 이유다."[4]

작은 원칙에 갇힌 속 좁은 외교에 얽매여 있는 것이다. 전체적으로 보면 앞에서 언급한 바 있는 '도덕적 원칙' 외교의 틀에 붙잡혀 운신을 하지 못하고 있는 것이다. 큰 원칙도 아닌 '북한의 버릇을 고쳐야 한다' '북한에게 양보하면 안 된다'는 사소한 원칙을 철칙으로 받들면서 여기서 조금이라도 어긋나는 것은 어느 것도 수용할 수 없다는 자세이다. 분단체제라는 큰 틀과 그것이 가진 온갖 모순과 부작용을 인식하지 못하고, 작은 요소에 얽매이는 모습이다.

북한 미녀응원단 반갑지 않다

박근혜 대통령이 남북관계에 대해서 했던 말 중에 내 맘에 쏙 들었던 것이 있다. 작년 광복절 경축사에서 했던 얘기다.

"남북이 실천 가능한 사업부터 행동으로 옮겨서 서로의 장단점을 융

---

4 김근식, "박근혜 정부의 대북정책: 신뢰의 빈곤과 원칙의 과잉", 『폴리뉴스』, 2015. 4. 15.

합해 나가는 것이 시급한 과제입니다."

작은 일부터, 서로 부담이 덜한 부분부터 차근차근 해야 한다. 그런 얘기를 한 것이다. 이렇게 되면 남북관계는 풀린다. 그런데 말뿐이다. 전혀 말대로 하질 않는다. 실천 가능한 것이 많은데도 하질 않는 것이다. 작년 인천아시안게임 북한 선수단·응원단 지원 문제가 대표적이다.

북한은 당초 선수단 350명, 응원단 350명을 파견하려 했다. 구체적인 문제를 협의하기 위해 작년 7월 17일 판문점 '평화의 집'에서 실무접촉이 열렸다. 북한은 선수단은 서해직항로를 이용한 항공편으로, 응원단은 육로로 파견하겠다고 밝혔다. 원산에 있는 만경봉 92호를 인천으로 끌고와 응원단 숙소로 이용하겠다고도 했다. 오전의 이런 제안을 놓고 정부는 길게 논의했다. 오후 일정이 2시간이나 늦어질 정도였다.

오후 회담에서 남측은 대형인공기 사용금지를 요청했고, 체재비용과 관련해서도 국제관례와 대회규정에 따르겠다고 밝혔다. 여기에 북한이 발끈했다. 국제체육행사에 참가한 북측 응원단이 대형 인공기를 사용한 적이 없었다. 그런데 남측이 먼저 사용금지를 요청한 것이다. 체재비용 문제도 2002년 부산아시안게임 등 과거 세 차례 북한이 응원단을 보냈을 때에는 체재비용을 남측이 대줬다. 그런 것을 이제는 무시하고, 국제관례와 대회규정에 따르겠다고 한 것이다. 그렇게 되면 선수단 50명에 대해서만 남측이 지원하고, 나머지는 북한이 부담해야 하는 상황이었다. 그 액수는 10억 원 정도 된다.

박근혜 정부는 남북관계에 일정 정도 훈풍을 가져올 수 있는 기회를 얻는데 10억 원 쓰는 것을 아까워했다. 원산에 있는 만경봉 92호를 인천으로 가져오려면 제주해협을 통과해야 되는데, 북한 선박의 남측 해역 운항을 전면 금지한 5·24조치와의 상충문제도 고민이었을 것이다. 물론 돈 10억 원이 문제가 아니라 원칙의 문제라고 할 것이다. 그런데 어떤 원칙인가? 보수정권은 늘 남북관계에서 원칙을 강조한다. 엄격한 상호주의 원칙, 북한에 뭘 안 주겠다는 원칙을 말하는 것이다. 보수언론의 논조도 같은 맥락이다. 문화일보는 당시 이러한 내용의 기사를 냈다.

"17일 열린 남북 체육실무접촉은 북측의 일방적인 퇴장으로 어떤 합의도, 추후 일정도 잡지 못한 채 결렬됐다. 그러나 이는 북측의 일방적인 주장과 요구에 정부가 오랜만에 원칙을 밝히고 협상에 임한 결과로 보인다. 국제관계와 규범을 무시한 채 무조건 '와주기만 하면 다 주겠다'는 식의 과거의 저자세에서 벗어난 당연한 대응이다." [5]

하나를 주면 하나를 받고, 지금 주면 지금 당장 받아야 한다는 융통성 없는 상호주의를 얘기하고 있다. 그런데 문제는 그렇게 해서 남북관계가 좋아진 적이 없다는 것이다. 남북관계의 정체와 후퇴만 있을 뿐이라는 것을 남북관계의 역사가 여실히 보여준다. 박근혜 정부가 그런 부분에 대한 천착이 부족한 것은 이 작은 원칙이 남북관계의 전부라도 되는 것처럼 생각하기 때문이다. 북한을 이 작은 원칙에 길들이려 하기 때문이다. 신뢰를 먼저 보여달라, 진정성을 보여라 라고 요구하는 것과 같은 맥락이다.

이런 태도에서 변화가 없었으니 남북 간의 실무회담이라는 것도 애초에 좋은 결과를 기대하기는 어려운 것이었다. 그런 분위기는 현장을 취재하는 기자들 사이에서 이미 감지되고 있었다.

"사실 우리 정부의 입장은 그동안 시종일관 냉정했습니다. 지난 4월부터 정부 사이드를 포함해 남북문제에 관여하는 인사들을 만나 온 결과,

---

5 박세영, "'절대' 바라는 북응원단…오랜만에 원칙지킨 정부", 『문화일보』, 2014. 7. 18.

인천아시안게임에 북한이 선수단을 파견하면 국제관례대로 지원할 것이라는 입장이었습니다. 그래서 듣고 있는 기자와 주변 인사들은 정부에 유연성 결여를 지적하기도 했습니다. 두어 달 전만해도 북한 응원단은 시기적으로 맞지 않다며 상정조차 하지 않았습니다."[6]

결국 박근혜 정부의 경직된 태도 때문에 응원단은 오지 못하고 선수단만 왔다. 이를 두고 정부 측은 또 자랑삼아 얘기한다. 민주평화통일 자문회의 수석부의장 현경대의 얘기다. 그는 대선후보 시절 박근혜에게 조언을 하던 원로그룹 '7인회'의 일원이다.

"인천아시안게임 선수단 참가비용 19만 1682 달러(약 2억 원)를 사상 처음 지불했다. 선수단은 물론 여자응원단 숙식비와 그들을 실어온 배의 기름까지 얻어간 북한이 국제적 관행을 처음 수용한 것이다. 박 대통령의 '원칙'과 '일관성'에 기초한 '신뢰프로세스'가 서서히 작동하기 시작한 것으로 판단된다."

결국 박근혜 정부가 말하는 원칙이라는 것이 '너희 것은 너희가, 우리 것은 우리가 알아서 하는 것'임이 확인된다. 그런 기조 아래서 철저한 상호주의 원칙에 따라 양보하는 것 없이 하나를 주면 하나를 받아오겠다는 것이다. 이것이 잘 한 것이라고 자랑한다. 그런 원칙 지키려다가 남북 간 거리가 더 멀어지는 것은 감안하지 않는다. 돈이 좀 들어도 관계를 증진시키는 것이 평화와 통일로 가는 길임은 인식하지 못하고 있다.

원칙 운운하지만 실제로 더 중요한 부분이 있는 것 같다. 북한의 미녀 응원단이 대규모로 판문점을 넘어 와서 화제를 낳고, 북한에 대한 이미지가 개선되고, 남북관계가 화해 분위기로 나아가는 것이 정부는 부담

---

6 황해창, "〈황해창 기자의 세상읽기〉 남북 실무접촉 1차시기 실패", 『헤럴드경제』, 2014. 7. 18.

스러웠던 것이다. '북한이 그렇게 대접받으면 안 되는데…,' '북한은 그럴 자격이 없는데…' 이런 생각인 것이다. 핵과 장거리미사일을 가지고 있고, 3대 세습독재를 하고 있는 나라는 그렇게 대접하면 안 된다는 생각만 하고 있었던 것이다. 이런 것을 조금씩 개선하기 위해서 남한이 무엇을 어떻게 해야 하는지에 대한 면밀한 전략은 없다.

평양과기대 총장의 하소연

북한에 남한의 자금으로 설립된 대학이 있다. 평양시 남쪽 낙랑구역에 있는 평양과학기술대학이다. 김대중 정부 시절 남북협력기금 10억 원과 남한의 기독교계의 모금 440억 원 등 총 450여억 원이 들어가 대학을 지었다. 부지는 100만㎡이다. 북한의 교육성과 사단법인 동북아교육문화협력재단(이사장 곽선희 소망교회 원로목사) 간의 협력에 따라 학교가 설립되었다. 정보통신공학과, 산업경영학과, 농업식품공학과가 있는데, 강의는 영어로 한다. 학생 수는 400명 정도 되고, 학비와 기숙사비 등이 모두 무료다.

이 대학의 총장이 김진경이다. 79살 되신 분이다. 2010년 이 대학을 세워 지금까지 운영해 오고 있다. 오랫동안 북한을 왕래하며 교육사업을 해 북한으로부터 평양명예시민증도 받았다. 미국 시민권자여서 'CIA 스파이'로 의심을 받기도 했다. 하지만 그는 스스로를 정치적 이념에 종속되지 않은 채 같은 민족에게 사랑을 베푸는 사랑주의자(loveist)라고 규정한다.

2014년 5월 평양과기대가 처음으로 졸업생을 배출했다. 북한에서는 석사과정을 박사원이라고 하는데, 이 석사과정에 다니던 47명이 졸업했다. 첫 졸업식에 이사진을 초청했다. 이사진에는 한국 사람도 있다. 이들에게도 초청장이 왔다. 박근혜 정부는 이들의 방북을 승인하지 않았다. 김 총장의 마음이 아주 답답했을 것임은 미루어 헤아릴 수 있을 것 같다. 이는 한 신문의 인터뷰에서 확인된다.

"이명박 대통령 시절 남북 관계가 안 좋았지만 2010년 개교 때 이사 20명의 방북은 허락해줬다. 이번에는 한 명도 올 수 없었다. 청와대 국가안보실에서 한사코 반대했다고 들었다. 한국 정부에 대한 실망, 아니 절망감이 들었다. 말로는 '통일 대박'이라고 떠들 뿐 참으로 통일 전략이 없는 것 같다."[7]

남북관계를 조금만 길게 생각하면 이런 조치는 있을 수 없다는 것이 그의 말이다.

"우리 졸업생들은 북한 정부의 요직에 들어간다. 북한의 엘리트들이다. 이들은 평양과기대를 한국에서 세워줬고 한국 사람이 총장이라는 걸 알고 있다. 한국에서 졸업식을 축하해주러 왔다면 평생 고마운 마음을 간직했을 것이다."

김진경 총장은 평양과기대에 한국교수를 파견하고 의과대학도 설립하는 방안을 추진해 왔다. 하지만 이런 것도 대북제재 때문에 막혀있다. 그가 전해주는 재미있는 얘기가 있다. 김대중 · 노무현 정부 때는 북한에 쌀과 비료를 지원했는데, 그때는 "쌀밥을 먹은 북한 병사들 사이에서는 (한국에 대한) 증오심이 존경심으로 바뀌었다는 말이 나올 정도였다"

---

7 최보식, "김진경 평양과학기술대 총장과 그 학생들", 『조선일보』, 2014. 6. 30.

는 것이다.[8] 실제로 북한과 협력사업을 오랫동안 해온 남북관계의 산증인이 하는 얘기다. 박근혜 정부가 새겨들어야 할 것 같다.

'소 귀에 경 읽기' 같지만, 그래도 한 소리 안 할 수가 없다. 서독의 사례 얘기다. 많이 주면 변한다는 것을 독일의 사례는 잘 보여준다. 1969년 사민당이 집권한 이후 1989년 베를린장벽이 붕괴될 때까지 20년간 동방정책을 꾸준히 했다. 핵심은 동독에 대한 지원이다. 580억 달러 정도 된다. 시작은 사민당이 했지만, 1982년 정권을 인계받은 기민당도 이 정책기조를 그대로 가져갔다. 그것이 동독의 민심을 샀다. 어려울 때 도와줘야 신뢰가 생긴다. 북한은 여전히 어렵다. 그런데 한국정부는 신뢰를 자꾸 얘기하면서도 북한을 지원하는 데는 아주 인색하다. 역시 앞뒤가 맞지 않는다.

성의 대결 게임과 박근혜 대통령

성의 대결 게임(battle of the sexes)이란 것이 있다. 게임이론 가운데 하나이다. 사귀는 어떤 남자와 여자가 있다. 남자는 축구를, 여자는 오페라를 좋아한다. 남자를 축구를 보러가자 하고, 여자는 오페라를 봐야지 무슨 축구냐고 반대한다. 이 경우 두 가지 해결책이 있다. 하나는 서로 싸우다가 남자는 축구장으로, 여자는 오페라 극장으로 가는 것이다. 다른 하나는 순차적으로 하루는 함께 축구장으로, 하루는 오페라 극장으로 가는 것이다. 두 사람의 만족도는 어

---

8 강윤주, "쌀밥 먹은 北 병사들 한국에 존경심 갖기도", 『한국일보』, 2015. 2. 24.

떤가? 각자 따로 가는 것보다는 함께 가는 것이 만족도가 훨씬 높다는 것이 학자들의 연구 결과이다. 결론은 남녀 대결에서도 극한으로 가는 것보다는 한쪽이 양보하고 순차적으로 자신들이 하고 싶은 것을 하는 것이 양자에게 모두 이익이 된다는 것이다. 밀당(밀고 당기기)도 오래하면 피곤하기만 하다. 적당한 순간에 양보하는 것이 결국은 모두가 이기는 길임을 성의 대결 게임이 잘 말해준다.

성의 대결 게임은 박근혜 정부와 박근혜 대통령에게 주는 함의가 아주 크다. 대통령은 지금 북한이 먼저 숙이고 나오지 않으면 아무것도 안하겠다는 것이다. 북한이 먼저 비핵화를 위한 구체적인 행동을 보이라는 것이다. 천안함도 사과하고, 금강산 피격도 사과하라는 것이다. 그러지 않으면 한 발짝도 앞으로 나가지 않겠다는 것이다. 이런 생각이기 때문에 사소한 것도 안 하는 것이다. 아시안게임 응원단 지원도 안하고, 평양과기대 같은 정치성이 매우 약한 사업까지도 인정하지 않고 있는 것이다.

성의 대결 게임은 이렇게 하지 말라고 충고 한다. 이렇게 각자의 길을 가면 남녀사이는 멀어진다. 남북관계도 각자의 길을 가면 멀어진다. 그러면 서로 손해다. 그러지 말고 순차적으로 일을 하라는 것이 이 게임이 주는 교훈이다. 핵문제는 6자회담을 여는 것이 우선이다. 북한이 열자고 한다. 거기에 응하면 된다. 먼저 행동을 보여라, 핵을 완전히 포기하겠다는 선언을 하라, 이런 요구를 하는 것은 순서적으로 문제를 해결하겠다는 생각이 아니다. 북한이 원하는 회담을 일단 열고, 거기서 우리와 미국이 원하는 것을 북한에 요구하고, 이것들을 조정해서 해결책을 찾아 나가는 것이 순서적으로 해결하는 길이다.

박근혜 대통령은 이런 것을 잘 모르는 것 같다. 북한과의 대결에서 내 의견이 온전히 관철되지 않으면 안 되고, 도덕적 원칙에서 북한을 압도

하지 않으면 안 된다는 생각이다.

군출신을 수장으로 하는 청와대 국가안보실은 이러한 대통령의 뜻을 전적으로 따르고 있는 모양새다. 통일부는 북한과의 협상을 추진해야 조직의 위상을 지켜갈 수 있겠지만 그럴 만한 힘이 없다. 통일부 장관 홍용표는 국제정치 전공자이니 성의 대결 게임 내용을 모를 리 없다. 대통령에게 특별과외라도 해야 하지 않을까?

실은 이론까지 들먹거릴 필요도 없다. 외교는 매우 실제적인 것이어서 우리 생활과 직접 연결되는 것이다. 남북관계도 다르지 않다. 이런 맥락에서 외교를 얘기하는 사람이 노무현 정부에서 외교부 장관을 지낸 송민순이다. 그의 '밥상외교론'을 들어보자.

"외교의 밥상에 올라오는 음식에는 맛있는 게 없어요. 입맛에 안 맞거나, 먹고 배탈 나는 음식이거나. 둘 중 하나를 선택해야 하는 겁니다. 제가 말하는 금강산부터 우회적으로 풀어가는 건 입맛엔 안 맞죠. 그래도 배탈은 안 나요. 그런데 '천안함 폭침 시인하고 사과하라' 요구하면서 아무것도 안 하면 배탈 나는 거죠. 일본 아베 총리가 남북관계를 활용해도 손 놓고 봐야 하고, 미국이 시키면 시키는 대로 해야 하고, 중국이 하자는 대로 따라가야 하고. 그게 배탈이지."[9]

'도덕적 원칙' 외교를 하면서 상대를 완전 굴복시키려 하지 말고, 현실성의 외교를 하면서 일부를 주고 일부를 받는 방향으로 가야 한다는 얘기다. 이런 얘기들이 박근혜 정부에게는 왜 안 들리는지 모르겠다. 북한과의 관계뿐만 아니라 국내적으로도 반대세력과 도덕적 원칙 투쟁을 벌여 상대를 완전 패퇴시키겠다는 생각을 가지고 있기 때문이다. 진보의

---

9 엄상현, "'MB캠프, 대선 전 美 접촉해 쇠고기 개방 걱정 말라 했다'", 『신동아』, 2015. 3., p.97.

여론을 일부 수용해서 공존의 길을 가기보다는 스스로의 이념, 스스로의 정책에 올인하고 그것으로 승부해 국내정치를 온통 지배하겠다는 전략이다. 그러니 반대편의 목소리가 안 들린다. 그러니 여기저기서 불통이라고 아우성이다.

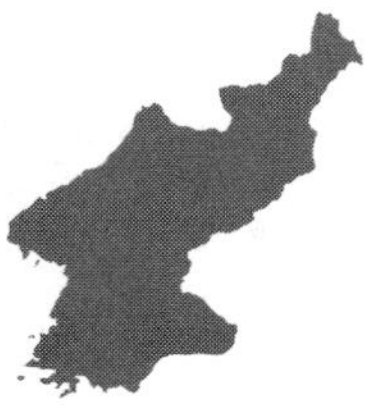

6 장

북핵문제 해결 전략 없다

발가벗고 나와라

북한은 지금 분주하게 핵활동을 진행하고 있다. 2006, 2009, 2013년에 한 차례씩 모두 세 번 핵 실험을 했고, 지금은 핵탄두의 소형화, 경량화에도 상당한 진전을 이루고 있는 것으로 전해지고 있다. 미국은 실제로 북한이 대륙간탄도미사일 KN-08에 핵탄두를 탑재할 수 있는 능력까지 갖추고 있는 것으로 파악하고 있다. 그동안에는 북한이 장거리미사일에 핵무기를 실어 보낼 수 있는 능력이 있는지에 대해서 분명하게 말하지 않던 미국이 올해 4월 명확히 말했다. 미군 북부사령관 고트니(William Gortney)가 미 국방부에서 있었던 기자회견에서 "북한이 핵탄두를 소형화해서 KN-08과 같은 탄도미사일에 탑재할 능력이 있다는 게 당신의 평가인가?"라는 질문을 받고 "우리의 평가는 그들이 KN-08에 핵탄두를 실어 미국 본토에 발사할 능력을 가졌다는 것이다" 라고 밝힌 것이다.[1]

물론 KN-08은 시험발사를 하지 않아서 성능이 어느 정도인지는 정확히 알 수 없다. 하지만 미국 본토까지 갈 수 있는 사정거리를 가지고 있는 것으로 파악되고 있어서 미국은 상당한 위협을 느끼고 있는 것으로 보인다. 물론 미국이 이런 정보를 간헐적으로 뿌리는 것은 미군이 야심차게 추진하고 MD(미사일방어계획)를 보다 분명하게 추진하기 위한 것이다. 북한의 위협을 부각시켜 한국도 MD에 적극 참여하도록 유도하기 위한 전략이다. 미국의 의도는 그렇다 하더라도 어쨌든 북한의 핵능력은 계속 발전하는 것이 사실이다. 2013년 10월 영변의 5MW 원자로를 재

---

1 이광길, "미 북부사령관 "북, KN-08 핵탄두 발사 능력 가져", 『통일뉴스』, 2015. 4. 8.

가동하기 시작해 지금까지 계속 가동하고 있기 때문에 플루토늄 생산도 늘렸을 것이다. 1년을 가동하면 6kg의 플루토늄을 생산할 수 있다. 이 정도면 핵무기 1개를 만들 수 있다. 우라늄 농축 작업도 계속하고 있는 것으로 보인다.

우리 정부나 미국정부는 북한이 핵무기를 갖고 있음을 인정하지 않지만, 국제핵문제 전문가들은 북한이 10개 내외의 핵무기를 가지고 있는 것으로 보고 있다. 미국 핵과학자협회에서 발행하는 학술지 『Bulletin of the Atomic Scientists』는 북한이 10개 정도의 핵무기를 가지고 있는 것으로 보고 있고,[2] 스웨덴의 스톡홀름평화연구소(SIPRI)는 6~8개를 보유하고 있는 것으로 평가하고 있다.[3] 최근에 중국의 핵 전문가들은 북한이 핵무기를 20개 갖고 있고, 내년에는 20개를 더 만들 수 있을 것이라고 추정하고 있다. 특히 중국 전문가들은 북한의 우라늄 농축 능력이 생각보다 앞서 있는 것으로 보고 있다.[4] 이런 상태에서 핵활동을 계속하고 있는 것이다.

이렇게 북한은 핵능력을 증가시키고 있기 때문에 핵문제에 대한 대응은 한반도의 평화 정착을 위해 매우 중요하다. 물론 핵문제가 우리의 능력과 의지만으로 해결될 수 있는 것은 아니다. 북핵문제는 기본적으로 북한과 미국 사이의 문제이다. 하지만 한국의 대응은 북한과 미국이 대화로 나아가는 데 중요한 역할을 할 수 있다. 북미대화의 과정에서도 한

---

2 Hans M. Kristensen and Robert S. Norris, "*Worldwide deployments of nuclear weapons*, 2014," Bulletin of the Atomic Scientists 70, no. 5 (2014), pp. 97, 106.

3 *SIPRI Yearbook* 2014. http://www.sipri.org/research/armaments/nuclear-forces.

4 곽수근, "중 핵전문가 '북 핵탄두 20개 보유'", 『조선일보』, 2015. 4. 24.

국의 태도는 어떤 나라의 입장보다 중요하다. 북미대화를 적극 권하고 지원하느냐, 그렇지 않고 소극적인 모습을 보이느냐 하는 것이 중요한 변수가 될 수 있다.

그런 점에서 박근혜 정부의 태도는 아주 잘못돼 있다. 북핵문제 접근 방식이 매우 단선적이고 이기적이다. '먼저 행동을 보여라'라는 요구를 계속하고 있는 것이다. 회담을 시작도 하기 전에 '회담 결과를 내놓아라' 하는 식이다. 관련해서 박근혜 정부에서 나오고 있는 얘기들을 좀 면밀히 살펴보자. 올해 1월 외교부 장관 윤병세는 대통령에게 새해 업무보고를 한 뒤 기자들에게 보충설명을 하면서 북핵문제를 언급했다. 북한이 핵실험 중지할 테니 한미군사훈련 중지하라고 요구한 데 대한 윤병세의 답변이다.

"분명한 것은 여러 가지 북한이 처해 있는 주변정세나 엄중한 국제상황에 비추어 볼 때 북한이 이러한 군사훈련과 연계시키는 이러한 핵 실험 중단 제안, 이런 것을 하기보다는 그동안에 우리 6자회담 당사국들이 여러 채널을 통해서 얘기했던 비핵화 관련된 성의 있는 그런 조치를 취하고, 또 그래서 하루속히 비핵화 대화 프로세스를 출범시킬 수 있도록 협력해 주는 것이 더 중요한 것이 아닌가, 이렇게 생각하고 있습니다."

북한에 '성의 있는 조치'를 요구하고 있는 것이다. 그 내용은 분명하게 얘기하지 않고 있다. 어쨌든 북한이 조치를 먼저 해야 한다는 얘기다. 북한은 핵 실험 중단에 대한 상응조치로 한미군사훈련 중지를 요구하고 있는데, 이에 대해서는 얘기할 것도 없고 일단 '북한 너희들부터 선(先)행동을 보여라' 라는 요구이다. 무기는 버린 뒤 발가벗고 손을 든 채 나오라는 압박이다.

정권초기에는 북한에 대한 요구가 더 거셌다. 2013년 5월 27일 언론브

리핑에서 윤병세는 "6자회담 재개와 관련해서 북한이 비핵화 의지를 진정성 있는 행동으로 구체화하는 것이 중요하다"면서 "소쩍새가 한 번 운다고 해서 국화꽃이 피는 것은 아니다"라고 말했다. 행동을 한 번 보여주는 것만으로는 안 되고 지속적으로 보여야 한다는 얘기였다.

조금 더 구체적인 얘기는 우리 측 6자회담 수석대표 황준국의 입에서 나왔다. 올해 3월 서울경제신문이 주최한 한반도경제포럼 연설에서 황준국은 북한에 요구하고 있는 사항을 말했다.

"협상의 목표는 북한의 완전한 비핵화입니다. 이에 대해서는 한·미뿐만 아니라 중국과 러시아를 포함하여 5자가 단합되어 있습니다. 이러한 목표를 이루기 위해 우선 하루빨리 눈에 보이는 핵활동부터 중지시켜야 합니다. 현재 가동되고 있는 영변의 플루토늄 및 농축우라늄 관련 핵활동을 중단시키고, 핵시설을 감시하는 IAEA 요원들을 영변에 복귀시키는 것이 완전한 비핵화를 위한 첫걸음이 될 것입니다."

백 번 옳은 얘기다. 북한 비핵화의 첫 단계는 영변의 5메가와트 원자로 가동을 중단시키는 것이다. 그 다음 우라늄농축 활동을 중지시키는 것이다. 이후 IAEA의 사찰요원이 영변에 상주하면서 핵활동을 감시해야 한다. 그 다음에는 이 핵시설들을 완전히 못쓰게 불능화시키고, 폐기하는 수순으로 가는 것이다. 누가 이걸 모르겠는가? 1994년 북미제네바합의, 2005년 9·19공동성명 이런 과정을 상정하고 있었다. 문제는 이런 수순의 첫 단계에 북한을 끌어들이는 것이다. 황준국의 얘기는 북한이 핵활동을 중지하는 것과 IAEA사찰관을 상주시키는 것이 우선 이뤄져야 한다는 것이다. 그래야 그 다음 회담이 이뤄질 수 있다는 얘기다. 그건 아니다.

황준국은 이런 얘기도 했다.

“북한의 반응을 알아보는 탐색적 대화를 추진할 때가 되었습니다. 만약 탐색적 대화에서 북한의 비핵화 협상에 대한 진정성을 확인할 수 있다면 6자회담이 본격적으로 재개될 수 있을 것입니다.” 북한과 예비접촉을 해보겠다는 말이다. 거기서 진정성을 확인해보겠다는 것이다. 또 ‘진정성’ 얘기다. 박근혜 정부에서 진정성은 신뢰와 같은 의미이다. 북한이 믿을 만한지를 탐색해보겠는 말인데, 결국 북한이 어떤 행동을 보여야 한다는 얘기다. 그 행동이란 위에서 말한 핵활동의 전면 중지, 사찰관 허용을 말하는 것으로 읽힌다.

터무니없는 6자회담 진입장벽

이런 저런 얘기들이 나오고 있지만, 6자회담의 전제조건은 정부 내에서 2·29+α로 정리되어 있는 것 같다. 2012년 2월 29일 북미 사이에 합의 당시 북한이 취하기로 했던 조치가 핵 · 미사일 시험 중지, 우라늄농축 중단, IAEA사찰관 복귀인데, 여기에다 추가적인 조치를 요구하고 있다고 전해진다. 2·29합의는 북한이 이와 같은 조치를 하면 미국이 식량 30만 톤을 준다는 것이었다. 그런데 이번에는 회담장에 들어가는데 이런 조치를 하라는 것이다. 진입장벽 치고는 높아도 너무 높다. 게다가 추가조치도 있단다. 추가적인 조치로 언론에 거론되는 것이 영변 핵 시설 외에 확인되지 않은 우라늄 농축 시설이 있는지 국제원자력기구(IAEA)가 의심지역을 사찰하는 것이다.

박근혜 정부는 이를 ‘코리안 포뮬러’(Korean Formula, 한국식 해법)로 이름 붙이고, 미국과 중국, 러시아, 일본을 돌며 이런 방식으로 북한을 압박하자고 설득하고 있다. 북한은 조건 없이 6자회담을 열자는 생각이다. 실제로 2013년 9월 베이징에서 열린 1.5트랙(반관반민) 토론회에 외무성 제1부상 김계관, 부상 리용호, 부국장 최선희 등 북핵라인의 핵심 3인방이 모두 참여했었는데, 그 자리에서 전제조건 없는 대화를 주장했다. 아무런 조건 없이 6자회담을 열라는 것이었다. 농축 우라늄 문제 등 모든 문제를 6자회담에서 논의할 수 있고, 9·19공동성명도 단어 하나까지도 이행하겠다고 했다. 지금도 이런 입장에서 크게 벗어나지 않고 있다. 중국도 이에 적극 동조하고 있다. 이러한 북한과 중국의 입장에서 보면 코리안 포뮬러는 터무니없는 것이다. 내가 봐도 그렇다. 이건 문제 해결을 위한 전략이라고 보기 어렵다. 상대가 호응할 만한 카드가 전혀 못 되기 때문이다.

한국정부는 웬일인지 코리안 포뮬러의 구체적인 내용을 시원하게 공개하지 않고 있다. 뭘 한다고는 하는데 뭘 하는지는 얘기를 안 해주는 것이다. 물론 여러 나라와 조율을 하고 있기 때문일 수도 있다. 하지만 그렇게 숨길 일은 아니다. 북한에 대해서는 여러 개의 유엔안보리 결의가 적용되면서 강도 높은 제재가 가해지고 있다. 국제사회가 북한을 압박하는 것은 어제 오늘의 얘기도 아니다. 그런데 굳이 숨겨가면서 북한에 대한 요구사항을 비밀스럽게 가지고 있을 필요는 없다.

정부가 이렇게 공개적으로 북한에 대한 요구사항을 말하지 않는 것은 국내여론을 의식하고 있기 때문으로 보인다. '회담에 나오는 조건으로 북한에 그렇게 어려운 전제조건을 붙여서야 되겠느냐' 라는 여론이 걱정스러운 것이다. 내가 생각해도 이런 요구사항은 어불성설이다. 회담에서 뭘 얻을 수 있는지도 모르는 상황인데, 이렇게 많은 것을 내놓고 나오라는 것은 '회담하지 말자'는 얘기다. 유엔사무총장 반기문도 이런 박근혜 정부의 태도를 보고 답답하게 생각한 것 같다. 지난 5월에 서울에 와서 전제조건을 낮춰야 한다고 강조했다. "6자회담 재개를 위해 유엔과 당사국들이 최선의 노력을 기울여야 한다"면서 "당사자들이 최소한의 전제조건만을 가지고 대화를 나누어야만 풀 수 있는 문제"라고 역설한 것이다.[5]

요컨대 박근혜 정부의 북핵정책은 북한이 먼저 행동으로 비핵화에 대한 진정성을 보여주면 6자회담을 열어서 해결방향을 논의해 볼 수 있다는 것이다. 이건 국가 간의 회담에서 정상적인 순서가 아니다. 북한을 설득해서 일단 회담에 나오게 하고, 미국과 한국이 무엇을 줄 수 있는지 제시하고, 이를 통해 핵활동을 중단하게 하고, 좀 더 협상을 진전시켜서 사찰관을 상주시키는 것이 순서다. 그것이 공정한 게임이다. 그런데 박근혜 정부는 '북한이 먼저 무기를 버리고 나오라'는 요구만 계속하고 있다. 이것이 한반도 신뢰프로세스의 그림자이다. 한반도 신뢰프로세스의 저변에 깔려 있는 북한에 대한 불신이 북핵문제 접근 방식에도 그대로 적용되고 있는 것이다.

정부의 입장이 국민에게 공개할 만큼 일목요연하게 정리되지 않은 탓인지 가끔은 좀 희망적인 얘기나 나오고 있기는 하다. 6자회담 대표 황준국이 작년 12월 3일 러시아의 외무차관(6자회담 대표) 이고리 모르굴로프를 만난 뒤 모스크바의 한국특파원들에게 한 얘기가 그 중 하나다. "우리가 원하는 것은 북한이 비핵화 대화에서 건설적 방향으로 이행해 갈 수 있다는 강력한 표시를 해주는 것"이라는 언급이다. "북한이 1에서 10

---

5 ALC특별취재단, "모국땅서 꺼낸 반기문 대북플랜...대화의 장으로 불러낸다", 『조선일보』, 2015. 5. 20.

까지의 구체적 어떤 조치들을 다 취해야 하고 그 다음에야 우리가 대화를 하겠다는 것은 아니다"라고도 했다.[6]

구체적인 행동을 요구하는 것은 무리라고 보고, 북한의 비핵화 의사표시를 요구하고 있는 것이다. 물론 이것도 북한 입장에서는 쉽게 받아들이지 않겠지만, 이런 의견이 정부에서 공감을 얻는다면 다행스러운 일이다. 하지만 그런 분위기는 아닌 것 같다. 황준국은 자신의 직책이 6자회담을 추진하는 입장이기 때문에 회담 문턱을 좀 낮추고 싶은 욕구도 있을 것이다. 그런 속내가 표현된 것이 아닌가 한다. 물론 정부관료가 함부로 자신의 입장을 얘기할 수는 없지만, 6자회담 대표로서 북한 참여의 방안에 주목하면서 박근혜 정부의 전체적인 분위기보다는 온건한 의견을 표출한 것으로 보인다. 하지만 이런 입장이 정부입장으로 정리되기는 어려울 것 같다. 북핵문제와 직접 관련된 우리 정부의 행위자는 지금 얘기하고 있는 황준국, 그 위로 외교부 장관 윤병세, 그 위로는 박근혜 대통령이다. 전체적인 발언의 톤으로 보면 황준국보다는 윤병세가, 윤병세보다는 박근혜 대통령이 강경한 입장이다. 이런 상황이니 6자회담의 문턱을 낮춰서 북한이 대화로 돌아오도록 하는 데는 아직 많은 시간이 더 필요할 것으로 보인다.

---

6 이소정, "황준국, '북 건설적 대화 의지 보이면 6자회담 가능'", 『데일리안』, 2014. 12. 4.

경제제재로 해결 안 된다

대화의 문턱은 높여 놓은 채 박근혜 정부는 북핵문제 해결을 위한 정책수단으로 제재를 강조한다. 북한에 주어진 유엔의 경제제재를 철저히 실행함으로써 북한이 손들고 나오도록 한다는 정책이다. 그러면서 국제공조도 강조한다. 유엔제재뿐만 아니라 미국이나 일본 등의 개별적인 경제제재도 많이 실행되고 있는데, 이런 것이 잘 이루어지려면 이들 국가들과 공조를 철저하게 해야 한다. 이러한 국제공조를 통해 북한을 압박하면 북한이 언젠가는 굴복할 것이라는 생각이다. 5 · 24조치를 계속 유지하고 금강산 관광을 재개하지 않는 것도 제재하면 해결될 것이라는 믿음 때문이다.

문제는 이러한 제재가 효과가 있느냐 하는 것이다. 유엔의 경제제재는 북한을 어렵게 만들어 어쩔 수 없이 회담으로 돌아오도록 하는 데 목표가 있다. 그런데 그게 쉽지가 않다. 첫째, 북한은 여러 나라와 무역으로 먹고사는 나라가 아니다. 그들 말로 자립적 민족경제체제를 견지하고 있다. 외국에 수출을 해서 먹고 사는 게 아니라 자력갱생, 스스로 먹을 것을 스스로 만들어 먹는 경제체제를 지향해 온 것이다. 그래서 외국과의 거래가 많지 않다. 가장 많이 거래를 하는 나라는 역시 중국이고, 그 다음이 남한이다. 남한과의 거래는 2010년 5·24조치로 급감해서 중국과의 거래가 대외교역의 대부분을 차지하고 있다. 그러니 경제제재라는 것이 큰 효과를 거두지 못하고 있다.

둘째, 북한 대외거래의 대부분을 차지하고 있는 중국이 북한 편이다. 중국은 대외적으로는 북한에 대한 제재를 이행하겠다고 한다. 하지만 실제로는 북한과 거래를 더 확대하고 있다. 식량과 원유도 공급해 준다.

이렇게 중국으로 가는 길은 뻥 뚫려 있다. 그런데 경제제재를 통해 북한을 압박하겠다고 하는 것은 무리다.

셋째, 좀 더 근본적으로는 국제사회는 무정부상태이기 때문에 제재는 오랫동안 철저하게 지켜지기가 어렵다. 지금도 시리아와 아프리카 국가들은 북한 무기를 사들인다. 우간다 같은 나라는 군을 훈련시키는 데 북한군의 도움을 받기도 한다. 쿠바에 대한 미국의 제재가 1959년부터 오랫동안 실행되었지만 여기에 동조하지 않고 쿠바와 거래하는 나라는 많았다. 그래서 쿠바는 지금까지 살아 있고, 이제 미국과 수교까지 했다. 역사적인 얘기를 좀 하자면, 나폴레옹전쟁 당시 1806년 나폴레옹은 영국에 대해 대륙봉쇄령을 내렸지만 러시아는 영국과 거래했다. 러시아는 공업발달이 늦어 일찍이 산업혁명에 성공한 영국으로부터 값싼 공산품을 수입해야 했다. 밀을 수출하고 옷, 신발 등을 사와야 국민들이 살 수 있었다. 그래서 대륙봉쇄령을 어기고 영국과 거래했다. 이에 화가 난 나폴레옹이 1812년 러시아로 쳐들어갔다. 하지만 60만 대군을 몰고 간 나폴레옹은 완전히 패해 겨우 5천 명과 함께 살아 돌아왔다. 이 패전으로 권력을 잃었다. 이 전쟁을 묘사한 유명한 곡이 차이코프스키의 '서곡 1812'이다. 러시아 민요의 선율을 활용해 전쟁 당시 러시아 사람들의 고통과 슬픔을 잘 표현하고, 나폴레옹군을 무찌른 뒤 모스크바를 되찾은 러시아인들의 승리와 자유의 감정을 잘 전해주는 명곡이다.

넷째, 경제제재는 권력층보다는 인민들의 삶을 핍박하게 한다는 데 문제가 있다. 제재를 당하는 북한은 제재가 없는 상황보다는 물론 어렵다. 북한이 유엔이나 미국 등이 부과하는 각종 제재로 경제상황이 좀 더 나빠질 수도 있다. 하지만 철저한 독재체제를 유지하고 있는 북한에서 자원 분배의 우선순위를 정하는 것은 최고권력층이다. 따라서 이들은 스스로에게 우선적으로 자원을 배분하고 이후 인민들의 복지를 고려한다. 결국은 고통을 당하는 것은 자원분배의 후순위자 인민들이다. 설혹 문제를 해결할 수 있다 하더라도 최악의 방법이다.

요컨대 경제제재로 북핵문제를 해결하려는 방안은 부작용이 많으면서도 성공 가능성이 낮다. 부시 행정부에서 대북정책특별대표를 지낸 스티븐 보스워스(Stephen Bosworth)도 "대북 제재 선언이 우리를 기분 좋게 할지는 모르지만, 북한에는 어떠한 실질적인 영향도 미치지 않는다. 미국은 비핵화에 따르지 않는 북한에 더욱 광범위한 협상안을 제시할 필요가 있다"고 말한 적이 있다.[7] 포용정책을 적극 지지하는 사람도 아니다. 그런 보스워스도 대북 제재는 현실적인 실효성이 떨어짐을 알기 때문에 바람직한 정책으로 보지 않는 것이다.

그런데도 박근혜 정부는 대안을 찾는데 인색하다. 북핵문제는 대화 이외에는 대안이 없다는 사실을 잘 인식하지 못하고 있다. 인식은 하고 있는데, 손해보는 듯해서 안 하는지도 모르겠다. 하지만 사안의 중요한 부분을 먼저 보고 전향적으로 대응할 필요가 있다. 제재의 비효율성은 깊이 천착하면 쉽게 결론을 얻을 수 있다. 이명박 정부 5년 동안 그런 전략으로 아무것도 얻어내질 못하지 않았는가? 그래서 박근혜 대통령도 이명박 정부하고는 다르게 한다고 하지 않았는가? 고민은 깊이 하되 너무 길게 하지 않는 게 좋다.

---

7 김원식, "핵우산 꺼내들고 고민 거듭하는 미국", 『시사저널』, 2013. 2. 20.

'핵' 해결 안 되면 남북교류도 안 된다

비핵화 조치를 먼저 할 것을 요구하면서 동시에 박근혜 대통령은 핵문제 해결 없이는 남북관계가 아무것도 진전될 수 없음을 분명히 하고 있다. 경제협력, 인적교류 모두 안 된다는 것이다. 대통령의 발언을 직접 보자.

먼저 2014년 1월 6일 신년기자회견 내용이다.

"북한의 핵위협은 이것이 있는 한은 어떤 남북경협이라든가 또는 교류, 이런 것이 제대로 이루어질 수가 없고, 또 공동발전, 역내의 공동발전도 이것 때문에 이루어질 수가 없습니다. 그래서 북한이 핵을 포기하고 국제사회에 책임 있는 일원으로 가겠다 이렇게 한다면 우리는 북한을 우리나라뿐 아니라 국제사회와 같이 힘을 합해서 적극 도우려고 합니다. 그렇게 갈 수 있도록 국제공조를 더욱 강화해 나갈 것입니다. 그리고 또 그런 과정을 통해서 다양한 해결 방법도 강구하려고 합니다."

북한이 핵을 포기하지 않는 한 북한과의 경제협력, 경제교류, 인적교류 할 수 없다는 얘기다. 지난해 3월 3일에는 아시안리더십 컨퍼런스에서 한 축사는 이렇다.

"고령의 이산가족들은 '통일되어 다시 만나자'는 간절한 바람으로 서로를 위로할 수밖에 없었습니다. 이제 그들의 소망이 헛되지 않도록 남북한은 통일시대를 열고, 희망의 미래를 만들어 나가야 합니다. 통일로 가는 길은 북한의 핵포기가 빠를수록 앞당겨질 것입니다. 북한이 핵을 내려놓고, 그 자리에 국제사회의 신뢰를 채워나가고 남북관계를 발전시켜 나간다면, 남북한 모두가 행복한 통일시대를 열어갈 수 있을 것입니다."

북한이 핵만 포기하면 모든 게 순순히 풀리는 것처럼 말하고 있다. 핵을 포기하도록 하기 위해서 어떤 조치가 필요하다는 얘기는 없다. 핵포기는 북한이 그냥 해야 하는 것이고, 그걸 해야 그 다음 뭔가가 이뤄진다는 것이다. 일방적이다.

좀 헷갈리는 얘기도 한다. 올해 신년기자회견에서는 "비핵화 같은 것, 이게 전혀 해결이 안 되는데 이게 전제조건은 아니지만 이것이 해결이 전혀 안 되는데 평화통일을 얘기할 수가 없거든요" 라고 했다. 종전에는 비핵화 없이는 아무것도 안 된다는 식으로 말했는데, 여기서는 비핵화를 강하게 전제조건화하지 않을 것처럼 말했다. 하지만 이런 식의 얘기는 그 이후에 다시 나오지 않았다. 비핵화가 남북교류의 전제라는 기조가 여전히 유지되고 있는 것이다.

박근혜 대통령의 이러한 완고한 인식은 대통령 후보 시절부터 수시로 표출되어 왔다. 2012년 9월 4일 중국 전인대 상무위 천즈리(陳至立) 부위원장 일행을 만난 자리에서 박근혜는 "남북 간 경제교류는 가능하며 언제든 협력할 수 있지만 난제는 북핵"이라면서 "한국으로서는 북한의 핵을 머리에 이고 있는 상태에서는 불안해서 교류 및 협력을 할 수 없다는 입장"이라고 밝혔다. 핵문제 해결 없이는 교류협력이 어렵다는 얘기다.

2012년 9월 10일에는 중앙글로벌포럼 축사를 통해 "안정적인 남북관계와 지속가능한 평화를 만들기 위해 진화하는 대북정책을 추진해야 한다"면서도 "(북한 지도부가) 핵무기를 포기하고 주민들의 삶의 질을 근본적으로 개선할 수 있는 결단을 내려야 한다"고 얘기했다. 당시 축사 초안을 현 외교부 장관 윤병세가 썼는데, 윤병세는 그 구체적 의미에 대해 "북한이 고립 국면을 탈피하려는 변화에 나설 경우 박 후보도 집권 시 그에 상응하는 대북정책을 취할 것이란 시그널을 보낸 것"이라고 설명했다. 역시 북한이 변화하면 그에 대응하는 정책을 추진한다는 말이었다.

이러한 기조는 대통령이 된 이후에도 그대로 유지되어 지금에 이르고 있다. 이렇게 보면 설혹 북한이 천안함 사건에 대해 사과하고 그에 따라 5 · 24조치가 해제되더라도 남북한의 경제교류가 활성화될 가능성은 낮다. 5 · 24조치가 해제되고 핵문제가 해결돼야 비로소 남북교류가 본격화될 수 있는 구조이다. 그런데 핵문제는 단시일 내에 해결될 수 있는 문제가 아니다. 지금 당장 6자회담이 시작된다 하더라도 1년 가까이 협상을 해야 해결될까 말까 한 문제다. 박근혜 정부가 지금의 입장을 고집한다면 이명박 정부 때와 마찬가지로 남북관계의 개선은 기대하기 어려운 상황이다.

이런 얘기는 대통령의 주변에서도 같은 톤으로 나오고 있다. 민주평화통일자문회의 수석부의장 현경대가 올해 초 김정은이 정상회담도 할 수 있다고 얘기한 것에 대해 코멘트를 했는데,

"하려면 우리가 조건을 달아야 한다. 북한이 진정으로 핵을 포기하면 원하는 것 다 들어줄 수 있다고. 이게 우리 정부 입장이다."[8]

라고 말했다. 정상회담의 전제조건은 핵포기라는 것이다. 다시 말하면 핵포기를 하지 않으면 정상회담을 할 수 없다는 말이다. 회담을 열어 거기서 논의를 해서 우리는 핵폐기를 비롯해서 이산가족 상봉, 국군포로 소환 같은 것을 얘기하고, 북한은 그들이 원하는 경제적 지원 등을 요구해서 양측이 조건이 맞으면 합의를 해서 문제를 풀어가는 것이 순리이다. 물론 핵폐기는 남북 간의 회담만으로는 안 될 가능성이 높지만, 합의

---

8 박성현, "친박 원로그룹 7인회 멤버 현경대 민주평통수석부의장 '북한 진정성 보이려면 핵포기 선행해야'", 『월간중앙』, 2015. 2., p.83.

할 수 있는 만큼 해서 실행해 나가고, 북미 간의 회담도 독려해서 풀어가야 하는 것이다. 그런데 핵포기를 먼저 하라고 요구하는 것은 앞뒤가 바뀐 것이다. 대통령도, 그 주변의 인물들도 모두 이런 인식이기 때문에 핵문제 해결도, 남북 간의 큰 교류도 가까운 시일 내에 이루어지기는 힘들 것 같다.

한반도 평화체제 관심 없어

박근혜 정부의 대북정책 추진과 관련해 하나 주목할 만한 것은 '한반도 평화체제'라는 용어를 잘 사용하지 않는다는 것이다. 북핵문제를 평화체제 문제와 연결시켜 포괄적으로 해결하려는 모습이 관찰되지 않는 것이다. 냉전해체와 한반도 평화체제 구축을 대북정책의 주요 목표로 했던 김대중 · 노무현 정부와는 대조적인 모습니다. 한반도 평화체제라는 것은 지금의 정전체제가 바뀌어서 이루어지는 남북한 평화를 바탕으로 한 새로운 남북관계의 틀을 말한다. 이를 위해서는 지금의 정전협정이 평화협정으로 바뀌어야 한다. 그러려면 남북한, 또는 남북한 이외에 미국이나 중국이 참여하는 평화협정이 맺어져야 한다. 이 평화협정의 바탕 위에서 한반도가 평화적인 체제를 갖추어 나가야 하는 것이다.

물론 이 평화협정의 걸림돌은 북한핵문제이다. 핵문제가 해결되면서 비로소 평화협정 논의가 나올 수 있는 것이다. 2005년 9·19공동성명이 그런 체계였다. 북핵문제의 진전에 따라서 당사국들이 한반도의 항구적 평화체제에 관한 협상을 하도록 한 것이다. 하지만 박근혜 정부는 평화체제에 대한 언급을 거의 하지 않고 있다. 이명박 정부에서도 기조는 비슷했다. '비핵 · 개방 · 3,000'이라는 대북정책의 틀을 가지고 북한이 비핵화와 개방으로 나오면 국민소득 3000달러를 만들어주겠다는 접근이었다. 정전체제를 평화체제로 만들어 나가는 것을 인위적 · 정치적인 변화로 보고, 그런 것보다는 경제적인 인센티브를 매개로 북한을 비핵화시키고 개방으로 나오게 하는 것이 중요하다는 판단이었다. 이런 기조를 박근혜 정부가 그대로 이어받은 것이다.

이렇게 박근혜 정부가 평화체제에 미온적인 데는 두 가지 이유가 있는 것 같다. 첫째는 북한이 평화체제 협상을 주장하기 때문이다. 북한은 한편으로 비핵화를 전제조건으로 하지 않는 6자회담 재개를 요구하면서, 다른 한편으로는 평화협정을 위한 협상을 열어야 한다는 의견을 가지고 있다. 평화협정을 위한 협상을 하게 되면 그 안에서 북핵문제도 함께 풀어갈 수 있다는 주장이다. 한국과 미국은 평화협정 협상을 시작하게 되면 북한은 주한미군 철수를 우선적으로 요구할 것이라면서 이에 응하지 않고 있다. 이런 배경 때문에 박근혜 정부는 평화체제에 대해서 소극적인 인식을 가지고 있는 것이다.

둘째는 과거 진보정권에서 평화체제 구축에 진력했다는 것이다. 한국 정권들의 특징 가운데 하나가 새로운 정부가 서면 이전 정부의 정책을 완전히 바꾸려 한다는 것이다. 특히 보수에서 진보, 진보에서 보수로 정권이 교체되는 경우는 더 그렇다. 대북정책은 다른 어떤 분야보다 많이 바뀐다. 1960년대 후반 사민당 정권이 시작한 동방정책을 1980년대 정권을 잡은 기민당 정부가 그대로 계승했던 서독의 경우와는 판이하다. 김대중 · 노무현 정부는 〈핵문제 해결 → 정전체제 종식 → 평화체제 구축〉이라는 평화 로드맵을 제시하고, 이를 실현하려 했다. 이를 위해서는 핵문제 해결이 급선무이며 핵문제 해결을 위해서는 북미 간의 대화가 중요하다고 판단하고, 북미 간의 대화도 적극 권고했다. 하지만 이명박·박근혜 정부는 이런 제도적 평화의 길에 대한 관심이 적다. 특히 박근혜 정부는 남북한 신뢰 형성이 중요하다면서 북한의 약속 준수와 진정성을 요구하고 있고, 비핵화를 위한 북한의 구체적인 행동을 먼저 요구하고 있다. 이런 맥락에서 과거 진보정권이 이니셔티브를 가지고 있는 '평화체제'에 대해 박근혜 정부는 미지근한 반응을 보이고 있는 것이다.

오랜 기간의 분단과 갈등의 상황에서 한반도 평화를 실현하기는 쉬운 일이 아니다. 당장 지금 해결되자 않고 있는 북핵문제가 가장 큰 걸림돌이다. 그래서 평화를 불러오기 위한 획기적인 발상도 필요한 것이 사실이다. 북핵문제 해결 이후라야 평화협정을 협상을 시작할 수 있다는 것이 한국과 미국의 입장이지만, 여기에 얽매어 있을 필요는 없다. 북한이 주장하는 대로 평화협정 협상을 시작할 수도 있다. 거기에 남북한과 미국, 중국이 참여해 북핵문제 해결방안, 평화협정 체결문제, 북미수교 문제 등을 한꺼번에 논의하는 것도 생각할 수 있다. 오히려 그렇게 될 수 있다면 좋은 것이다. 다만 북한이 이를 활용해 자신들이 주장하는 미군철수를 강하게 제기할 가능성이 있다. 여기에는 한미합동군사훈련의 축소 등 우리가 제시할 수 있는 안을 준비하고, 그 대가로 북한에 대해 요구할 수 있는 것을 생각해 협상에 임하면 될 것이다. 발상의 전환이 한반도를 평화에 이르는 길로 안내할 수 있다. 이를 위해서 우선은 정부의 남북관계 개선과 평화정착에 대한 의지가 분명해야 한다.

미국, 대화에 나설 수 있다

미국은 올해 이란과 핵협상에 성공했다. 이스라엘 총리 벤야민 네타냐후가 눈에 쌍심지를 켜고 반대했지만 협상을 타결지었다. 평화적인 핵이용은 일부 보장하면서, 우라늄 고농축을 철저히 통제하는 방식으로 합의점을 찾은 것이다. 오바마는 이미 오래 전 이란 핵문제를 협상으로 해결하기로 마음먹었다. 지난 3월 이렇게 말했다. "이란은 협상하는 동안 핵 프로그램을 동결했고, 가장 위험한 고농축우라늄 관련 작업도 중단했다. 예전에 없던 검증과 사찰에도 응하려 하는데, 네타냐후 총리는 맨날 협상이 위험하다고만 말한다" 라고.[9] 이란핵문제를 협상으로 매듭짓기로 작정한 것이다. 이런 기조로 협상에 임해 결국 이란 핵문제를 마무리지었다. 이란과의 협상을 끝낸 이후에는 뉴욕타임스의 유명한 칼럼니스트 토머스 프리드먼과 인터뷰를 하면서 이렇게 말했다.

"'이란은 억지할 수 없다'라는 얘기는 맞지 않습니다. '시도해 보자'라고 말하는 게 좋습니다. 우리는 많은 선택지가 있고, 순진무구하기만 한 것도 아닙니다. 우리가 주요이슈들을 외교적으로 해결할 수 있다면, 우리는 더 안전해지고 우리의 동맹국들을 더 잘 보호할 수 있습니다. 이란은 변화할 수 있습니다. 변하지 않는다 해도 우리의 억지력, 군사적 우위는 그대로 유지됩니다. 우리와 우리의 동맹국을 방어하는 능력을 포기하는 것이 아닙니다. 이런 상황인데 왜 시도해보지 않겠습니까?"[10]

---

9 윤정호, "오바마 '네타냐후 연설 못 봤다... 새 내용 없어"", 『조선일보』, 2015. 3. 5.

10 Thomas Friedman, "Iran and the Obama Doctrine," *The New York Times* 2015. 4. 5.

미국은 크게 위협받는 것이 없고, 협상을 통해 적대국을 변화시킬 가능성은 얼마든지 있기 때문에 협상은 계속하는 것이 옳다는 얘기다. 미국이 직면한 지금의 세계문제 가운데 가장 뜨거운 것은 물론 IS(Islamic State, 이슬람국가)의 테러이다. 이라크와 시리아를 중심으로 확산되고 있다. 이집트와 리비아까지도 활동영역을 확장해 점점 더 큰 문제가 되고 있어 미국이 우선적으로 해결하기 위해 애를 쓰고 있다.

우크라이나 사태도 걱정거리이다. 러시아가 우크라이나 쪽으로 영역을 확대하려는 것을 그냥 두고 볼 수 없는 상황이다. 그래서 푸틴과 긴장관계를 형성하고 있다. 시진핑은 푸틴 편을 들고 있다. 댜오위다오(일본명: 센카쿠) 영토분쟁에서는 푸틴이 시진핑의 편을 들어주고 있다. 신냉전(New Cold-War)이다. 한쪽에 미국과 EU, 일본이 있고, 다른 쪽에 중국과 러시아가 있다. 이들이 직접 전쟁을 하고 있지는 않지만, 홉스(Thomas Hobbes)가 말하는 전쟁의 상태(state of war)와 비슷하다. 실제 총을 쏘는 열전(熱戰, Hot War)은 아니지만 언제든지 전쟁이 일어날 수 있는 긴장된 상태가 계속되고 있는 것이다. 물론 과거 미국과 소련 사이에 형성되었던 냉전보다는 강도가 높지는 않다. 하지만 갈등과 긴장이 보이는 것은 분명하다.

이런 여러 가지 문제들에 직면해 있는 미국이기 때문에 북한 핵문제 해결에는 선뜻 나서지 못하고 있다. 그럴만한 여력이 없다. 게다가 한국의 태도가 완강하다. 북한이 핵포기를 위한 선행조치를 해야 움직이겠다는 입장이다. 그러니 미국은 이런 한국까지 설득해 가면서 협상을 하기에는 부담스럽다. 그래서 기다리고 있는 것이다. 소위 전략적 인내(strategic patience)다. 전략적 고려를 멈추지 않으면서 우선은 기다리는 것이다.

이란 핵문제 해결에 비추어 보면 미국이 북한 핵문제에 대한 협상에 나설 여지는 얼마든지 있다. 오바마는 "네타냐후 총리 말대로 두 배의 제재를 가하면 이란은 오히려 핵 프로그램 개발에 박차를 가할 것"이라고도 말했다.[11] 이 논리를 북한에 적용하면 '북한에 대해 제재를 가하면 북한은 핵무기 생산을 더 늘리게 된다'는 얘기가 된다. 실제로 벌어지고 있는 현상이다. 제재를 받고 있는 북한은 계속 핵탄두의 소형화, 경량화 작업을 하면서 핵무기를 늘려가고 있을 가능성이 높다. 10개 정도의 핵무기를 이미 확보했다는 것이 핵문제를 연구하는 국제정치학자들의 일반적인 주장이고, 몇 년 안에 100개로 늘릴 것이란 주장도 있다. 이런 상황을 미국이 잘 인지하고 있기 때문에 협상은 이뤄질 가능성이 높다.

부시 행정부 당시 6자회담 대표로 북한과 협상을 많이 했던 크리스토퍼 힐은 이란 핵협상 타결 직전에 "이란 핵협상이 최종 타결되면 6자회담이 다시 굴러가게 하는 자극제가 될 수도 있다"고 말했다. 다음 차례는 북한과의 협상이 될 수 있다는 것이다. '오바마의 성향으로 보아 북한과의 회담 기회도 찾고 있을 것이다'라는 것이 워싱턴 외교가 소식통들의 얘기다. 오바마의 임기가 많이 남지는 않았지만, 시간이 촉박하다고 해서 포기할 오바마는 아니라는 것이 이들 소식통들의 분석이다.[12] 건강보험 개혁안은 주변에서 만류하는데도 강력 추진했고, 이민법안도 공화당이 반대하는 가운데 밀어붙였다. 이런 사례를 두고 나오는 얘기다.

실제로 미국의 보수신문 『워싱턴타임스』는 지난 3월 미국 정부관리를 인용해서 "오바마 행정부가 북한과 관계정상화로 가려는 계획을 가

11 윤정호, "오바마 '네타냐후 연설 못봤다... 새 내용 없어", 『조선일보』, 2015. 3. 5.

12 박현, "오바마는 북한에도 손을 내밀까," 『한겨레』 2015. 4. 10.

지고, 비밀협상을 하기 위해 움직이고 있다"고 보도하기도 했다.[13] 미국의 대북정책 특별대표 성 김도 올해 2월에 "북한이 비핵화에 대해 미국과 진지하게 대화하고 싶다면 미국도 그럴 기회를 모색할 용의가 있다"고 말한 적이 있다.[14] 6자회담에 대한 진입장벽이 박근혜 정부가 생각하는 것보다는 낮음을 시사하는 내용이다. 북한이 진지하게 대화할 생각만 있다면 미국이 여기에 응할 수도 있다는 얘기다.

오바마는 쿠바와 처음으로 정상회담을 가졌다. 지난 4월 파나마에서 열린 미주기구 회의에서 라울 카스트로 쿠바 국가평의회의장과 1959년 쿠바 혁명 이후 첫 정상회담을 가진 것이다. 쿠바가 어떤 나라인가? 미국이 손톱 밑 가시처럼 여기던 나라다. 미국의 바로 코앞에서 공산주의를 하면서 반미의 기치를 높이 들고 있었으니 그럴 만도 했다. 쿠바 정보국장을 지낸 파비안 에스칼란테가 2006년에 펴낸 책 『638 Ways to Kill Castro』(카스트로를 죽이는 638가지 방법)에 따르면, 책 제목대로 미국은 그동안 쿠바의 원래 권력자 피델 카스트로(라울 카스트로의 형)에 대해 638번이나 암살을 시도했다. CIA가 카스트로의 옛 애인을 매수해 침실에서 권총을 겨누게 하기도 했다. 카스트로는 권총을 자신의 가슴으로 당기며 "너는 나를 쏠 수 없어. 날 사랑하니까" 라고 말해 옛 애인을 울리면서 죽음을 면했다. 스쿠버 다이빙을 즐기는 카스트로를 노리고 바닷속 조개를 화려한 색깔로 분장하고 그 속에 폭발물을 설치하기도 했다. 시가에 독을 넣기도 했다. 그런 쿠바를 향해 손을 내밀었다. 경제제재를 해제하고, 수교의 길로 갔다.

---

13 Bill Gertz, "Secret North Korea talks?" *Washington Times*, March 11, 2015.

14 "미국 '북 변화 정권교체일 필요 없어'", Voice of America, 2015. 2. 5.

그렇다면 오바마는 왜 이란과 협상하고 쿠바와 수교를 한 것인가? 첫째는 중동과 남미를 중심으로 한 반미정서의 확산을 막으려는 데서 그 이유를 찾을 수 있다. 중동지역은 IS(Islamic State, 이슬람국가)의 기세가 이라크, 시리아, 리비아 등을 중심으로 거침이 없는 상황이다. 미국은 IS와의 전쟁에 선봉역할을 하고 있다. 중동의 핵심세력인 이란을 계속 적으로 돌려세워 놓은 상태에서는 반미 IS와의 전쟁에서 승리하기 어렵다. 남미에서는 베네수엘레, 볼리비아, 브라질, 아르헨티나, 우루과이 등으로 핑크타이드(pink tide, 빨간색으로 상징되는 공산주의보다는 온건한 성향의 사회주의 물결)가 확산되어 왔다. 이런 흐름을 심각하게 판단하고 남미와 화해를 하기 위한 방안으로 쿠바와의 관계 정상화에 나선 것이다.

둘째는 민주당의 자유주의적 국제주의(liberal internationalism) 이념이다. 민주당은 전통적으로 세계와 대화하고 협력을 통해 국제사회를 이끌어가려는 자유주의적 국제주의를 추구해 왔다. 힘보다는 협력과 대화를 내세워 세계를 관리하려 하고 있는 것이다. 군사력과 경제력을 앞세우는 공화당의 현실주의적 국제주의(realist internationalism)와는 결이 좀 다르다. 민주당이나 공화당이나 세계문제에 관여하면서 민주주의와 시장경제라는 미국적 가치를 세계에 확산시키고, 그러면서 미국의 이익을 최대화하려는 목표는 같지만 이를 실현하는 방법은 다른 것이다.

셋째는 세계평화에 기여하려는 오바마의 개인적인 의욕도 작용한 것으로 보인다. 오바마는 '핵 없는 세계'(Nuclear Free World) 정책의 적극 추진으로 임기를 시작한 지 얼마 되지 않아 노벨평화상을 받았다. 이를 두고 논란도 있었다. 분명한 성과가 없는 것을 가지고 노벨상을 줄 수 있느냐는 것이었다. 때문에 오바마는 세계평화에 대한 보다 분명한 기여를 하고 싶은 욕구를 가지고 있다고 보아야 할 것이다. 이런 욕구가 이란 · 쿠바와의 악수에 중요한 동인이 된 것으로 보인다.

한반도 정책을 직접 담당하는 인물들도 기본적으로는 대화를 지지하는 대화론자들이다. 우선 대북정책 특별대표 성 김이 그렇다. 작년 12월 12일 베이징에서 자신의 상대역인 중국 외교부 한반도사무 특별대표 우다웨이를 만난 뒤 "미국은 실질적 논의가 가능하다면 북한과 직접 대화하는 것도 환영한다"고 말했다. 전략적 인내의 정책기조 속에서도 대화의 문은 열려 있다는 얘기다. 이보다 이틀 전 주한미국대사 마크 리퍼트는 "북한이 준비만 돼 있다면 미국은 진실되고 믿을 수 있는 대화에 나설 준비가 돼 있다"고 말했다. 성 김은 올해 5월에도 한국에 왔었는데, 그 때도 "기본적으로 미국은 북한의 비핵화를 위한 실질적인 대화의 문을 항상 열어놓고 있다"고 말했다.[15] 성 김의 직속 상관으로 미국 국무부에서 한반도와 동아시아 정책을 총괄하고 있는 대니얼 러셀 차관보도 북한과의 대화를 중시하는 입장을 가지고 있다. 미국 국무부의 이러한 진용은 미국이 대화로 가는데 상당히 유리한 입지로 작용할 공산이 크다.

오바마는 대통령 후보시절부터 적대국과의 직접대화를 주장해왔다. 대통령에 취임하면서는 적들과의 대화(engagement with adversaries)를 주요 외교원칙으로 내세웠다. 대표적인 적대국으로 이란, 쿠바, 북한을 상정했다. 이란과는 핵협상을 타결했고, 쿠바와는 수교의 길을 택했다. 이제 남은 것은 북한이다.

---

15 황대진 · 임민혁 · 양모듬, "'콘퍼런스는 통일을 준비하는 기회,' '미, 北비핵화 대화문 열어놔'", 『조선일보』, 2015. 5. 18.

한국이 북미회담 독려해야

위에서 미국이 대화로 나아가려는 모습을 얘기했지만, 대화를 하지 않고 북핵을 그대로 두어야 할 필요성도 미국 내부에 존재한다. 북한 핵을 완전히 없애는 비핵화(denuclearization)보다는 핵을 그대로 두고 다른 나라로 확산하는 것만을 막는 비확산(non-proliferation)으로 정책의 중심을 옮긴 듯한 모습도 관찰된다. 핵대화에 적극 나서지 않고 오랫동안 전략적 인내에 머물러 있다는 사실이 그런 모습이다. 핵을 가지고 있는 북한의 존재는 중국을 포위하기 위한 한 · 미 · 일의 공조 확보에 유리하다. 북한핵을 명분으로 3국의 결속을 강화할 수 있기 때문이다. 미국이 지구차원에서 추진하는 MD를 계속하는 데에도 북한핵은 명분으로 활용된다. 북한핵은 한국에 사드를 배치하는 데에도 훌륭한 구실이 된다. 이런 요소는 미국이 북한핵 문제 해결을 위한 대화에 소극적으로 임하게 만든다.

미국의 보수언론들도 북한을 철저한 적으로 간주한다. 북한과의 협상을 싫어한다. 그래서 북한과 핵협상도 어렵다고 주장한다. 미국의 대표적인 보수언론 월스트리트저널(WSJ)은 이란핵협상 타결 소식이 전해지자 곧바로 북한과 협상은 안 된다는 식의 기사를 실었다. 올해 4월 3일자 "Reasons Why the Iran Framework Isn't a Template for North Korea"(이란협상의 틀이 북한에 대한 본보기가 되지 못하는 이유)란 제목의 기사다.

여기서 밝히는 이유는 5가지나 된다. 첫째 북한이 이미 핵무기를 가졌다는 것이다. 이미 10여 개의 핵무기를 가졌기 때문에 핵무기를 갖지 않은 상태의 이란과는 질적으로 다르다는 것이다. 둘째, 북한은 경제제재 해제 이외에도 체제안전보장을 부가적으로 요구하고 있다는 것이다. 북한이 전통적으로 요구하던 것이다. 북한의 요구사항이 많아서 협상이 어려울 것이란 얘기다. 셋째, 북한의 핵시설을 모두 찾아내기는 어렵다는 것이다. 북한이 모든 시설을 솔직하게 신고하지 않을 것이라는 말인데, 그만큼 북미 사이에 불신이 깊다는 의미이다. 넷째, 북한이 협상에 관심을 보이지 않는다는 것이다. 미국이 예비협상을 타진해 보았지만 북한이 응하지 않았다는 것이다. 다섯째, 미국의 관심이 덜하다는 것이다. 2012년 2월 29일 미국이 식량지원을, 북한은 핵·미사일 실험 중지를 약속하는 북미 간의 합의가 깨진 이후로 미국은 북한과의 협상에 크게 관심을 갖지 않고 있다는 것이다.[16]

북한과의 협상이 어렵다는 얘기를 하고 있지만, 실상은 협상을 하면 안 된다는 얘기다. '북한과 같은 악의 축과 협상을 했다가는 속기 십상이니 협상할 생각은 안 하는 게 좋다' 이런 주장을 하는 것이다. 월스트리트저널이 이런 보수적인 기사를 가장 많이 쏟아내고, 워싱턴포스트(Washington Post)도 기본적으로 보수적인 시각을 가지고 있다. 뉴욕타임즈(New York Times)는 이들 신문들과는 달리 비교적 객관적인 시각에서 북미 간의 협상과 화해를 지지하는 기사를 쓰고 있다.

오바마 행정부는 지금 어느 쪽으로도 갈 수 있다. 북한핵문제를 대화로 풀어서 핵확산방지조약의 완전성을 보전하면서 '핵 없는 세계'에 적극 기여하는 방향으로 갈 수도 있다. 반대로 북한핵을 놔둔 채 관리하면서, 이를 명분으로 남방삼각동맹을 강화하고 MD를 적극 추진할 수도 있

16 Alastair Gale, "Reasons Why the Iran Framework Isn' t a Template for North Korea," *Wall Street Journal*, April 3, 2015.

다. 이런 상황에서 한국의 역할이 중요하다. 미국에 '북한과 대화할 때'라고 말하는 것과 '북한이 비핵화 조치를 하기 전에 대화를 하면 안 된다'라고 말하는 것은 천지차이다. 북한과의 대화 경험이 있는 미국은 한국의 지원 없이 북한과 회담하는 것이 얼마나 어려운 것인지를 안다. 김영삼 정권 당시의 경험이다. 그래서 대화를 하게 되면 한국의 지원을 받으면서 대화를 하고 싶어 한다.

미국과 북한의 핵회담을 독려하고 재촉해야 하는 것이 박근혜 정부의 책무일 것이다. 대화를 열어서 거기서 북한의 요구를 들어보고, 미국이 줄 수 있는 것이 무엇인지를 알아보도록 해야 한다. 핵포기를 선언하고 대화에 임하라고 하는 것은 협상의 상대를 인정하지 않는 주장이다. 미국과 대화하지 말고 우리와 회담해서 핵문제를 풀자고 고집하는 것도 무리다. 왜? 북한이 원하지 않는 것이기 때문에. 북한은 핵을 미국 때문에 만들었기 때문에 핵협상은 미국과 해야 한다는 것이다. 미국도 북한핵 문제는 핵확산금지조약(NPT)의 완전성을 해치는 문제이기 때문에 자신의 문제로 인식하고 있다. 그래서 북미 간의 핵협상을 시작하고 우리가 측면에서 관여할 수 있는 부분에 관여하는 것이 맞다. 그런데 핵문제도 절대 남북 간의 대화를 통해서 풀어야 한다고 계속 주장한다면 역시 대화하지 말자는 얘기와 같은 것이 된다. 물론 남북이 만나서 풀면 좋다. 그럴 수 있다면 그렇게 해야 한다. 하지만 회담은 상대가 있고, 상대가 동의를 해줘야 비로소 열릴 수 있는 것이다. 우선은 북미대화를 독려하는 것이 핵문제를 풀어낼 수 있는 현실적인 길이다.

더 근본적으로는 북한과 미국 사이의 수교를 재촉해야 한다. 박근혜 정부로서는 상상도 못할 일인지 모르겠다. 하지만 북미수교의 큰 틀 속에서 북핵문제, 평화협정을 논의하는 것이 오히려 문제를 쉽게 해결하는 방안이 될 수 있다. 북미 간에는 오랫동안 쌓여온 불신이 있다. 1994년 합의된 제네바합의가 안 지켜진 이유도 불신 때문이다. 그래서 작은 문제들을 논의하는 데에도 장애가 수시로 발생한다. 이런 국가들 사이의 관계는 큰 틀의 논의로 문제를 해결하는 것이 오히려 효율적이다. 냉전의 소용돌이 속에서 미국과 중국이 정상회담을 할 것이라고 누가 상상이나 했었는가? 오랜 적대국 미국과 쿠바가 수교를 할 줄 누가 알았겠는가? 북핵회담을 적극 주선하고, 상황이 무르익으면 북미수교를 독려해야 한다.

실제로 북한이 궁극적으로 원하는 것도 미국과의 수교이다. 2012년 3월 뉴욕에서 당시 상원의원이던 존 케리, 전 美국무장관 키신저, 전 통일부 장관 임동원 등이 북한의 외무성 부상 리용호, 부국장 최선희 등과 만난 적이 있다. 그 자리에서 리용호가 케리에게 이런 얘기를 했다.

“이 세상에서 미국과 수교를 맺지 않은 나라가 네 곳이 있다. 부탄, 이란, 쿠바, 북한이다. 부탄은 자신들이 수교를 거부하고 있다. 이란과 쿠바는 미국과 수교를 맺었다가 단교된 곳이다. 그런데 북한만은 미국이 한 번도 인정해준 적이 없다. 이것은 공정하지 못하다.”

리용호는 미국이 북한과 수교만 해주면 핵문제는 곧 해결되는 것이라고도 말했다. 케리의 반응은 북미수교를 하려면 북미조약에 상원이 비준을 해줘야 되는데, 상원의 동의를 얻으려면 북한이 성의 있는 태도를 보여주는 것이 중요하다는 것이었다. 그러자 최선희가 북미 간에 군사동맹을 맺자고 제안했다. 군사동맹을 맺으면 바로 핵을 폐기하겠다는 얘기도 했다. 어느 나라 외교관이나 마찬가지지만 특히 북한의 외교관은 정부 차원에서 용인되어 있는 얘기 외에는 하지 않는다. 이들이 이렇게까지 얘기했다는 것은 북한 내부적으로 기회만 있으면 북미수교를 하겠다는 정리된 입장을 가지고 있음을 말하는 것이다. 한국의 입장에서는 이런 점에 착안해서 미국을 설득해 북미수교로 나아가도록 독촉할 필요가 있는 것이다. 창조는 경제에만 있는 것이 아니다. 오히려 외교에 창조의 영역이 훨씬 더 넓다.

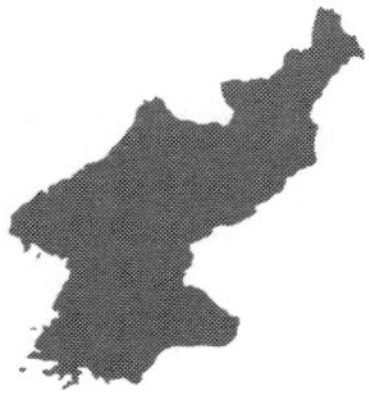

7 장

공격적 현실주의의 전형

공격적 현실주의 경향의 정책

국제정치를 보는 다양한 시각이 있는데, 그것이 국제정치이론이다. 크게 보면 현실주의와 자유주의, 구조주의, 구성주의가 있다. 현실주의는 국가는 항상 힘을 추구하고, 국제정치에서 가장 중요한 요소는 힘이라고 보는 시각이다. 자유주의는 그와는 달리 힘이 가장 중요한 것은 아니고 힘 이외에 국가 간의 협력, 국제법, 국제기구, 외교 등도 국제정치에서 매우 중요한 역할을 한다는 이론이다. 구조주의는 세계가 자본주의라는 하나의 체계로 되어 있고, 그 체계는 중심부와 주변부로 나뉘어 있으며, 중심부가 세계정치로 끌고 가게 되어 있고, 주변부는 종속적인 존재로 중심부 국가들을 따를 수밖에 없게 되어 있다는 것이다. 구성주의는 물질적인 것보다는 관념적인 것이 중요하고, 국가 간의 교류를 통해서 형성되는 서로에 대한 정체성과 이익이 국가 간의 관계와 국제정치의 성격을 규정한다는 주장이다.

현실주의에는 두 가지 종류가 있는데, 방어적 현실주의와 공격적 현실주의가 그것이다. 방어적 현실주의는 국가는 힘을 추구하되 생존할 수 있을 정도의 힘만을 얻으려 한다고 주장한다. 안보를 확보할 정도의 힘을 갖추게 되면 그 이상은 더 얻으려 하지 않는다는 것이다. 공격적 현실주의는 생존을 추구하는 데 적절한 양의 힘이 어느 정도인지 모르기 때문에 국가들은 '상대적 권력의 최대화'를 추구한다고 주장한다. 어떤 상대와 비교했을 때에도 나의 힘이 강할 때까지 힘을 추구한다는 얘기다. 다시 말하면 세계에서 가장 강한 나라가 될 때까지 힘을 추구한다는 말이다. 그러면서 또 미어샤이머(John Mearsheimer)와 같은 공격적 현실주의자는 이론적으로 국가들은 세계 패권국이 되기를 원하지만 바다의 저지력(stopping power) 때문에 현실적으로 일정 지역 내에서 패권국가가 되려 한다고 주장한다. 미국 같은 나라는 대서양과 태평양 때문에 다른 대륙으로 대규모의 힘을 투사하기는 어렵기 때문에 미주대륙에서 패권국이 되려했고, 실제로 그렇게 되었다는 것이다.

공격적 현실주의를 작은 규모로 축소된 지역에서도 적용해 볼 수 있다. 한반도는 남한과 북한이 첨예하게 경쟁을 하고 있는 작은 규모의 국제체제이다. 이 속에서 남한 정부가 북한에 대해서 어떤 정책을 추구하는지 다양한 시각에서 분석이 가능하다. 지금 정부가 북한을 향해서 어떤 정책을 추구하고 있는지를 면밀히 관찰하면 박근혜 정부가 국제정치이론 가운데 어떤 입장에 서 있는지도 확인할 수 있다. 물론 정부가 '이 이론을 적용해 봐야 되겠다' 이렇게 스스로 생각해서 결정을 하고, 그 틀에서 움직이는 것은 아니다. 하지만 정부가 실행하고 있는 정책들을 종합해보면, 박근혜 정부가 어떤 이론을 따르고 있는지 파악할 수 있는 것이다.

전체적으로 보면, 박근혜 정부는 공격적 현실주의를 따르고 있다. 북한에 대해 '상대적 권력의 최대화'를 추구하고 있는 것이다. 북한을 완전히 제압해야 되겠다는 전제 하에 대북정책, 대외정책, 국방정책을 추진하고 있다. 먼저, 대북정책 측면에서 보면 북한의 완전한 굴복을 추구하고 있다. 6자회담의 전제조건으로 북한의 비핵화를 위한 실질적인 조치를 요구하고 있다. 비핵화가 선행되지 않으면 교류협력도 없다는 입장을 견지하고 있다. 북한의 회담 제안에 대해서도 '진정성'을 먼저 보일 것을 요구하는 것도 같은 맥락이다. 먼저 완전히 굴복하고 들어오지 않으면 남북관계는 있을 수 없다는 완고한 태도를 갖고 있는 것이다.

대외정책의 주요 포커스도 북한을 포위하는 데 두고 있다. 한미동맹을 지속적으로 강화하려 하고 있고, 북한에 대한 제재를 분명하게 이행하기 위해 미국, 일본, 유엔 등과의 협력을 적극 추진하고 있다. 한 · 미 · 일 · 중 · 러의 협력과 압력으로 북한을 6자회담에 복귀시키려는 노력도 계속하고 있다. 국방정책과 관련해서는 미국의 사드(THAAD, Terminal High Altitude Area Defense)를 수용할 가능성이 있고, 이와는 별도로 한국형 미사일 방어체제(KAMD)를 적극 추진하고 있다. 북한의 미사일 발사에 대비해 원점을 선제타격하기 위한 킬체인(Kill Chain)도 구축하고 있다. 뿐만 아니라 첨단 정보통신기술(ICT)을 활용해 북한의 무기체계를 조기에 무력화할 수 있는 첨단 무기 개발에도 박차를 가하고 있다.

이런 모습이 북한에 대한 상대적 권력의 최대화이며, 결국 공격적 현실주의를 추구하고 있는 양상이다. 이는 한반도를 지속적으로 '전쟁의 상태'(state of war, 전쟁이 언제든 일어날 수 있는 상태)로 몰고 간다는 데 문제가 있다. 남쪽이 이런 정책을 지속하면, 북쪽의 대응도 강할 수밖에 없다. 북한도 역시 상대적 권력의 최대화 전략으로 응수하는 것이다. 이는 군비경쟁으로 인한 서로의 출혈을 증가시킬 뿐만 아니라, 통일의 가능성을 멀게 한다. 역시 이런 대결적 정책보다는 포용과 교류협력이 바람직하지만, 획기적인 전환점을 만들어 내지 못하고 있다. 어쨌든 앞에서 대북정책과 북핵 관련 대외정책은 살펴보았으니, 이 장에서는 국방정책을 중심으로 박근혜 정부의 정책을 찬찬히 뜯어보자.

사드 결국 배치되나?

박근혜 정부가 들어서면서 줄곧 논란이 된 것 중 하나가 사드 배치 문제다. 사드는 고(高)고도 요격미사일을 말한다. 지상 40~150km 위에서 상대의 미사일을 요격하는 것이라 해서 그런 이름이 붙었다. 현재 미국이 생산 과정을 진행하고 있다. 이것과 비교되는 것이 패트리엇3(PAC3)미사일이다. 고도 15km 정도에서 상대 미사일을 요격한다. 주한미군이 가지고 있다. 개발 중인 한국형 미사일 방어체계(KAMD)도 저고도 요격미사일체계이다. 사드는 한마디로 높은 곳에서 미사일을 잡는 것인데, 이 사드의 한국 배치가 한국과 미국, 중국의 심한 논쟁거리가 되어 왔다. 정부 내에서는 결국 사드가 한국에 배치될 것이라는 얘기까지 나오고 있다.[1]

주한미군은 이를 배치하려 하고 있다. 작년에 스캐퍼로티(Curtis Scaparrotti) 주한미군 사령관이 미국정부에 사드의 한반도 배치를 건의했다. 실제로 미국정부는 다각도로 한국의 의사를 타진하고 있는 것으로 보인다. 미국 국방부 대변인은 한국정부와 사드배치 문제를 협의하고 있다고 말했다가 번복한 일도 있다. 이런 경우는 보통 처음 말한 것이 옳다. 옳은 얘기를 했다가 파문이 일면 슬그머니 꼬리를 내리는 경우가 종종 있다. 이런 정황으로 보아 미국은 계속 한국에 사드 배치를 주문하고 있는 것으로 보인다. 그럼에도 우리 국방부는 '3 No' 입장을 견지해왔다. 사드 배치와 관련해서 미국의 요청, 미국과의 협의, 한국의 결정 모두 없다는 것이다.

---

1 한기홍, "눈치외교 접고 갑의 외교 지렛대 개발하라", 『월간중앙』, 2015. 5., p.55.

그러다가 올해 5월 방한한 美국무장관 케리(John Kerry)에 의해 미국의 요청이 표면화되었다. 그가 북한의 위협과 관련해 "우리는 모든 결과에 대비해야 한다"면서 "이것이 바로 우리가 사드와(병력 · 함정 배치 등) 다른 것들에 관해 말하는 이유"라고 말한 것이다.[2] 물론 케리 발언 직후 우리 외교부는 '사드문제는 한미외교장관회담에서 전혀 논의되지 않았다' '케리가 우리라고 한 것은 미국 내부를 말하는 것이다'라며 진화에 나섰다. 하지만 케리 발언은 사드 배치를 한국정부에 말하고 있음을 공개한 것이다. 미국이 돌출발언을 하고 한국은 특별한 대책 없이 이 발언을 진화하는 데에 급급한 양상이 반복적으로 계속되고 있는데, 전체적인 흐름은 미국이 점점 강하게 사스 배치를 압박하는 모습이다.

케리 발언 바로 다음 날 워싱턴에서는 미 국무부의 군축 · 검증 · 이행 담당 차관보 로즈(Frank Rose)가 한반도에 사드를 영구 배치하는 것도 고려하고 있다고 말했다. 또, "동맹국이 자신의 방어에 기여할 것을 독려하고 있다"면서 사드의 배치에 따른 비용을 한국에 분담하도록 할 것임도 시사했다. 한미관계에서 통상 먼저 요청하는 쪽이 비용을 많이 부담해 왔다. 미국은 사드 배치를 강력 희망하지만 비용을 한국에 부담시키기 위해 한국에 문서로 공식 요청을 하진 않으면서 외곽으로 계속 압박하고 있는 것이 지금의 양상이다. 일단은 주한미군에 배치를 하는 것이기 때문에 들여오는 것은 미군이 맡고, 그 이후 운용비용을 방위비 분담금 형태로 한국 측에 분담시킬 가능성이 높아 보인다.

우선 1개 포대(발사대 6기, 1기당 미사일 8개 탑재. 1개 포대 구축 비용은 2조 원)를 배치하려 한다는 얘기까지 나온다. 현재 생산이 진행 중이

2 양승식, "케리 美국무, 사드 한국 배치 필요성 언급", 『조선일보』, 2015. 5. 19.

기 때문에 2017년 쯤에나 주한미군이 한반도에 들여올 계획을 가지고 있는 것으로 알려져 있다.[3] 외교소식통들도 박근혜 정부가 결국은 용인할 가능성이 높다고 보고 있다.[4] 최악의 경우는 미국의 의도를 파악한 박근혜 정부가 사드 배치를 요청하고 미국이 이를 들어주는 형식으로 배치하는 것이다. 그렇게 되면 중국, 러시아, 북한과의 관계 악화는 물론이고 운용비용까지 온통 한국정부가 짊어지게 된다.

중국 · 러시아 강력 반대

사드체계의 핵심은 사드의 눈이라고 불리는 X-밴드 레이더(AN/TPY-2)이다. 탐지 가능한 거리가 1,800km나 된다. 그래서 중국이 매우 민감하다. 자기 나라 미사일 발사 상황을 샅샅이 체크해서 미국과 일본의 미사일방어(MD) 시스템에 전달할 것을 우려하는 것이다. 1,800km면 충분히 그럴만하다. 서울에서 베이징까지가 1,000km이기 때문에 중국군의 베이징군구는 물론이고 핵과 탄도미사일을 보유하고 있는 란저우군구도 미군의 탐지범위 안에 들어가게 된다.

그래서 중국은 강하게 거부감을 표시하고 있다. 작년 7월 서울에서 열린 한중정상회담에서 시진핑이 직접 박근혜 대통령에게 사드 반대입장을 전했다. 시진핑은 '주한미군을 보호한다는 명분을 내세워 미국이 사드 배치를 추진할 경우 한국은 주권국가로서의 권리를 행사해 반대의사

---

3 유용원 · 최재혁, "미국방 '사드, 생산단계… 배치 논의할 때 아니다", 『조선일보』, 2015. 4. 11.

4 남문희, "일본 위해 한국에 사드를 배치하나", 『시사인』, 2015. 3. 24.

를 표명해 달라'는 취지로 박근혜 대통령에게 말한 것으로 전해진다. 올해 2월에 방한한 중국 국방부장 창완취안(常萬全)도 반대의사를 우리 국방부 장관에게 전했다.

러시아도 반대다. 러시아의 MD에 대한 반대 입장은 지난 2001년 부시 행정부가 폴란드와 체코에 MD체계를 갖추겠다고 발표할 때 이미 표명되었다. 당시 미국은 MD의 명분으로 이란 핵위협을 내세웠다. 하지만 러시아는 '동유럽에 구축되는 MD는 러시아를 봉쇄하기 위한 것이다' , 'MD를 도입하는 국가는 선제적 대응의 표적이 될 것이다'라고 노골적으로 불만과 경고를 표현했다. 그 연장선상에서 사드도 강하게 거부하고 있다. 주한 러시아 대사 알렉산드르 티모닌이 지난 4월 '사드는 미국의 글로벌 MD의 일환'이기 때문에 러시아 접경지역에 배치하는 데 반대한다고 분명이 밝혔다.[5] 올해 5월 『월간중앙』과의 인터뷰에서도 티모닌은 미국의 동아시아 전략과 관련해서 중요한 부분을 지적했다.

"사드의 한국 영토 내 배치가 미국의 전 세계 미사일 방어 체계의 추가적인 확대로 이어질 것이라는 점에 주목하게 된다. 그 같은 사태는 불가피하게 전 지구적 차원의 전략적 상황에 영향을 미치며, 한반도의 핵문제를 해결하는 데 또 다른 걸림돌이 된다. 또한 대 미사일 방어 체계를 구축하려는 미국의 독자적인 행동은 그간 지속적으로 세계 전략 안정성 및 무기 통제 프로세스를 위협해 왔고, 사드의 남한 배치는 추가적으로 상당히 부정적인 영향을 미칠 것이 확실해 보인다. 러시아는 한국정부가 사드 배치가 국가안보에 미치는 모든 결과를 면밀하게 분석할 것을 기대

---

5 이용수, "'러시아, 개성공단에 참여할 준비 돼 있다'", 『조선일보』, 2015. 4. 24.

한다."[6]

사드 배치는 중국과 러시아의 미사일을 무력화시키려는 미국의 세계 전략인 MD체계에 완전히 편입되는 것이며 결과적으로 북한 핵문제 해결에도 장애가 될 것이라는 지적이다. 핵협상이 열리면 북한이 경제제재 해제, 경수로 발전소 건설, 체제안전보장 등 현재의 요구 사항에 남한의 사드 철수를 추가할 가능성이 높다. 그렇게 되면 협상은 더욱 어려워진다. 박근혜 정부가 새겨들어야 하는 부분이다. 여하튼 유럽의 MD인 유럽미사일계획(EPAA. European Phased Adaptive Approach) 때문에 강한 위협의식을 가지고 있는 러시아는 한국의 배치 사드를 통해 아시아지역으로부터도 포위 당할 것을 심하게 우려하고 있음을 티모닌의 말을 통해 여실히 파악할 수 있다. 러시아의 반대가 중국 못지않은 것이다.

미국은 배치, 중국은 배치 반대. 미국과 중국의 경쟁 사이에 낀 한국의 모습을 사드가 적나라하게 보여주고 있다. 박근혜 정부 입장은 여전히 미국이 아무런 얘기를 전해오지 않았기 때문에 할 얘기가 없다는 것이다. 미국은 중국의 반발을 완화하기 위해 탐지거리 1,000km 미만, 유효탐지거리(정확히 탐지할 수 있는 거리) 600km인 레이더를 붙여서 사드를 배치하는 것을 추진하고 있다. 원래 사드체계에 있는 레이더보다 탐지거리가 짧은 것을 부착하겠다는 것이다. 레이더의 방향도 북한 쪽으로 고정하는 것을 검토하고 있다. 물론 우리 정부는 이를 알고 있다. 그러면서도 미국정부에 "이것도 안 된다"고 강력하게 얘기하지는 않는다. 여론의 흐름을 관찰하고 있는 것이다. 중국의 반응도 보고 있다. 격한 반

6 한기홍, "알렉산드르 티모닌 주한 러시아 대사 '사드 배치로는 북핵문제 해결 난망, 6자회담 진전이 유일한 정답,'" 『월간중앙』 2015. 5., p.83.

대가 없다면 자연스럽게 미군이 사드를 배치하는 것을 용인하려 하는 것 같다. 물론 중국은 탐지거리를 줄이거나 방향을 북한으로 고정하는 것도 별 의미가 없다는 생각이다. 이를 필요에 따라 수정할 수도 있기 때문에 중국을 자세히 들여다볼 수 있는 미군의 레이더체제가 중국 코앞에 설치되는 것 자체를 싫어하는 것이다. 어쨌든 우리 정부는 '전략적 모호성'이라는 이름으로 미국과 중국 사이에서 눈치를 보고 있는 상황이다.

사드 배치는 미국의 미사일방어(MD)체계에 참여와 관련한 매우 중대한 결정이다. 물론 PAC3의 한반도 배치로 MD에 발을 들여놓고 있는 것이지만(주한미군 부대에 이미 배치되어 있고, 2016년에는 한국군도 구입할 예정이다), 사드 배치는 MD에 대한 완전한 참여를 의미한다. MD는 상승-중간-종말의 3단계로 구성되어 있다. 상승단계는 0~100km까지인데, 조기경보위성으로 탐지한 뒤 항공기 탑재 레이저로 요격한다. 중간단계는 100km 이상의 단계이다. 이 단계에서는 지상배치 요격미사일이나 SM-3급 해상요격미사일이 요격한다. 종말단계는 공중 100km에서 지상까지의 단계이다. 100~40km 사이에서는 사드, 40km이하에서는 PAC-3나 SM-6과 같은 해상요격미사일이 요격한다.

잘 알려져 있는 것처럼 MD는 장기적으로 미국의 큰 적 중국을 겨냥한 것이다. 미국과 중국의 경제적 · 정치적 경쟁관계가 심해지면 군사적 경쟁도 격화될 수 있다. 이런 경우 중국의 탄도미사일을 막아내는 MD체계는 미국의 군사적 우위를 결정적으로 확보해 줄 수 있다. 미국은 그런 상황에 대비해 열심히 MD체계의 완성을 추진하고 있다. 일본은 이미 그 체계에 참여하고 있다. 이제 미국은 한국의 참여를 강하게 촉구하고 있는 것이다.

사드 막고 남북관계 개선하는 게 최선

지금은 중국의 성장 시대이다. 올해 목표 성장률이 7%이다. 낮게 잡은 것이 그 정도이다. 중국과의 경제관계가 더욱 중요해지는 이유이다. 중국이 우리의 제1교역상대국이 된 지도 오래됐다. 그런 마당에 중국을 겨냥한 군사전략체계에 완전히 가담하는 것이 옳겠는가? 중국의 북한에 대한 영향은 점점 증가할 것이고, 우리의 안보에 있어서도 중국의 중요성은 더욱 비중이 높아지는데 중국과 척지는 것이 괜찮겠는가? 지속 성장하는 중국이 반대하는 일을 추진하는 것이 세계사의 큰 흐름에 역행하는 것은 아닌가? 이런 질문들에 대해 더 깊은 고민이 필요하다.

유럽의 경우를 보면, 우크라이나 사태의 원인으로 다양한 정치 · 경제적 논거들이 제시되고 있지만, 그 가운데 하나가 유럽미사일방어계획(EPAA)이다. 클린턴 행정부에서 시작되어 지금도 적극 추진되고 있다. 이 계획에 따라 독일에 미사일방어지휘통제센터를 설치했고, 터키에 사드 조기경보레이더를 배치했으며, 루마니아에 SM-3 미사일을 곧 배치할 예정이다. 또, 2018년에는 폴란드와 체코에도 레이더와 요격미사일을 배치할 계획이다. 이란으로부터 날아오는 미사일을 막겠다는 것이 미국의 명분이다. 하지만 실제로는 러시아를 겨냥한 것이다. 이런 상황은 러시아의 위기의식을 점점 고조시켜 왔다. 우크라이나 반군을 지원하고 크림반도를 점령한 데에는 러시아의 이러한 위기의식이 작용했다. 러시아의 미사일을 막겠다는 것이 결국 러시아의 큰 도발을 유발한 것이다.

물론 북한의 미사일에 대한 대비책을 세워야 한다는 명분이 있다. 하지만 미국의 MD체계를 수용하는 것은 고조되는 미중경쟁이 동북아의 국제질서를 지배하는 상황에서 바람직하지 않다. 중국의 위기의식을 심화시켜 동북아의 긴장을 높일 것이 명약관화하기 때문이다. 대신 KAMD를 더욱 적극 추진하는 방향으로 가는 것이 옳을 것이다. 저고도 미사일로 부족하다면 KAMD 계획 안에서 요격 고도를 높이는 안을 더 적극 추진하면 된다. 실제로 국산 '철매' 중거리 지대공 미사일 개량형과 장거리 대공미사일(L-SAM)의 성능를 개선해 PAC3보다 높은 고도에서 요격이 가능하게 하는 다층 방어 체계를 2020년대 초중반쯤 구축한다는 계획도 정부가 가지고 있다. 그런 것을 지속 추진하면 될 것이다.

더욱이 사드는 개발 중인 무기체계로 그 성능이 아직 확실하지도 않고, 북한이 수백 발 가지고 있는 단거리미사일이나 5,000발 정도나 갖고 있는 방사포는 날아오는 고도가 낮아서 사드로 막을 수 없다. 북한이 단거리 미사일로 사드 포대를 공격하면 사드체계 자체가 곧 무력화될 수도 있다.

또한 사드의 핵심인 엑스밴드 레이더 AN/TPY-2를 주일미군이 이미 두 개나 갖고 있다. 이것과 주한미군 · 한국군 자산을 함께 활용하면 북한에 대한 감시능력은 얼마든지 증가시킬 수 있다. 하나는 2006년 6월 혼슈 최북단에 있는 아오모리현에, 다른 하나는 작년 12월 교토에 설치되었다. 앞의 것으로 북한의 함경도 일부, 중국 지린성과 헤이룽장성 일부, 러시아 연해주 일부까지 감시할 수 있다. 뒤의 것은 평안북도 극히 일부를 제외하고는 북한 전역을 감시할 수 있다.[7] 북한에 대한 감시능력을 높이기 위해 남한에 사드를 배치해야 한다는 미국의 주장 또한 근거가 약한 것이다.

---

7 길윤형, "주일미군이 북 미사일 다 감시할 수 있는데…", 『한겨레』, 2015. 3. 20.

정부는 애매한 태도를 유지하면서도 필요할 때 긍정적인 입장을 표현하고 있다. 작년 10월 국회 국방위원회에 나온 국방장관 한민구는 "북한 핵·미사일 위협에 대비한 가용수단이 제한돼 있는데, 사드를 배치하면 우리 안보와 국방에 도움이 될 것"이라고 말하기도 했다.[8] 배치 여부에 대해서는 아직까지 모호한 입장을 견지하지만, 그 기능과 관련해서는 긍정입장을 취하고 있는 것이다. 결국 배치하는 쪽으로 결론이 날 것이라는 전망들이 많은 것은 군 수뇌부의 이런 인식이 잘 알려져 있기 때문이다. 주한미군은 올해 3월 구체적인 배치 후보지에 대한 실사까지 했다. 경기도 평택과 강원도 원주, 부산 기장, 대구 등이 거론되고 있다. 게다가 새누리당 일부에서는 적극 배치를 주장하고 있다.

보수언론도 사드 배치를 적극 지지하고 있다. 그들의 주장에 '우리 것'은 없다. 미국에 의지하자는 것이다. 『조선일보』 고문 김대중이 대표적이다. 사드와 아시아인프라투자은행(AIIB, Asian Infrastructure Investment Bank)을 놓고 벌어지는 미중 간의 경쟁과 한국의 선택에 대해 그가 제시하는 해법은 '미국 선택'이다. 우선 그가 생각하는 잠재적 대안은 3가지이다. 첫째는 중립, 둘째는 모호한 태도, 셋째는 미국이다. 그 가운데 그는 미국을 선택해야 한다는 것이다. 그의 논리는 단순하고 명쾌하다. "우리는 광복과 더불어 미국의 손에 이끌려 비로소 중·일의 감옥에서 탈출할 수 있었고 역사상 처음으로 '먹고살 만한 나라'로 성장했다…. 한국은 미국에서 민주주의를 배웠고 이를 자랑스럽게 실천하고 있다"며 미국을 선택해야 하는 이유는 자명하다는 듯이 말한다. 그의 글을 접하면 초등학교 때 반공웅변대회에 현장으로 다시 간 느낌이다. 그래서 보수들이 좋아한다.

---

8 황경상, "한민구 국방장관, '사드 배치는 안보에 도움이 될 것'", 『경향신문』, 2014. 10. 7.

김대중의 논리는 또한 마키아벨리를 떠오르게 한다. 마키아벨리는 경쟁하는 국가들이 주변에 존재할 경우 한쪽을 선택해야 한다고 했다. A와 B가 전쟁을 하는데 C가 A쪽에 가담했고, 결국 A가 이겼다고 해보자. A와 C는 당연히 우호관계가 될 것이다. 그런데 만약 C가 B쪽에 가담했을 경우는 어떻게 되는가? 당장 유리한 것은 없겠지만 B는 부채의식 때문에 계속 C를 보호하려 할 것이고, 재기할 수 있도록 도울 것이라는 것이 마키아벨리의 생각이다. 반면에 마키아벨리는 중립은 위험하다고 보았다. A와 B가 경쟁하는 상황에서 C가 중립을 지켰다고 해보자. 결국 A가 B를 전쟁에서 이겼다고 하면, A는 C를 파멸시키려 할 것이다. 전쟁에서 진 B도 C를 돕자고 나서지는 않을 것이다 그러니 중립을 지킨 C는 위험하다는 것이다.[9] 그래서 중립보다는 어느 한쪽 편에 서는 것이 옳다는 것이다. 김대중은 마키아벨리의 생각을 그대로 추종하고 있다.

하지만 한 발 더 나가보자. 철저한 현실주의자 마키아벨리는 그렇게 단순한 인물이 아니다. 약소국이 강대국 편에 서는 것은 좀 다르게 생각했다. 앞에서 얘기한 것은 비슷한 국력을 가진 국가들 사이의 얘기다. 하지만 작은 나라가 큰 나라 편에 서면 전쟁이 끝난 뒤 큰 나라의 수중에 들어가게 된다고 경고한다. 강력한 세력과는 자발적으로 동맹을 맺지 말라는 것이다.[10] 미국은 여전히 세계 최강대국이다. 그런 나라 쪽에 자발적으로 다가서는 것이 우리의 국가자율성에 많은 상처를 주는 점을 간과하지 말아야 하는 것이다. 이미 큰 틀에서 미국과 동맹관계를 맺고 있지만 모든 사안에서 미국에 경도될 필요는 없다.

---

9 니콜로 마키아벨리 저, 강정인·김경희 역, 『군주론』, 까치, 2008, pp.148-149.

10 위의 책, p.150.

같은 『조선일보』 필자인데 논설주간 양상훈의 글은 김대중과는 완전히 다르다. 어떻게 이런 일이 가능한지 궁금하긴 한데, 어쨌든 양상훈의 글에서는 균형적인 시각을 가지려는 모습이 종종 관찰된다. 그의 사드 관련 칼럼을 보자.

"만약 중국 사람들 사이에 한국이 미국의 대북(對北) 아닌 대중(對中) 군사 전략까지 맹목적으로 추종하는 나라가 아니라는 믿음, 한국이 미 · 일과 한편이 돼 중국을 포위하는 일은 없을 것이란 확신, 미 · 중의 평화 공존을 세계에서 제일 바라는 나라가 한국이라는 인식, 통일 한국이 중국 안보에 실(失)이 아니라 득(得)이 될 수도 있다는 기대가 있다면 사드에 대한 중국의 태도가 지금 같지는 않을 것이다. 중국인들의 마음속에 이런 인식을 심는 것은 수백억 달러어치의 무기를 사는 것보다 더 효과적인 안보 · 통일 전략일 수 있다."[11]

우리가 중심을 잡고 가면서도 중국의 마음도 사야 한다는 지적이다. 옳은 얘기다. 동시에 사드 배치를 하지 않도록 미국도 설득해야 한다. 미국이 추구하는 것은 경성균형(hard balancing)이다. 한국에 첨단무기체계를 배치해 중국의 군사적 성장을 무력으로 막겠다는 것이다. 이것이 지속되는 것은 우리에게 큰 위협이다. 우리가 미국에 얘기할 것은 연성균형(soft balancing)이다. 외교 · 경제 · 문화적 협력으로 중국과 협력을 강화하도록 줄곧 얘기해야 한다. 무력으로 중국을 막는 것은 미국에게도, 한국에게도 손해가 됨을 논리를 세워 설명해야 한다.

미국 · 중국의 틈바구니에서 우리는 그런 노력을 하면서 미국의 사드 배치는 막는 것이 상책이다. 중국과 러시아를 적으로 돌려세우는 일은

---

11 양상훈, "사드, 중국 입장도 경청하고 존중해야", 『조선일보』, 2015. 4. 9.

피해야 하는 것이다. 북핵문제, 나아가 통일문제를 중국과 러시아의 협조 없이 원만하게 풀어갈 수 없다. 미국이 중요한 만큼 중국과 러시아도 중요한 것이다. 동시에 우리가 가지고 있는 다층방어체제를 보다 효율적으로 구축하는 작업을 적극 추진해야 할 것이다.

그런데 실은 우리의 다층방어체제를 강화하는 것보다 훨씬 더 중요한 것이 남북관계를 개선하는 것이다. 북한의 군사적 위협을 상수로 두고 전략을 짜는 단계에서 한 차원 진화해야 하는 것이다. 북한과 관계가 개선되면 남북 간의 긴장이 이완되는 것이고, 그렇게 되면 북한의 군사적 위협이 약화된다. 그런 상황이 되면 핵문제 해결의 가능성도 높아진다. 사드 배치의 명분은 약해진다. 미국도 사드 배치를 계속 밀어붙이기 어렵게 된다. 그러니 우리 정부가 더 고민해야 할 것은 사드보다는 남북관계이다. 그래서 작은 것부터 남북한이 합의를 이루고 이를 바탕으로 직접 교류하고 협력해나가는 것이 그 어떤 것보다 중요하다.

사드 도입하면 5단계 요격시스템 확보

그건 그렇고 미국이 사드 배치를 추진하고, 박근혜 정부의 반대가 약해지고 있는 상황은 남북관계에 어떤 영향을 주는 것일까? 북한은 물론 사드 배치에 대해 반대해 왔다. 거기에는 그만한 이유가 있다. 북한은 이미 핵실험을 3번이나 했고, 지금 단계에서는 이미 핵무기를 가지고 있는 것으로 보는 것이 옳을 것이다. 우리 정부나 미국은 인정하고 싶지 않겠지만 핵실험을 3번이나 했고, 핵물질도 충분히 가지고 있고, 핵활동을 중단하지 않고 있는 북한이 핵무기를 가지고 있지 않다고 말하기는 매우 어렵다. 북한은 자신들의 핵무기로 한반도에서 군사적 균형은 완전히 자기 쪽으로 기울었다고 생각하고 있다. 하지만 킬체인이 구축되고, 사드와 KAMD가 갖춰져 이것이 체계화되면 얘기는 달라진다.

킬체인은 북한이 미사일을 발사 징후를 보일 때 이를 선제적으로 타격하는 체계이다. 탐지(1분), 분석(1분), 결심(3분), 타격(25분)의 과정을 30분 내에 완결해 미사일 발사의 원점을 선제적으로 타격함으로써 공격을 사전에 막는다는 것이다. 하지만 공격 전에 원점을 타격하는 것은 매우 어렵다. 그래서 킬체인이 뚫리는 경우도 대비를 하고 있는 것이다. 종합해 보면, 북한의 미사일을 요격하는 시스템은 5단계로 구성되어 있다.

1단계로 사드와 KAMD의 레이더가 북한의 미사일을 철저히 감시한다. 2단계로 이상 징후가 발견되면 킬체인을 발동해 선제공격한다. 3단계로 북한이 선제공격을 피해 미사일을 쏘면, 미사일을 정확히 탐지한다. 이지스 구축함, 피스아이 조기경보통제기, 탄도미사일 조기경보 레이더, 미군의 탄도미사일 조기경보 위성 등이 모두 동원되어 미사일의 경로를 찾아낸다. 4단계로 사드가 가지고 있는 사거리 200km의 미사일이 고도 40~150km 정도에서 요격을 한다. 고고도에서 요격에 실패한 경우, 5단계로 KAMD체제가 발동해 지상 15km 고도에서 다시 요격을 한다.

물론 북한이 지난 5월 8일 잠수함발사미사일(SLBM)을 시험발사했기 때문에 이에 대비해 잠수함에 대한 감시 시스템은 보완되어야 할 것이다. 실제로 군 당국은 3단계로 구성된 '수중 킬체인'을 구상하고 있다. 1단계는 북한 SLBM 잠수함이 기지에 정박해 있을 때, 또는 출항 직후에 타격하는 것으로, 순항미사일이나 전투기 장착 공대지 미사일이 이용된다. 2단계는 수중으로 침투하는 잠수함을 탐지해서 공격하는 것으로, 이

단계에서는 해상초계기와 이지스함 등이 동원돼 탐지하고 이지스함에 장착된 어뢰로 북한 잠수함을 공격한다. 3단계는 잠수함에서 SLBM이 발사된 직후 탐지해서 요격하는 것으로, 이 단계에서는 이지스함의 레이더를 동원에 미사일을 탐지하고 미 해군 이지스함이 가지고 있는 SM-3 미사일이 요격을 맡는다(한국 해군은 SM-3 미사일을 갖고 있지 않다). 이 3단계 SLBM 요격 시스템으로 북한의 SLBM을 무력화시키겠다는 계획을 세우고 있는 것이다. 어쨌든 SLBM은 개발단계에 있고, 지상발사 미사일은 실전배치되어 있기 때문에, 한국군은 지상발사 미사일에 대한 대비에 더 비중을 두고 있고, 위에서 설명한 5단계 대응방안을 중심으로 이를 효율적으로 실현할 수 있는 방안 마련에 진력하고 있다.

특히, 북한이 핵미사일을 쏘려는 징후가 있을 때에는 미국의 핵우산이 발동한다. 미국은 우리가 핵개발을 하지 않는 대신 자신들의 핵무기로 우리를 보호해 주겠다고 약속했다. 이것이 확장핵억지(extended nuclear deterrence)이다. 핵우산과 같은 말이다. 이 약속에 따라 북한의 핵미사일 발사 징후가 분명하면 미국과 한국이 선제공격을 할 수도 있다. 미국은 이미 2001년 핵태세검토보고서(NPR)를 개정해 핵을 방어용뿐만 아니라 공격용으로 쓸 수 있게 했고, 2002년 국가안보전략(NSS)에서는 적대국에 대해서 선제공격을 할 수도 있도록 했다. 이후 이런 방침은 계속되고 있다. 북한의 핵미사일 발사 징후가 분명한 경우는 핵미사일로 선제공격을 할 수도 있는 것이다.

북한이 2013년 3차 핵 실험을 한 이후에는 이 확장핵억지를 어떻게 작동시킬지 한국과 미국이 집중 논의를 해서 이른바 '맞춤형 억지전략'(tailored deterrence strategy)을 2013년 10월 만들어 냈다. 3단계로 나누어 북한 핵미사일에 대응한다는 내용이다. 1단계는 위협단계이다. 북한이 핵미사일을 발사대로 옮기는 단계이다. 이 단계에서는 한미연합군의 무력시위, 외교적 압박을 강화하면서, 다른 한편으로는 감시를 강화하고 전투기와 미사일 동원 태세를 갖춘다. 2단계는 사용임박단계이다. 북한이 핵미사일에 연료를 주입하거나 발사명령을 내릴 것이 분명해진 상태이다. 이때에는 선제타격을 가한다. 지대지, 공대지, 잠수함 미사일이 동원된다. 미국이 보다 적극 나서서 B-52나 B-2폭격기에 핵무기를 탑재해 동원대비태세를 갖춘다. 3단계는 사용단계이다. 북한이 핵미사일을 발사한 경우이다. 이때에는 정확한 탐지의 단계를 거쳐 핵미사일을 요격한다. 미국은 이 단계에서 보다 효율적으로 작전을 펴기 위해서 사드를 비롯한 MD체제의 도입이 필요하다고 주장하고 있다.

물론 위에서 언급한 대로 5단계의 미사일 요격 시스템을 갖추더라도 미사일을 요격해서 떨어뜨리는 것이 쉬운 일은 아니다. 하지만 기술은 점점 고도화되고 있다. 가정이지만 이 요격체제가 고도로 발달하게 되면 북한의 핵무기는 무용지물이 된다. 소련이 과거 탄도탄요격미사일조약(Anti-ballistic Missile Treaty)을 지키려 했던 이유도 그런 것이다. 미국이 고도의 요격미사일체제를 갖추게 되면 소련 미사일이 무력화되니까 ABM조약을 지키려 한 것이다. 하지만 부시(George W. Bush) 미국 대통령은 2002년 이를 과감하게도 깨버렸다. MD를 열심히 추진해야 되니까.

사드 배치는 이렇게 북한의 핵미사일에 대한 5중의 요격체제를 갖추는 데 있어 필수적인 부분이라고 미국은 주장하고 있다. 박근혜 정부도 이런 것이 필요하다고 생각하는 점에 있어서는 크게 다르지 않은 것으로 보인다. 이러한 정책은 북한과의 경쟁에서 상대적 권력의 최대화를 실현하려는 것으로 볼 수 있다. 재래식 전력도 지속적으로 보강하면서 북한의 비대칭전력 핵무기도 무력화하려하는 것은 북한에 대해서는 상대적 우위를 분명히 확보하려는 정책으로 볼 수 있는 것이다. 요격시스템의 효율성에 대해서는 한국과 미국의 전문가들 사이에서 여전히 의문이 존재하고 있다. 이러한 군사적 대북 우위 확보전략보다는 남북관계의 진전이 옳음은 또한 공지의 사실이다. 그런 부분과는 별개로 박근혜 정부는 공격적 현실주의의 명제를 추종하면서 북한에 대한 강경정책을 추진하고 있는 것이다.

첨단 공격무기도 개발

박근혜 정부 국방정책의 핵심 가운데 하나가 첨단의 공격무기를 개발, 보유한다는 것이다.[12] 그중 주목할 만한 것은 전자기파(EMP)탄, 고출력 마이크로웨이브(HPM)탄, 레이저빔 등이다. 올해 국방부가 대통령 업무보고에서 '창조국방'이라면서 제시한 무기개발 계획에 포함된 것들이다. 2020년까지 개발하겠다고 한다. 특히, EMP(electromagnetic pulse)는 전자기파를 발생시켜 사람은 피해를 주지 않으면서 전자장비를 무력화시키는 폭탄이다. 이것이 개발되면 북한군의 통신체계와 유도무기, 그리고 민간통신체계까지도 순식간에 무력화시킬 수 있는 능력을 갖게 된다. HPM탄은 일명 'e-폭탄'으로 불리는 것으로, 20억W의 전력을 분출해 반경 300여 m 이내의 모든 전자제품을 무력화할 수 있는 전자전 무기이다. 레이저빔은 항공기 등에서 레이저

12 박근혜 정부의 공격무기 개발 관련 부분은 『동향과 전망』 95호에 실린 필자의 논문 "박근혜 정부 대북정책에 대한 비판적 평가"의 일부를 수정, 보완한 것이다.

발사기를 이용해 탄도미사일을 요격하는 무기이다. 30㎾급의 전기로도 작동할 수 있는 레이저를 활용한 것으로, 발사 비용은 몇천 원에 불과해 한 발당 최소 10억 원대인 요격 미사일보다 훨씬 경제적이다. 이런 첨단 무기들은 북한이 우위에 있는 비대칭전력(핵, 미사일)을 무력화시킬 수 있는 것이라고 해서 '역비대칭 무기체계'라고 불린다. 실제로 이런 체계가 갖추어지면 비대칭무기도 순식간에 의미 없는 무기가 될 수 있다.

사물인터넷 기술을 이용해 무인감시장비, 무인로봇, 무인수상함 등도 개발할 계획이다. 사람과 주요장비들을 인터넷으로 연결해 사람과 장비, 장비와 장비 사이가 서로 소통하도록 해서 작전수행태세를 근본적으로 바꾸려 하고 있다. 한국의 강점인 정보통신기술(ICT)을 활용해 비용과 위험이 적으면서도 효율을 배가시킬 수 있는 체계를 만들겠다는 것이다. 이렇게 되면 각종 무기체계와 군인들이 인터넷으로 연결되어 필요한 정보를 실시간으로 받으면서 작전을 수행할 수 있게 된다.

첨단무기를 구입하는 계획도 마련되어 있다. 한 대에 9,000억인 첨단 정찰기 글로벌 호크 4대를 구입하기로 했고, F35A 전투기 40대도 2018년부터 단계적으로 도입키로 했다. 이것도 대당 1,200억 원에 이른다. 사거리 400km인 장거리 공대지미사일 타우러스 200기도 구입하기로 했고, 사거리 320km~400km인 SM6미사일도 사기로 했다. 벙커버스터 레이저 유도폭탄 200여 발도 F15K에 탑재되었고, 이스라엘제 그린파인 레이더도 실전배치되었다.

뿐만 아니라 1800톤 급 잠수함 김좌진함도 진수되었고, 해군의 차기 호위함 3척도 취역했다. 육해공군을 막론하고 첨단무기를 개발하고 구입하는 작업이 계속되는 것은 북한에 대한 무기체계의 우위, 이를 통한 북한에 대한 압도적 상대적 권력 확보에 진력하는 모습이라고 할 수 있다.

그러니 국방비는 많이 들 수밖에 없다. 올해 국방비가 37조 4,560억 원이다. 작년보다도 1조 7,500억 원이 증가했다. 2015년 세계 국방비 통계는 발견되지 않지만, 영국의 국제전략문제연구소(IISS)가 작년 국방비를 조사한 결과를 보면 한국은 세계 10위 수준이다. 미국이 1위, 중국이 2위, 사우디아라비아가 3위, 그 뒤를 러시아, 영국, 프랑스, 일본 등이 따르고 있고, 한국은 독일 다음으로 10위이다.[13] IMF(국제통화기금)가 밝힌 작년 우리나라 국내총생산(GDP)이 세계 13위이니까 경제수준에 비해서도 국방비는 높은 것이다. 일인당 GDP는 29위이니까 여기에 비하면 국방비 순위는 아주 높은 수준이다.

하나 주목할 것은 북한이 스스로 가지고 있다고 밝히고 있는 무기의 양보다 국방부가 얘기하는 것이 더 많다는 것이다. 북한은 2013년 3월 29일 조선중앙통신을 통해 전략미사일 부대 긴급 작전회의 사실을 공개했다. 사진도 함께 공개했다. 김정은 국방위원회 제1위원장이 가운데 앉아서 문서를 검토하고 있고, 양옆에 두 명씩 4명의 군 장성들이 서 있는 사진이다. 공개된 작전실의 벽에는 두 장의 도표가 붙어있었다. 하나는 '전략군 미 본토 타격계획'이라는 작전도이고 다른 하나는 북한군의 무기체계를 정리해 놓은 것이었다. 작전도는 미 대륙을 타격하기 위한 미사일의 경로를 그려 놓았다. 4개 화살표가 미국 동부의 워싱턴, 중부 콜로라도주 군기지, 서부 캘리포니아주 군기지, 하와이 등으로 각각 추정되는 지점을 공격하는 모양을 그린 것이다.

다른 도표는 북한의 무기체계를 설명한 것이다. 잠수함 40척, 상륙함 13척, 소해함 6척, 보조함선 27척, 비행기종 1852대 등으로 적어 놓았다.

---

13 주성하, "한국 국방비 세계 10위", 『동아일보』, 2015. 2. 13.

실수인지, 아니면 북한이 이런 식으로 자신들의 무기보유 정도를 알리려 한 것인지 알 수 없지만, 어쨌든 우연한 기회에 북한의 무기체계 일부가 공개되게 되었다. 그런데, 여기서 공개된 북한의 무기는 국방부가 『2014 국방백서』에서 밝힌 북한군 무기체계보다는 아주 적다. 『2014 국방백서』는 북한군이 잠수함정 70여 척, 상륙함정 260여 척, 기뢰전함(소해함) 20여 척, 지원함정 40여 척, 전투임무기 820여 대, 정찰기 30여 대, 공중기동기 330여 대, 훈련기 170여 대를 가지고 있다고 설명하고 있다.[14] 항공기를 제외하고 나머지 무기들은 국방백서의 설명이 훨씬 많은 것이다. 사진에 나타난 북한군 무기체계가 잘못된 것이라고 판단한 것인지, 그렇다면 그 근거는 무엇인지 등에 대한 설명은 없다. 사진의 북한 무기 정보가 정확한 것이라면, 국방백서가 잘못된 것이다. 국방백서가 잘못된 것이라면 잘못된 정보에 의한 것, 아니면 부풀려진 것이다. 부풀려진 것이라면, 북한의 위협을 과장하기 위해서일 것이다. 이런 사실관계는 정밀조사를 통해 분명히 밝혀져야 할 문제이지만, 국방부는 별 얘기가 없다.

한국과 미국이 합의한 것 중에 '한미공동 국지도발 대비계획'이란 것도 있다. 2013년 3월에 한국의 합참의장과 주한미군사령관이 합의한 것이다. 내용은 서북도서나 함정 등에 대해 북한의 포격, 북한의 북방한계선(NLL) 월선, 북한 특수부대의 후방침투, 비무장지대(DMZ)에서 국지적 충돌 등이 발생했을 때, 보다 철저히 대응한다는 것이다. 처음에는 한국군이 자위권 차원에서 바로 대응하고, 이후 보복을 할 경우 미군이 참여한다는 것이다. 전시가 아니라 평시이지만 미군의 화력까지 동원해 보복을 한다는 내용이다.

---

14 국방부, 『2014 국방백서』, 국방부, 2014, p.238.

이전에는 이 과정이 분명하게 정리되어 있지 않았다. 한국군이 미군에게 화력 지원을 요청하면 미군이 자체적으로 회의를 열어 결정했다. 하지만 이제는 한국군이 요청하면 바로 지원하는 체계를 갖춘 것이다. 미군은 필요하면 주한미군뿐만 아니라 주일미군, 하와이에 있는 美태평양사령부의 전력도 사용할 수 있다. 한마디로 북한의 국지도발에 대해서도 보다 강력하게 대응함으로써 북한이 도발을 통해 협상과 보상을 얻어내려는 전략을 사전에 차단하겠다는 것이다. 이러한 정책 또한 북한에 대한 완전한 군사적 우위를 겨냥한 방안이라고 할 수 있다. 요약하자면, 박근혜 정부는 큰 틀에서 5단계 탄도미사일 요격체계로 북한의 비대칭무기에 대한 무력화를 추진하고, 한국의 특장인 ICT기술을 십분 활용한 최첨단 공격무기를 개발해 북한의 전략무기체계를 완전 초토화하는 전략을 추구하면서, 국지적인 도발에 대해서도 미군자산까지 활용한 원점타격전략을 실행함으로써, 군사적 측면의 대북한 절대우위를 적극 추구하고 있는 것이다.

8 장

미국에 끌려다니는 정부

당하고도 저지른 놈 대변하는 외교부

웬디 셔먼(Wendy Sherman)은 동아시아와 북한에 대해서 관심을 많이 가져왔다. 클린턴 행정부에서도 일했고, 오바마 행정부에서는 국무부 차관으로 있다. 북한과의 관계도 기본적으로 대화를 해서 문제를 풀어야 한다는 생각을 가지고 있다. 나는 그와 직접 인터뷰를 한 적도 있어서 좋은 인상을 갖고 있었다. 그런데 이 사람이 매우 이해하기 어려운 얘기를 했다. 올해 3월 초의 얘기다. 한중일 갈등을 얘기하면서 세 나라 모두 책임이 있다는 식으로 말했다. "정치 지도자들이 과거의 적을 비난해 값싼 박수를 받는 것은 어렵지 않지만, 이런 도발은 발전이 아니라 마비를 초래한다"고 말한 것이다. 한국과 중국의 지도자들이 대중으로부터 값싼 박수를 받기 위해 과거의 적 일본을 욕한다는 얘기였다. 중대 실언 아니면 한국과 중국에 대한 잘 계산된 비판이었다. 미국에게 가장 중요한 동아시아 국가는 일본임을 다시 확인시켜주는 발언이기도 했다.

하긴 미국의 태도가 새삼스러울 것은 없다. 대통령 오바마부터 종군위안부 문제를 놓고 일본을 정면으로 비판하는 것은 피해왔다. 2014년 4월에 일본을 방문했을 때 오바마는 위안부 문제, 야스쿠니 신사 참배에 대해 언급하지 않았다. 한중일 사이에 뜨거운 이슈가 되어 있고, 이 문제 때문에 2012년 5월 이후 한일 정상회담이 열리지 못하고 있는 상황이었는데, 침묵으로 일관했다. 직후 한국에 왔는데, 그때서야 "위안부들에게 행해진 것은 끔찍하고 지독한 인권침해"라고 말했다. 일본이 저지르고 있는 잘못을 일본에서 얘기 못하고 한국에 와서 얘기한 것이다. 그래서 일본에 가서 일본을 비판한 독일총리 메르켈이 더 빛났다. 메르켈은 올해 3월 도쿄를 방문해 "일본군위안부 문제를 제대로 해결하는 것이 좋다"고 직설적으로 말했다. 일본정부는 "일본과 독일은 전쟁 중에 어떤 일이 있었는지, 어떤 상황에서 전후처리에 골몰했는지, 어떤 나라가 이웃인지 다르기 때문에 단순 비교는 적당하지 않다"고 말했지만 당황했다.

독일은 2차대전 이후 철저히 반성하고 그 덕분에 유럽사회에서 지도적 위치를 확보했기 때문에 일본에 훈계할 자격이 있다. 그래서 메르켈도 당당하게 일본을 비판했을 것이다. 하지만 실제로는 미국이 더 분명한 태도로 나서야 할 입장이다. 2차대전 당시 일본과 직접 전쟁을 했고, 전후 도쿄전범재판을 주도했다. 그런 나라가 일본의 잘못에 대해 어정쩡한 태도를 보이고 있으니 일본은 반성할 생각도 기미도 보이지 않고 있는 것이다.

셔먼의 얘기는 보걸(Ezra Vogel)을 떠오르게 한다. 하버드대 교수를 지냈고, 『재팬 애즈 넘버원』(Japan as Number One: Lessons for America)이라는 책으로 유명한 저술가다. 일본에 경도된 인물이다. 그가 보는 일본의 극우주의의 원인은 한국과 중국의 과잉반응이다. 한국과 중국에서 일본의 우익적 발언과 행동에 대해서 반응을 해주기 때문에 일본의 우경화가 계속된다는 얘기다. 결국은 한국과 중국이 정치적으로 이용하기 위해 일본의 우경화에 과잉대응하고, 그러다 보니 일본의 우익세력들은 거기에 대한 반발로 더 우경화 한다는 얘기다. 셔먼의 발언은 이와 다를 바가 없다.

미국은 때로는 한국을 중시한다고도 말하고 한미동맹의 중요성을 강조하기도 한다. 중국을 세계정치의 동반자라고도 얘기한다. 하지만 이는 그야말로 듣기 좋으라고 하는 말, 레토릭에 불과하다. 동아시아 국가

가운데서 진정한 미국의 동맹은 일본이다. 미국의 외교관들은 대부분 일본을 좋아한다. 셔먼도 일본을 '국제법의 주도적 후원자', '국제원조의 관대한 기여자'라고 얘기했다. 그래서 결정적인 순간에 미국은 일본 편을 든다. 일본 총리 아베가 집단적 자위권을 가진 것으로 선언했을 때에도 미국은 이를 인정했다. 대통령 오바마가 직접 나서서 일본의 집단적 자위권을 인정한다고 얘기했다. 한국은 물론 반대했다. 집단적 자위권을 가지면 안 된다고 했다. 집단적 자위권은 동맹국이 전쟁을 하게 되었을 때 이 동맹국을 도와줄 수 있는 권한을 말한다. 일본은 그동안 자신들의 평화헌법을 해석할 때 이 집단적 자위권이 없는 것으로 해석해 왔다. 하지만 아베는 이 헌법해석을 바꿔서 이 권한이 있는 것으로 해석하고 있다. 해석개헌이다. 미국이 전쟁을 하게 되면 일본이 미국을 돕기 위해 참전할 수 있다는 얘기다. 한반도에서 북한과 미국이 전쟁하게 되면 일본이 미국을 돕기 위해 들어올 수도 있다는 얘기가 된다. 그래서 우리가 반대한 것이다. 그런데 이런 한국의 얘기를 미국은 무시했다. 가만히 있을 수도 있을 텐데 일본이 맞다고 손을 들어줬다. 이것이 미국이고, 미국과 일본의 관계다.

이러한 미국의 일본 편들기는 일본의 대규모 투자가 낳은 결과물이다. 일본은 워싱턴을 향해 많은 국력과 자원을 쏟고 있다. 올해 공공외교(public diplomacy, 상대국 국민을 상대로 한 홍보 등의 활동) 예산을 4,700억원 편성해 놓고 있다. 작년의 3배다. 이 중 많은 부분은 미국에서 일본을 홍보하는 데 쓰인다. 민간단체도 나서고 있다. 대표적인 것이 사사카와 평화재단이다. 2차대전 당시 일본군에 비행기와 비행장을 헌납해 A급 전범 혐의로 재판을 받았던 사업가 사사카와 료이치(笹川良一)가 세운 재단이다. 이 재단은 워싱턴 싱크탱크를 주무르는 '갑' 같은 '을'

로 잘 알려져 있다. 일본 관련 세미나와 강연회 등을 열어서 미국 내 친일 여론을 형성하는 것이 주로 하는 일이다. 작년 5월에는 이 재단의 워싱턴 대표로 데니스 블레어(Dennis Blair)가 앉았다. 美해군대장 출신으로 오바마 행정부에서 국가정보국(DNI) 국장을 지낸 사람이다. 국가정보국장은 CIA를 비롯한 16개의 정보기관을 총괄하는 자리이다. 워싱턴 정보체계의 핵심이었던 인물이 일본 홍보의 첨병이 되었다. 이 재단이 올해 미국에서 쓰기 위해 책정한 예산이 78억 원이다. 우리의 대미 공공외교 예산 10억 원보다도 훨씬 많다. 그동안 일본과 거리를 두어왔던 의회도 거리를 좁히고 있다. 작년에 일본 코커스(caucus, 의원들의 모임)가 만들어져 지금은 68명이 참여하고 있다.[1] 태평양 전쟁을 도발한 나라와 가까워지는 것을 꺼렸던 의원들이 지금은 그런 것을 괘념치 않고 있는 것이다. 이렇게 정부와 민간이 나서 정부, 의회, 일반시민들을 상대로 로비와 홍보활동을 파상적으로 해왔기 때문에 미국이 전체적으로 일본에 기울어 있는 것이다.

지난 4월 말~5월 초 일본총리 아베가 미국을 방문했을 때에도, 박근혜 정부는 아베가 상하원 합동연설에서 위안부 문제에 대한 진정성 있는 반성을 표해야 한다는 입장이었다. 이런 입장을 미국 의회에 지속적으로 전달했다. 미 하원 원내대표 낸시 펠로시가 4월 초 방한했을 때 외교부장관 윤병세가 직접 그런 요청을 하기도 했다. 하지만 아베의 연설내용에 위안부 문제에 대한 반성은 없었다. "우리는 전쟁에 대한 깊은 반성의 마음으로 전후를 시작했다. 우리의 행위가 아시아 국가의 국민에게 고통을 주었다"라고 말하는 정도였다. 그러면서도 미국에 대해서는 깊이

---

1 박두식, "대미 한·일 외교전의 승패가 갈리기 시작했다", 『조선일보』, 2015. 3. 11.

고개를 숙였다. “일본과 일본 국민을 대신해 2차 세계대전에서 숨진 모든 미국인의 영혼에 깊은 경의와 함께 영원한 애도를 보낸다”고 말한 것이다. 오바마와의 정상회담 이후 발표된 공동성명에는 “양국 관계가 굳건한 글로벌 파트너십으로 전환된 것은 과거의 경험이 미래의 가능성을 제한하지 않는다는 믿음 속에서 일했기 때문”이라는 표현도 있었다. 한국의 위안부 사과가 마치 과거에 얽매이는 모습으로 들리게 하는 대목이다. 이렇게 미국은 일본을 지원하고 두둔하는 데 망설임이 없다. 최근 미국 국민을 상대로 한 여론조사 결과를 보면 ‘일본을 신뢰한다’는 답이 68%, ‘한국을 신뢰한다’는 응답은 49%이다.[2] 이것이 지금의 미국이다.

미국의 일본 경도는 비단 최근의 현상만은 아니다. 역사적으로 미국은 꾸준히 일본을 지지해왔다. 우리가 잘 아는 1905년 카쓰라-태프트밀약은 미국이 필리핀을, 일본은 한반도를 지배하고, 이를 서로 인정한다는 내용이다. 이후 일본의 한반도 지배는 가속화되어 결국 1910년 식민지배까지 가게 되었다. 1921년에는 워싱턴회의가 열렸다. 1차대전 이후 아시아의 질서를 정리하는 회의였다. 미국에서 활동하던 우리의 독립운동가들도 참여하려 했지만 나라 없는 이들은 회의장에 발을 들이는 것조차 허용되지 않았다. 이 회의에서 미국은 중국과 태평양에서 일본의 권익을 인정했다. 이미 동아시아에서 강대국으로 떠오른 일본의 지위를 인정한 것이다.

2차대전 후 태평양의 질서를 정한 것은 샌프란시스코 조약이다. 1951년 일본과 연합국 측의 48개국이 맺은 평화조약이다. 조약을 만드는데 주도적 역할은 역시 미국이 했다. 이 조약의 초안들은 독도를 한국영토

---

2 강천석, “일본의 후진 외교, 한국의 무능 외교”, 『조선일보』, 2015. 4. 25.

에 포함시키고 있었다. 5차 초안까지 그랬다. 이를 안 일본은 윌리엄 시볼트(William Sebald)라는 미국인 고문을 앞세워 적극 로비를 벌였다. 그 결과 6차 초안은 독도를 일본 땅으로 명기했다. 하지만 영국과 호주, 뉴질랜드 등이 반대해 이후 초안에서 독도는 아예 언급하지 않게 되었다. 이 조약이 초기의 초안처럼 '독도는 한국 땅'이라고 표시하는 것으로 마무리가 되었다면 지금의 독도분쟁은 있을 수 없다. 하지만 미국은 일본의 로비를 받고 독도를 '한국 땅'이 아니라 분쟁지역으로 남겨놓았다.

미국이 일본에 기울어 있는 것은 역사적으로나 지금의 양국관계를 관찰해 보나 분명한데, 이러한 모습은 다른 각도에서 보면 일본이 종속국가를 벗어나지 못하고 있음을 보여주는 것이다. 집단적 자위권 보유 선언은 미국의 인정이 있고서야 비로소 힘을 얻었다. 일본은 댜오위다오(센카쿠)가 미일동맹의 관할 영역에 들어가는지에 대해서도 미국의 판단을 지속 요청했고, 미국이 "그렇다"고 대답해줬을 때 이를 대대적으로 홍보했다. 호주 국립대 교수 매코맥(Gavan McCormack)은 그래서 일본을 '종속국가'(client state)라고 말한다. 그가 볼 때 일본의 우경화는 이 종속국가 특성과 직결되어 있다. 일본이 신사참배를 계속하고 침략을 부정하면서 민족주의를 강화하는 것은 미국에 대한 종속을 감추기 위한 것이란 게 매코맥의 설명이다.

일본 중시는 한국에 대한 경계와 동전의 양면이다. 미국과 중국의 경쟁이 심해지고, 중국과 일본의 영토분쟁까지 심화되고 있는 동북아 국제질서 속에서 미국이 경계하는 것은 한국의 친중국화이다. 경제적으로 가까워진 것은 어쩔 수 없다 하더라고 정치적, 안보적으로 한국이 중국에 접근하는 것은 안 된다는 것이 미국의 입장이다. 한국이 일본과 거리를 두는 것은 중국의 전략이 효과를 발휘하고 있기 때문이라는 시각이다. 부시(George W. Bush) 행정부에서 국방부 차관보를 지낸 리처드 로리스(Richard Lawless)가 말했듯이 "중국은 과거사를 이용해 한 · 일 간의 간극을 넓히려 하고 있다"는 것이다.[3] 한국이 일본과 과거사 문제를 놓고 계속 갈등하면서 정상회담도 못하는 것은 이러한 중국의 전략이 작동하고 있기 때문이라는 것이다. 중국과 한국이 함께 일본을 공박하는 모습은 미국 입장에서는 미국에 대항하는 공동전선의 형성으로 읽히는 것이다. 그러니 셔먼 같은 발언이 나오는 것이다.

그건 그렇고, 내가 정작 하고 싶은 얘기는 미국과 일본 관계보다는 박근혜 정부의 태도다. 특히 외교부의의 나약함이다. 한국이 값싼 박수를 받기 위해 일본을 비난한다고 셔먼이 말했는데도 별 다른 얘기를 하지 않았다. 오히려 한국이 해야 할 얘기가 미국 쪽에서 나왔다. 주간지 『위클리 스탠다드』(Weekly Standard)의 편집위원인 엡스타인(Ethan Epstein)이 한국 대신 시원하게 셔먼을 비판했다. "값싼 박수를 받으려는 이가 있다면 웬디 셔먼"이라고. 이 주간지는 네오콘들의 의견을 주로 싣는 아주 보수적인 잡지인데도 일본의 보수세력을 옹호하려는 셔먼을 비판하고 나섰다. 그만큼 셔먼의 발언 자체가 명백한 문제점을 안고 있었다는 얘기이다.

기자들이 외교부에 물었지만 "특정 국가를 지목했다기보다는 일반론적 얘기일 것"이라고 답할 뿐이었다.[4] 미국과 관련된 일이면 자기검열(self-censorship)이 자연스럽게 발동하는 것인가? 그래서 스스로 알아서

---

3 윤정호, "워싱턴에 번지는 한국 피로증", 『조선일보』, 2015. 3. 23.

4 이용수, "과거사 한·중·일 모두의 책임 셔먼 발언 해명하기 바쁜 외교부", 『조선일보』, 2015. 3. 3.

친미적으로 발언하게 되는 것일까? 미국 사람 얘긴지 한국 사람 얘긴지 헷갈리는 말을 서슴없이 한다. 당하고서도 저지른 놈 대변을 하고 있다. 그런 것은 스톡홀롬 신드롬에서나 나오는 것으로, 인질이 인질범들에게 동화되어 나타나는 비이성적인 현상이다. 물론 기개로 외교를 하는 것은 아니다. 하지만 얘기를 할 만할 때 강하게 자국의 의사를 말해야 한다. 그러지 않으면 오히려 무시당한다. 추후 외교하기가 더 어렵다. 반대로 당당하게 얘기를 할 만한 순간에 강대국의 약점을 잡고 강하게 얘기하면 약소국이라도 스스로의 국익을 찾아갈 수 있다. 외교도 사람 사이의 관계와 똑같다. 당하고도 가만히 있으면 겉으론 '사람 좋다'고 칭찬하지만, 속으론 '만만한 놈'으로 생각한다. '물'로 보는 것이다. 국가가 물이 되면 국민이 손해 본다.

AIIB 참여는 면피외교

앞 장에서 다룬 사드와 함께 박근혜 정부에서 한미관계 주요 이슈로 등장한 것이 아시아인프라 개발은행(AIIB) 참여문제였다. 박근혜 정부는 이를 다루는 것도 아주 서툴렀다. 작년 7월 시진핑이 방한해 박근혜 대통령에게 참여를 요청한 이후 중국은 계속 우리의 참여를 종용했다. 하지만 미국이 반대했다. 미중갈등이 여기서도 재연된 것이다. 미국은 AIIB가 중국 주도로 운영될 것이고, 그렇게 되면 운영의 투명성이 보장될 수 없고, 중국과 친밀한 국가에 대해 우선적으로 지원하게 될 것이라는 우려를 표명했다. 그래서 한국이 가입하는 것도 반대한 것이다. AIIB는 2013년 중국이 제안해 올해 말 출범시킬 예정이다. 중국이 주도하는 첫 국제경제기구이다. 아시아 · 태평양지역 개발도상국의 인프라 구축을 목표로 하고, 500억 달러 규모로 출범했지만 곧 1,000억 달러로 출자금을 증가시킬 예정이다. 중국이 AIIB를 창설하는 것은 중국의 원대한 구상과 연결되어 있는 문제이다. 중국은 이미 구매력평가 기준으로는 세계 제1의 경제대국이 되었다. 이런 여세를 몰아 세계경제질서를 중국 중심으로 재편하려는 구상을 가지고 있다. 장기적으로 위안화를 국제기축통화로 만들려는 전략을 추진하고 있고, 미국이 세계은행 · 아시아개발은행(ADB)의 운영을 주도하면서 세계경제를 좌지우지하는 구도도 바꾸려 하고 있다. AIIB는 그런 큰 그림을 실현하는 과정에서 나온 것이다.

우리정부는 중국의 종용에도 불구하고 한동안 의사결정을 하지 못했다. 중국은 올해 3월 말까지는 결정을 해서 통보해달라고 압박했다. 정부는 여전히 머뭇거렸다. '전략적 모호성'(strategic ambiguity)을 취하는 것이라고 했다. 하지만 전략적 모호성이라는 것이 전략이 없이 모호한 태도를 취하는 것을 말하는 것은 아니다. 분명한 전략이 있는데, 상대가 조기에 알게 되면 곤란한 경우 모호하게 표현하는 것을 말한다. 박근혜 정부는 전략적 모호성이 아니라 '무전략의 모호성'을 보였다. 그런 가운데 3월 12일 영국이 참여를 결정했다. 프랑스, 뉴질랜드 등이 잇따라 참여했다. 결국 우리정부도 26일 밤 참여하기로 결정했다.

참여 결정의 가장 큰 이유는 경제적인 실익이다. 아시아 지역의 인프라시설 투자수요는 2020년까지 매년 7,300억 달러 정도 된다. ADB 등이 감당할 수 있는 것은 연간 100억 달러밖에 안 된다. AIIB가 설립되면 여기서 아시아 국가들이 사회간접시설과 건설 사업을 많이 벌이게 되고, 우리도 거기에 참여할 수 있는 기회가 많아진다. 특히 건설이나 항만구축, 통신사업 등의 분야에서는 우리가 강점을 갖고 있기 때문에 우리경제에 많은 도움이 될 것이다. 이런 것을 보고 참여한 것이고, 참여 자체는 잘한 일이다.

문제는 참여의 시기이다. 이런 경제적 실익을 보고 참여하는 것이라면 조기에 참여를 결정했어야 한다. 중국이 아쉬울 때 참여하면서 보다 유리한 입지를 확보했어야 하는 것이다. 작년 10월 중국이 발기인대회를 개최할 때도 한국의 참여를 요청했다. 하지만 하지 않았다. 주한미국대사관이 참가를 만류하는 서신을 우리정부에 보냈기 때문이다. 그 당시 참여했더라면 AIIB의 지배구조 논의하는데 주요역할을 할 수 있었다. 2대 주주 자리도 확보할 수 있는 여건이었다. 총재는 중국이 한다고 하더라도, 넘버2의 자리를 확보해 AIIB운영에 상당한 실권을 가질 수 있었다. 이때 참여했더라면 북한의 참여를 견인할 수도 있었다. 물론 박근혜 정부가 북한을 이런 국제금융기구에 적극적으로 참여시킬 의사가 있는지는 모르겠지만, 어쨌든 정부가 마음먹기에 따라서는 그럴 여력이 있었을 것이다.

AIIB는 북한의 개방을 도울 수 있는 좋은 도구이다. 북한의 국제사회 참여에 가장 적극적으로 반대하는 국가가 미국과 일본인데, AIIB에는 이 나라들이 참여하지 않고 있다. 중국이 주도국이다. 그러니 아주 좋은 여건이다. 하지만 결국 북한의 가입은 중국에 의해 거절되었다. 금융수준이 저급하고, 금융상황에 대한 정보제공이 잘 안 되고, 세계은행과 아시아개발은행에도 가입하지 못한 북한이어서 거절당한 것이다. 하지만 한국이 조기에 가입 결정을 하고 중국을 적극 설득했더라면 상황은 달라졌을 수도 있다. 그런 과정을 통해 북한이 개방의 걸음마를 비로소 할 수 있다. 박근혜 대통령도 작년 3월 드레스덴 연설에서 북한 경제개발 지원을 위한 동북아개발은행 설립을 제안했었다. AIIB가 그 개념에 부합하는 것이다. 2013년 11월 당시 통일부 장관 류길재도 북한의 국제기구 가입을 지원하겠다고 했다. 이런 생각을 갖고 있는 정부가 왜 AIIB를 활용할 생각을 하지 않았을까? 미국과 중국의 틈바구니에서 북한을 생각할 여유가 없었을까? 통일대박을 말하는 정부라면 미중경쟁의 와중이라고 하지만 그 정도는 생각할 수 있어야 하지 않겠는가.

우리의 뒤늦은 참여는 싱가포르의 민첩한 실리외교와 비교된다. 싱가포르는 AIIB에 일찌감치 참여했다. 작년 7월, 그러니까 창립 양해각서 체결(작년 10월) 3개월 전에 이미 중국에 참가 의사를 전달했다. AIIB에 최초로 동참한 21개국 중 하나가 되었다. 물론 美재무부가 싱가포르에도 참여하지 말라고 전화를 했다. 하지만 싱가포르는 참여했다. 대신 미국에 자신들의 참여 이유를 논리적으로 설명했다. 싱가포르의 논리는 아시아에 실제로 인프라 투자에 대한 요구가 높다는 것이었다. 이를 위해 연구했다. 국제통화기금(IMF)와 아시아개발은행도 아시아 인프라 투자의 필요성을 강조한 사실을 들어 미국을 설득했다. 그래서 미국의 불쾌감도 충분히 줄일 수 있었다.

친미적인 정책을 추진하면서도 필요할 때는 미국에 할 말을 하고, 중국과도 협력할 것이 있으면 협력하면서 철저하게 국익을 챙기는 것이 싱가포르이다. 미국에 할 말을 하는 싱가포르를 보여주는 사례로 잘 알려진 것이 1994년 마이클 페이(Michael Fay) 사건이다. 페이는 싱가포르 주재 미국대사관 직원의 아들이었는데, 교통표지판의 표시를 지우고 남의 자동차에 페인트칠을 해서 기물파손죄로 싱가포르 검찰에 기소되었다. 싱가포르는 자국의 엄격한 법에 따라 페이를 처벌하려 했다. 싱가포르의 엄한 법은 세계적으로 잘 알려져 있다. 그래서 당시 클린턴 미국 대통령까지 나서서 사면을 요구했다. 하지만 싱가포르는 '법은 엄격하게 준수되어야 한다'는 입장을 견지하며 페이에게 태형 4대, 징역 4개월, 벌금 3,500 싱가포르 달러를 선고했다. 싱가포르는 작은 나라지만 명분이 있는 경우에는 강대국에게도 스스로의 입장을 분명하게 얘기하고, 설명할 것은 설명하고, 그러면서도 철저하게 실리를 확보하는 외교를 하고 있다.

어쨌든 한국이 올해 3월초까지만 AIIB에 참여했어도 중국이 아주 고마워할 만한 상황이었다. 상황은 곧 바뀌었다. 영국이 참여를 선언한 뒤 서구의 국가들이 줄줄이 참여했다. 우리도 어쩔 수 없이 참여를 결정했다. 한국의 참여는 이제 '여럿 중의 하나'에 지나지 않게 되었다.

'면피외교'가 아닐 수 없다. 면피외교는 '철저한 국가이익의 계산과 그에 따른 행동전략 없이 상황을 보아가면서 큰 문제가 없는 정도로만 하는 외교'로 정의할 수 있겠다. 한마디로 '적당히 하는 외교'다. AIIB 가입과 같은 문제는 우리의 국가이익과 직결되어 있는 이슈이기 때문에 보다 면밀한 사고와 그에 따른 대응이 필요하다. 경제적인 문제이기 때문에 미국과도 얼마든지 협의가 가능하다. 안보문제는 제로섬 게임이어서 한쪽이 이익을 보면 한쪽이 손해를 보는 성격이 강하지만, 경제문제는 그런 특성이 약하다. 둘 다 이익을 보는 경우도 있고, 양보도 안보영역보다는 쉽다. 그러니 미국이 반대한다고 해도 "우리가 경제를 살리기 위해서는 중국과 협력하는 것이 필요하다. 아시아 인프라 건설사업에도 참여해야 한다"라고 설득하면 안 될 것이 없다. 미국이 반대하는데도 영국은 선제적으로 참여했지 않은가? 북한에 대한 개발협력과 통일 이후의 북한에 대규모 투자 수요를 고려하더라도 분명한 전략을 마련하고 주도적으로 참여했어야 하는 것이다. 여론도 참여하지 말자는 쪽의 세력은 적었다. 미국의 눈치를 본 것이 문제였다. 미국을 의식하다가 선제적 대응의 타이밍을 놓쳤다. 전략이 없었고, 자신감도 없었다.

그런데도 외교부장관 윤병세는 자화자찬을 심하게 했다. AIIB 가입 결정 후 나흘 만에 열린 재외공관장회의에서 한 윤병세의 연설을 들어보자.

"최상의 상태인 한미관계와 한중관계를 동시에 유지하는 게 어렵다고 할 수 있지만 아시아태평양 지역은 중국과 미국을 모두 수용할 만큼 넓습니다…. AIIB 가입 결정은 바로 이러한 고난도 외교력이 발휘된 대표적 사례입니다."

작년 7월 시진핑 방문 당시부터 AIIB 가입까지의 과정을 면밀히 지켜본 사람들 가운데 이런 얘기에 공감해줄 사람이 얼마나 될까? 그가 한 얘기 중에 이런 대목도 있다.

"우리의 전략적 가치를 통해 미중 양측으로부터 러브콜을 받는 것은 우리 외교의 고질병이 아닌 축복일 수 있다…. 국익의 관점에서 우리가 옳다고 최종 판단하면 휘둘리지 말고 밀고 나가야 한다."

백번 옳은 얘기다. 미중 양측으로부터 러브콜을 받고 있다는 말을 마땅치 않게 생각하는 사람들도 많지만, 내가 보기에는 윤병세의 이러한 인식이 맞다. 보수정부의 맹점 가운데 하나가 우리의 전략적 자산을 지나치게 평가절하하고, 그것을 미국과 주변국에 주장하지 못하면서, 강대국에 굽신거리는 외교를 한다는 것이다. 이런 모습을 벗어나기 위해서는 우리의 전략적 자산에 대한 보다 엄밀한 평가가 필요하다. 미국에게는 중국포위에 필요한 전략적 전진기지로, 점점 중요도가 상승하고 있는 동아시아에서 중요한 동맹으로서의 한국의 가치를 십분 설명해야 한다. 그리고 이를 바탕으로 우리가 요구할 것은 요구해야 한다. 중국에게는 공동번영과 한반도 안정을 확보하기 위한 중요한 파트너로서의 우리의 가치를 인식하도록 해야 한다. 역시 이를 바탕으로 중국에게도 할 말은 하고 요구할 것은 요구해야 한다. 아주대 교수 김흥규의 말처럼 팍스 아메리카나와 중국의 대국굴기(大國崛起)가 충돌하는 상황에서 우리가 고래 싸움 속 새우가 될 수도 있지만, 창의적으로 대처하면 자유롭게 싸움터 주변을 유영하는 '돌고래'가 될 수도 있는 것이다.[5]

그래서 축복의 상황을 잘 활용해야 한다는 윤병세의 말에는 공감한다. 하지만 문제는 지금의 외교부가 그렇게 하고 있나 하는 것이다. 아니다. 실은 반대로 하고 있다. 우리의 전략적 가치를 제대로 강대국에 인식시키지 못하고 있다. 우리의 국익관점에서 나름의 전략적 지향점을 정하고 초지일관 밀고 나가는 모습을 발견하기 어렵다. 외교부장관이 자화자찬을 하고 있을 상황은 아니다. 윤병세는 지난 5월 새누리당과의 외교안보 당정협의에서도 한미관계나 한일관계를 제대로 풀어가지 못하고 있다는 여당의원들의 지적에 대해 "한국이 소외되거나 주변화되는 게 아니냐는 우려와 외교전략 부재라는 비판도 제기되는 것으로 아는데 이러한 시각은 과도한 해석"이라고 항변했다. 지적을 당하면서 그게 아니라고 변명하고 항변하는 모습은 어쩐지 못나 보인다. 지적을 당하지 않아야 한다. 한미관계나 한중관계, 한일관계 모두 큰 비전과 구체적인 전략까지 갖추어서 빈틈이 없어 보여야 한다. 지금은 그 반대다. 여기저기 구멍이 숭숭 뚫려 있는 느낌이다.

중국은 내년에 AIIB와는 별도로 신개발은행(NDB. New Development Bank)을 출범시킬 예정이다. 러시아, 인도, 브라질, 남아프리카공화국

---

5 배성규·양승식, "전문가들 '미중의 관심, 성과로 이끌 주도적 전략을'", 『조선일보』, 2015. 3. 31.

등이 함께 참여한다. 그래서 BRICS(Brazil, Russia, India, China and South Africa)의 은행이라고도 한다. 역시 개도국 개발을 지원하는 국제기구이다. AIIB가 아시아지역 개도국 지원을 목표로 하는 반면에 NDB는 세계의 개도국을 지원하겠다는 것이다. 세계은행을 못믿겠다는 발상에서 나온 것이다. 본부는 상하이에 두기로 했고, 5년 내에 1,000억 달러의 자본금을 확보할 계획이다. 또 국제통화기금(IMF)에 맞서는 위기대응기금(CRA, Contingent Reserve Arrangement)과 중남미 지역에 대한 투자기금(250억 달러 규모) 등도 추진하고 있다. 미국 중심의 세계경제질서에 중국이 도전하는 양상이 점점 더 분명해지고 있다. 기존의 질서에 수정을 요구하면서 제도와 규범 측면에서 미국과 경쟁을 벌이고 있다고 하겠다. NDB가입 문제는 당장 내년 초부터는 이슈가 될 것이다. 중국은 ASEAN(동남아시아국가연합) 10개국과 한국, 일본, 호주, 인도, 뉴질랜드 등을 포함하는 다자간 자유무역협정 체제인 '역내 포괄적 경제동반자협정'(RCEP)도 적극 추진하고 있다. 협상이 진행되고 있고, 우리나라도 협상에 참여하고 있다. 특히 RCEP는 미국이 추진하고 있는 '환태평양경제동반자협정'(TPP)과 경쟁 관계이다. RCEP에 참여하면서 TPP에도 참여할 것인지, 한국의 TPP참여에 부정적인 입장을 가지고 있는 중국과는 어떻게 이견을 조율할 것인지 등도 문제로 남아 있다.

이제 안보뿐만 아니라 경제문제도 미국과 중국 사이의 경쟁과 갈등의 와중에 한국이 끼어 있는 모습이 확연해진 것이다. 이럴 때일수록 전략적인 탐구와 결단이 필요하다. 기본 전제는 우리의 국익이고, 우리의 전략적인 입지를 활용하는 결단이라야 할 것이다. 미국의 눈치를 지나치게 오래 보고, 중국의 반감이 누그러질 때까지 기다리고 하는 전략은 전략이 아니다. 철저히 연구하고, 그 연구결과로 결론을 내고, 이를 가지고 미국과 중국에 얘기하고 우리 입장을 논리적으로 설명하는 식으로 외교를 해야 할 것이다. 질질 끌다가 막판에 몰려 한쪽으로 결정하는 식의 '눈치외교', '면피외교'만 해가지고는 미국으로부터도, 중국으로부터도 무시당하기 십상이다.

국제정치 무대 활동도 미국 눈치보기

미국 눈치보다가 우리가 잡을 수 있는 기회를 버린 것은 AIIB 경우만이 아니다. 지난 5월 러시아에서 열린 '제2차 세계대전 승전 70주년 기념식'에 대통령이 불참한 것도 같은 경우이다. 김정은이 참석한다고 해서 세계적인 주목을 끈 행사다. 당초 박근혜 대통령도 참석을 고려했다. 하지만 미국이 반대했다.

미국은 러시아에 대해 제재를 시행하고 있다. 러시아가 우크라이나 사태에 개입하고, 크림반도를 점령한데 대한 보복조치를 실시하고 있는 것이다. 그래서 러시아가 개최하는 대규모 국제행사에 참석하지 않을뿐더러 동맹국들에게도 불참을 요청했다.

좀 더 큰 틀에서 보면 미국의 반대 이유는 크게 두 가지이다. 첫째는 동북아 국제정치에서 러시아가 주도권을 행사하는 것을 용인할 수 없다는 것이었다. 러시아는 한국과 북한, 중국, 일본의정상들을 모아놓고 동북아의 국제정치의 중요한 장을 마련하려 했다. 남북 · 북중 · 북일 정상회담을 모스크바에서 열도록 하고, 그 자리에서 북한핵문제, 북일수교 등 주요문제에 대한 해결방안을 찾을 수 있도록 하려는 것이 러시아의 구상이었다. 미국은 이렇게 러시아가 동북아에서 강력한 리더십을 회복해가는 모습을 방관할 수 없었다. 그래서 한국과 일본의 정상이 러시아에 가는 것에 반대했다.

둘째는 남북정상회담이 열리는 상황에 대한 부담도 작용했을 것이다. 모스크바에서 남북정상회담이 이루어진다면 한반도는 이전보다는 훨씬 해빙무드를 타게 되었을 것이다. 핵문제나 대북지원, 납북자, 국군포로, 이산가족 등에 대해 일정한 합의가 있었을 것이고, 이는 남북관계를 대결에서 화해의 방향으로 전환시켰을 것이다. 박근혜 정부도 이런 부분에 대한 내부적인 정리가 안 되었기 때문에 러시아를 가지 않기로 결정했겠지만, 미국은 이런 해빙무드가 반갑지가 않다. MD를 지속적으로 추진하고, 사드를 한국에 배치하고, 장기적으로는 한국에 사드를 판매하는 데에 장애가 될 수 있다. 미국이 박근혜 대통령의 모스크바행을 반대한 데에는 이러한 전략적인 이유가 작용했을 것으로 여겨진다.

실은 두 차례의 북핵위기도 한반도에서 긴장을 적절하게 유지하면서 동북아에서 미국의 영향력을 유지하려는 미국의 대외전략에 따라서 발생했다고 해도 과언이 아니다. 1차 북핵위기를 보자. 1990년대 초반 한반도는 화해분위기였다. 남북기본합의서와 한반도비핵화공동선언이 1991년 말 남북한에 의해 서명되고 1992년부터 발효되었다. 덕분에 1992년에는 남북고위급회담을 비롯해 98번이나 남북회담이 열렸다. 그런데 그 와중에 국제원자력기구(IAEA)가 북한에 대해 특별사찰을 하겠다고 나섰다. 북한이 신고하지 않은 시설 2곳에 대해서 사찰을 하겠다는 것이었다. 이렇게 신고도 하지 않은 시설을 IAEA가 사찰하겠다고 하는 경우는 매우 이례적인 것이다. 물론 IAEA는 미국의 영향력 아래에 있다. 북한은 특별사찰을 거부하며 1993년 3월 핵확산금지조약(NPT)를 탈퇴했다. 그래서 1차 북핵위기가 시작된 것이다.

2차 북핵위기는 어떤가? 2002년 10월 2차 북핵위기가 시작되었는데, 이 때에도 남북은 2000년 6월 남북정상회담에 따라 해빙무드가 한창이었다. 남북한이 철도와 도로 연결에 합의하고 이를 위한 남북군사실무회담도 열었다. 북한은 부산아시안게임에 선수와 응원단을 파견했다. 당시 한나라당의원 박근혜가 방북한 것도 2002년 5월이었다. 그해 9월에는 평양에서 북일정상회담도 열려 북한과 일본사이에도 화해분위기가 무르익고 있었다. 이런 상황에서 10월 3일 평양을 방문한 미국 국무부 동아태차관보 켈리(James Kelly)가 "고농축우라늄(HEU)을 만들고 있지 않느냐"고 다그쳤고, 북한 외무성 제1부상 강석주는 "HEU보다 더한 것도 가질 권리가 있다"고 응수했다. 미국은 강석주의 발언을 '북한이 HEU를 인정한 것'으로 보고 북미제네바합의를 깨버렸다. 그래서 2차 북핵위가 시작됐고, 지금도 우리는 그 와중에 있다. 이렇게 미국은 남북관계가 남북한의 주체적 판단과 결정에 의해 화해의 분위기로 갈 때 문제를 일으켰다. 화해하는 남북한, 평화로운 한반도는 미국에게는 동아시아에서의 위기이다. 더욱이 중국과의 경쟁이 심화되는 상황에서 남북한의 화해는 한·미·일의 결속을 통한 중국 견제를 어렵게 한다. 그래서 미국은 남북한이 정상회담을 하는 것 자체도 달갑지 않게 생각한다. 2000년 정상회담이 남북한 스스로의 합의로 결정되고 발표되었을 때 미국은 매우 놀라고 당황스러워 했는데, 그런 속내는 지금도 다르지 않다.

당초에는 러시아 측이 김정은 참석을 기정사실화해서 러시아 전승일 전후 남북정상회담도 기대할 수 있는 상황이었다. 하지만 박근혜 대통령은 4월 11일 불참하기로 결정했다. 이때까지는 김정은 참석이 확실한 것처럼 알려져 있었는데도 불참을 결정한 것이다. 이런 기회를 활용해 남북 간의 관계를 획기적으로 진전시키겠다는 생각은 하지 않은 것이다. 정상회담의 기회는 일부러라도 만들어야 한다. 외교에서 정상회담의 기능은 매우 중요하다. 아옹다옹하다가도 정상회담의 기회를 통해 큰 틀의 전환을 이룰 수 있다. 특히 남북한은 오랫동안 분단상태가 이어져 오면서 동질성이 약화되고 적대감이 깊어져 문제를 낮은 단계에서 순차적으로 풀어간다는 것이 보통 어려운 것이 아니다. 때문에 정상들의 결단을 통해 주요문제를 해결해나가는 과정이 필요하다. 물론 4월 30일 김정은도 참석하지 않는 것으로 결정돼서 어차피 남북정상회담은 안 되는 것이었지만, 박근혜 대통령은 가능성 있는 정상회담을 미리 버리는 모습을 보였다.

러시아에 가지 말라는 미국의 요청을 들어준 것이다. 물론 미국 중요하다. 하지만 남북관계의 진전과 통일분위기를 만들어가는 데 도움이 되는 일이라면 미국도 설득해야 한다. 한번 만나 안 되면 두 번 세 번 만나서 설득하면 된다. 또 그것이 동맹의 관계이다. 동맹의 한쪽 당사국이 민족의 통일을 위해 움직이겠다는데, 이를 방해하는 것은 동맹국으로써 취할 태도는 아니다. 우리가 미국을 설득할 수 있는 명분은 충분히 있다. 미국과 러시아는 과거처럼 이념경쟁을 하는 사이는 아니다. 우크라이나 사태도 공산주의와 자본주의 사이의 선택이 관여된 것은 아니다. 러시아와 EU가 벌이는 지정학적 갈등이고, 여기에 미국이 EU측으로 가담하고 있는 것이다. 한국 대통령의 방러도 김정은과의 만남, 경제적 이익과 관련된 것이다. 러시아를 방문해서 남북러가 합의하면 남북종단철도와 시베리아철도를 연결하는 문제, 시베리아에서 북한을 거쳐 남한까지 송유관을 놓는 문제가 풀려나갈 수 있다. 많은 경제적인 이익이 걸려 있는 문제이다. 이런 명분을 가지고 얼마든지 미국을 설득할 수 있었을 것이다. 그런데 그런 걸 하지 않는 것이 보수정권의 특징이다. 미국이 싫어할 만한 일은 피하고 미국이 원하는 방향으로 정책을 결정하는 성질을 가지고 있다.

김정은이 당초에는 참석할 듯하다가 불참한 원인에 대해서는 여러 가지 추정이 있다. 우선, 북한이 특별대우를 요구했는데, 이것이 수용되지 않아서 안 갔다는 얘기가 있다. 특별대우를 하면서 특별경호를 펴지 않으면 김정은의 건강상태, 행동의 특성, 특이한 습관 등이 세계에 알려지기 때문에 북한은 이를 강력 주장했을 것으로 보인다. 하지만 러시아는 30여 명의 국가원수를 맞아야 하는 상황이어서 이를 들어줄 수 없었고, 그래서 김정은 방러가 이뤄지지 않았다는 것이다. 또 하나는 북한이 중국을 의식해 김정은 방러를 취소했다는 것이다. 북한 입장에서 여전히 중국은 러시아보다 훨씬 중요한 나라이다. 그런데 중국보다 먼저 러시아를 방문하는 것, 또 그 자리에서 시진핑 주석을 만나는 것에 대해 많은 부담을 가졌을 것이라는 설명이다. 어쨌든 김정은은 가지 않게 되었고, 박근혜 대통령도 불참해 러시아를 매개로 한 남북관계 개선은 기대만 컸고, 결실은 전혀 없었다.

그런가 하면, 김정은이 불참 결정을 하면서 국가정보원이 아주 곤란한 처지가 되기도 했다. 김정은 불참이 전해진 것이 4월 30일이다. 그런데 바로 전날 국정원은 국회에서 반대로 보고했다. 국정원장 이병호가 "날짜가 임박해 러시아에 갈 가능성이 다분히 높다"고 한 것이다. 모스크바의 호텔 상황을 체크해봤느냐고 의원들이 묻자 이병호는 "러시아 주재 북한 대사관이 굉장히 크고, 안에 숙식을 할 수 있는 시설도 있어서 호텔 예약은 별로 중요해 보이지 않는다"고 말하기도 했다. 이렇게 '간다' 쪽에 무게를 두어 국정원이 보고한 바로 다음날 '안 간다'는 결정이 전해졌다.[6] 이병호는 장성택을 숙청하는 것을 보고 북한을 생지옥이라면서 이 생지옥에서 주민들을 구해내기 위해 국정원이 당장 공작이라도 해야 할 것처럼 주장하던 사람이다. 허황된 생각일랑 조기에 버리고, 기본중의 기본을 먼저 갖추는 것이 중요할 것 같다.

각설하고, 미국의 말 한마디에 휘둘리는 한국의 외교를 보고 있으면 1998년 금창리 사건 당시가 생각난다. 당시 나는 KBS기자로 통일부를 출입하고 있었다. 우리정부와 미국, 북한의 움직임을 면밀히 관찰할 수 있는 기회를 가졌다. 평양 북쪽에 있는 평안북도 금창리에 대형 땅굴이 만들어지고 있었다. 미국은 이것이 또 하나의 핵시설이라고 의심했다. 공화당을 비롯한 워싱턴의 보수세력은 클린턴 행정부의 대북 포용정책을 전면 전환해야 한다고 강력 요구했다. 클린턴도 하는 수 없이 대북정책조정관을 임명해 대북정책에 대한 전면 재검토에 들어갔다. 페리(William Perry) 전 국방부장관을 조정관으로 임명했다. 그는 1994년 1차 북핵위기 당시 북한 영변의 핵단지에 대한 공격을 구체적으로 고려했던 비교적 강경한 인물이었다. 그래서 공화당도 수긍할만한 그를 조정관으로 임명한 것이다.

페리팀은 1년 가까이 한국과 북한 등을 부지런히 오가며 조사하고 연구했다. 그래서 나온 것이 페리보고서(Perry Process)이다. 내용은 북한에 대한 포용정책을 계속해야 한다는 것이었다. 핵과 미사일 문제를 해결하기 위해서는 북한에 대한 지원을 계속해야 하고, 그 연장선상에서 북미관계 정상화도 이루어질 수 있다는 내용이다. 이것은 당시 김대중

---

6 황대진, "하루만에 드러난 '국정원의 빗나간 예측'", 『조선일보』, 2015. 5. 1.

정부의 생각이었다. 김대중 정부는 실무선에서 장관까지 부지런히 미국을 오가면서 페리팀을 설득하고, 대통령도 페리를 만나 포용정책 이외에는 대안이 없음을 역설했다. 그런 결과로 페리보고서가 나온 것이다.

당시 나는 이런 과정을 지켜보면서 국가 간의 관계가 반드시 힘에 의해서만 움직이는 것은 아님을 체감했다. 약소국도 지속적으로 협의를 하게 되면 강대국을 설득할 수 있음을 알게 되었다. 그것이 자유주의적 외교이다. 약소국이라도 명분을 앞세워 지속적으로 대화하면, 어느새 그 약소국-강대국 사이에 협의규범(consultation norms)이 생겨서, 강대국이 약소국과 협의를 하지 않으면 안 된다는 의무감을 갖게 되는 것이다. 국제비정부기구들이 활성화되고 다양한 국제기구와 국제법이 발달하고 있는 지금의 국제상황에서, 이런 주변적인 상황의 도움을 받으면서 강대국을 설득하면 약소국도 소기의 성과들을 얻을 수 있다. 그런 것이 약소국이 국제사회에서 나름의 국가이익을 확보하면서 살아갈 수 있는 길이다. 박근혜 정부처럼 미국을 지나치게 의식하고, 미국을 설득하기보다는 미국의 생각대로 행동하려 해서는 국가자율성(national autonomy), 국가이익 모두 잃어간다.

오염은 미국이, 치유는 한국이

미군기지가 평택으로 통폐합되면서 많은 기지들이 반환되고 있다. 문제는 환경오염이다. 많은 기지들의 토양과 지하수가 오염되어 있는 상태이다. 이걸 미국은 그냥 넘기려 하고, 우리는 오염이 치유된 상태로 넘기라고 요구한다. 그런데 올해 3월 2개의 기지가 오염 치유가 안 된 상태로 넘어왔다. 동두천의 캠프 캐슬과 부산의 미군폐품처리장이다. 두 기지 모두 유류와 중금속 오염이 기준치의 수십 배에 달한다. 그런데도 그냥 받았다.

기지 반환시 오염문제 처리는 정해진 원칙이 있다. 원인제공자가 오염을 치유한다는 것이다. 한미주둔군지위협정(SOFA)에도 오염시킨 쪽이 제거하도록 되어 있다. 그런데 미군은 억지를 쓴다. '인간의 건강에 급박하고 실질적인 널리 알려진 위험'에 해당하지는 않는 것이니까 그냥 받으라는 것이다. 한국 기준치를 수십 배 넘는 것은 '모르겠다'는 식이다. 이런 억지에 질질 끌려다는 것이 박근혜 정부다. 구체적으로는 외교부와 국방부다.

그래도 협상장에 들어가 오염치유를 주장하던 것이 환경부였다. 마땅히 환경부는 또 그래야 한다. 그게 환경부의 존재이유이다. 그런데 박근혜 정부의 환경부는 그 역할을 제대로 못하고 있다. 신문에 나오는 내용을 자세히 보니 왜 그런지 알 것 같기도 하다. 『한겨레』 올해 3월 19일자에 이런 내용이 실려 있다.

"환경부는 정화가 핵심이다. 누가 정화하느냐는 둘째 문제다. 국방부가 자기들이 정화하겠다고 해서 그렇게 하도록 했다. 원칙적으로 (오염 치유 비용을) 오염 원인자가 부담하는 게 맞지만, (어쨌든) 토지 소유자 · 관리자 등 누군가는 정화하도록 돼 있다."[7]

그린피스와 같은 국제환경단체 대표의 말 같다. 정화만 되면 된다. 누가 비용을 대든 상관없다. 이런 얘기다. 그런데 이렇게 말한 사람은 대한민국 환경부장관 윤성규이다. 한국의 환경부장관이 '미군이 더럽힌 한국

---

7 김정수, "환경부 장관은 주한미군 대변인?", 『한겨레』, 2015. 3. 19.

땅을 미군이 정화하면 좋고 그렇지 않으면 국방부가 하면 된다'고 얘기한 것이다. 더 쉽게 말하면 '우리 돈으로 미국이 오염시킨 땅을 정화하는 것도 문제가 없다'는 얘기이다. 이후로 미군기지 환경오염 치유 협상에 참여하는 환경부 공무원은 아주 마음이 편해졌을 것 같다. 미군이건 한국인건 아무나 정화를 하면 되니까 미군한테 '너희들이 치유를 해야 한다'는 얘기를 논리를 세워가면서 설명할 필요가 없으니까. 가만히 있다가 혹시 아무도 치유를 안 한다고 하면 '그건 아니지. 어느 쪽이든 치유는 해야지'라고 하면 될 것 같다.

치유 없이 반환 받는 것이 꺼림칙하긴 했는지 외교부는 보도자료 한 장 내지 않았다. 기자가 질문하니까 반환 받았다고 답했다. 국방부도 기자들이 별로 없는 금요일 오후에 기자실에서 브리핑을 하고 끝냈다. 홈페이지에도 설명자료는 올리지 않았다.

이런 상황을 관찰하고 있으면 두 가지 생각이 든다. 하나는 '미국은 왜 아직도 오만한가?'이다. 세계를 지휘하면서 미국식 민주주의와 자국의 상품을 팔고 있을 뿐만 아니라 이렇게 작은 문제에서도 떵떵거리면서 자신들이 원하는 대로 일처리를 한다. 한반도에 들어와 있는 미군은 특히 한국의 안보를 책임져주고 있다는 인식을 하고 있다. 그러니 이 정도는 요구할 수 있다고 생각하는 것이다. 또 하나의 생각은 '왜 보수는 미국에게는 할 말을 못하나?'하는 것이다. 보수는 기본적으로 북한을 싫어한다. 그러다보니 북한과 잘 지낸다는 것은 생각하기 싫은 선택이 된다. 그러면 결과는 북한과 대결하는 것이다. 북한과 대결하기 위해서는 미국이 필요하다는 생각이 보수의 저변에 있다. 때문에 미국에 할 얘기를 하고 우리의 전략적 가치를 말하고, 우리가 얻어낼 것은 얻어내는 것을 꺼린다. A, B, C가 있는데, A가 B를 미워하는 경우, A는 C의 힘을 빌리려 하는 게 당연하다. A에게 가장 좋은 길은 B를 미워하지 않는 것인데, 보수는 그 길을 모른다. 미워하는 것을 상수로 놓고 생각한다. 그러니 늘 이익을 보는 것은 C다. 미국은 한국과 북한의 싸움 사이에서 국제적인 어부지리를 오랫동안 누리고 있다.

전작권 환수한 사람들이 연기, 또 연기

전시작전권처럼 보수와 진보정권의 색깔을 분명하게 드러내는 이슈도 드물다. 노무현 정부가 이를 환수해 왔다. 미국의 반발을 무릅쓰고 긴 협상 끝에 이를 가져왔다. 군사주권의 핵심부분인 전쟁 중 작전권을 회복하는 것은 매우 중요한 일이다. 노무현 정부는 이런 부분에 대한 문제의식이 있었고 그래서 미국과 협상을 시작해 결국 가져온 것이다. 우리정부가 그 입장을 그대로 유지했다면 2012년 4월 17일 이미 환수됐어야 하는 것이다.

이명박 정부는 미국에 요청해 전시작전권 환수를 2015년 12월 1일로 늦췄다. 노무현 정부 당시 그 많은 논란 끝에 가져오기로 한 것을 소리 소문 없이 미국과 협의로 연기한 것이다. 이때도 주요 역할은 청와대 안보전략비서관 김태효가 했다. 박근혜 정부는 이를 다시 연기했다. 이번에는 환수시기가 언제인지도 확정짓지 않았다. 한반도의 안보상황이 좋아지고 한국군의 대북 억지능력이 강화되었을 때 환수하기로 한 것이다. 그러니 무기연기가 된 것이다. 진보정부에서 환수하기로 해놓은 것을 보수정부가 뒤집어서 연기하고, 다시 연기를 한 모양이 되었다.

실은 작전통제권 환수 논의는 1987년 대선 당시부터 시작되었다. 벌써

28년 전의 일이다. 당시 여당의 대통령 후보 노태우가 작전권 환수를 공약했다. 평시작전권은 상당기간 논의를 거쳐서 김영삼 정부 때인 1994년 환수했다. 남은 전시작전권은 논란의 논란을 거듭하며 지금까지 환수를 못한 채 남아 있다. 새누리당 대통령 후보 박근혜는 '2015년 전시작전권 전환을 차질 없이 준비하겠다'고 공약까지 했다. 하지만 당선 이후 태도는 달라졌다. 아직 준비가 안 돼있다는 것이다.

핵심은 우리가 북한의 침략에 대해 대응할 능력이 있느냐 하는 것인데, 여기에 대한 생각이 다른 것이다. 진보정부는 있다고 생각했다. 방안은 두 가지다. 첫째는 우리의 능력을 향상시키는 것이다. 우리가 약한 것이 정보능력인데, 첨단정찰기를 도입하고 위성정보를 확보할 수 있는 방안도 마련해 이를 향상시킨다는 것이다. 그러면 북한의 동태를 미리 파악해 얼마든지 대처가 가능하다는 것이다. 둘째는 한미동맹을 지속 유지하는 것이다. 전시작전권이 환수되어 한미연합사령부가 해체되더라도 한미군사협조본부를 구성해 전시에 미군의 협력을 충분히 받을 수 있다는 것이다. 북한의 핵무기도 미국의 핵우산이 작동하고 있기 때문에 충분히 관리가 가능하다고 본다. 논리적으로 문제가 없고 이렇게 추진되면 유사시를 대비하는 데 충분하다는 것이다.

하지만 보수정부는 다르게 본다. 첫째는 우리가 그런 능력을 갖고 있지 못하다고 여긴다. 북한이 쳐들어오면 당해내기 힘들다는 생각을 기본적으로 하고 있다. 둘째는 한미연합사해체를 곧 한미동맹의 현격한 약화로 인식하고 있다. 전작권이 환수되면 한국군과 미군이 독자적으로 군대를 유지하면서 협조본부를 만들어내 여기서 전시작전과 유사시 대응, 한미훈련 등을 관장하게 되는데, 이것이 불안하다는 것이다. 한미가 동등한 자격으로 만들어내는 조직체에 대해 믿음이 없는 것이다. 한미연합사는 사령관이 미군 대장, 부사령관이 한국군 대장이다. 이렇게 운영되는 것은 믿을 수 있고, 한·미군이 균형을 이룬 체제는 못 믿겠다는 것이다. 한마디로 우리의 국방을 미군이 책임지는 것은 믿을만하고 우리가 책임지는 것은 그렇지 않다는 것이다.

이렇게 진보와 보수 정부가 차이를 보이는 데에는 북한에 대한 근본적 인식 차이가 자리하고 있다. 진보정부는 북한을 대화를 통해서 문제를 풀어갈 수 있는 상대로 인식한다. 그렇게 하면 남북관계는 얼마든지 좋아질 수 있고, 평화도 관리가 가능하다고 본다. 실제로 그렇게 했다. 그렇게 해서 정상회담도 했고, 금강산 관광과 개성공단도 이루었다. 통일로 가는 걸음마를 하도록 한 것이다. 남북관계의 개선 분위기 속에서 전시작전권 환수는 자연스러운 현상이다.

반면 보수정부는 북한을 우선 의심한다. 언제든지 우리를 침략할 수 있고, 그래서 북한과 협상은 늘 경계해야 한다는 생각을 가지고 있다. 그러니 양보라는 게 있을 수 없다. 그러니 남북관계는 경색되기 십상이다. 이명박 정부가 그랬고, 박근혜 정부가 그렇다. 경색된 남북관계 속에서 전작권 환수는 부자연스럽고, 환수 연기는 쉽다. 더 큰 문제는 남북관계가 경색되는 것이 보수정부에 불리하지 않다는 것이다. 긴장관계를 유지하고 있으면 보수는 결집하게 되어 있고, 정권에 대한 보수의 지지는 더 공고해진다. 그러니 굳이 남북관계 개선에 나설 이유가 없다. 이를 즐기자면 얼마든지 즐길 수 있는 것이다. 이런 큰 맥락 속에서 진보정부는 전작권 환수를, 보수정부는 연기를 추진한 것이다.

한 가지 재미있는 것은 노무현 정부에서 전작권 환수 논리를 세웠던 군의 주요인물들이 정권이 바뀌어서는 전작권 연기의 주요 역할을 했다는 것이다. 대표적인 인물이 김장수, 김관진, 한민구이다. 김장수는 노무현 정부에서 전작권 환수 결정 당시 국방부 장관이었다. 환수 준비 작업도 주도했다. 한나라당 의원이 되었다가 박근혜 정부에서는 청와대 국가안보실장으로 임명되었다. 그러자 성우회(군 장성 출신 모임)에서는 일부 회원들이 전작권 환수의 주역이 국가안보실장이 되었다며 회원에서 제명해야 한다고 요구하기도 했다. 박근혜 정부 국가안보실장으로서 김장수는 스스로가 환수에 주요 역할을 했던 전작권을 무기한으로 연기하는 데 주요역할을 했다.

김관진은 노무현 정부에서 합참의장으로 역시 전작권 환수의 주역이었다. 그러다 박근혜 정부에서 국방부 장관을 지내면서 환수를 연기하는데 핵심 역할을 했다. 한민구는 노무현 정부에서 국방부 정책기획관을 지냈다. 이명박 정부에서는 육군 참모총장, 박근혜정부에는 국방부 장관을 맡았다. 역시 환수를 결정할 때도, 환수 연기를 결정할 때도 군의 주요 보직을 담당한 것이다. 이렇게 같은 인물들이 완전히 다른 결정을 하는 데 핵심적인 역할을 한 것을 어떻게 평가해야 할까? 군의 핵심들이 전략적인 사고와 이를 받쳐주는 엄밀한 논리를 갖추지 못하고 있다고 할 수밖에 없다.

전시작전권이 환수되면 자동으로 이뤄지게 되어 있던 것이 한미연합사 해체였다. 그런데 전작권 환수가 연기되면서 한미연합사도 그대로 있게 되었다. 평택으로 이전하는 것도 아니고 그냥 용산에 남아 있기로 결정되었다. 그래서 용산구 주민들이 국방부 장관을 상대로 소송을 냈다. "용산기지가 반환돼 공원이 조성되리라는 것을 믿고 미군범죄로 인한 불안감 등에도 용산지역에 거주해왔는데, 연합사를 잔류시키는 것은 국민을 우롱하는 것"이라는 게 이들의 주장이다.

연합사 잔류로 용산공원의 부지가 24만㎡나 줄어든다고 한다. 또 공원 부지 한가운데 연합사가 자리 잡고 있어서 용산공원은 그야말로 '미군공원'이 됐다는 것이 주민들의 주장이다. 특히 주민들이 분개하는 것은 시민들의 권리와 직결된 중요한 문제를 정부가 일방적으로 결정했다는 것이다.

동두천에 있는 미2사단 210화력여단도 동두천에 잔류하기로 결정됐다. 연합사나 210화력여단 모두 미군의 요구를 한국이 들어주면서 잔류하게 되었다. 미군 측은 원활한 업무협조를 위해 서울에 연합사가 있어야 하고, 210화력여단은 북한 장사정포에 대한 효율적인 대응을 위해서 동두천에 있어야 한다고 주장했다. 모두 평택의 대규모 미군기지로 이전하기로 사전에 약속되어 있는 것들이다. 그런데 새삼스럽게 잔류를 주장했고, 이것을 한국이 들어줬다. 미군기지 평택 이전 사업에 우리 정부 예산이 많이 들어갔다. 평택기지 건설과 미군부대 이전 등에 모두 16조원 정도가 들어가는데, 이 중 많은 부분을 우리 정부가 부담하고 있다.[8] 한마디로 예산은 예산대로 들고, 용산과 동두천 기지 이전이 완결되지 않음으로써 용산 공원화계획과 동두천 미군기지 이용계획은 차질을 겪게 됐다.

연합사와 210화력여단 잔류는 미국의 요구였고, 전작권 환수 재연기는 박근혜 정부의 요구였다. 그래서 전작권을 재연기하는 대신 미국의 요구를 모두 들어준 모양새가 됐다. 양국 사이에 빅딜이 없었다고 정부가 말하지만, 작년 10월 46차 한미안보협의회에서 이 모든 것이 한꺼번에 결정된 것을 아는 사람들이 이를 빅딜이 아니라고 느낄지 의문이다.

---

8 박성진, "미군기지 평택 이전비 9조원대 육박", 『경향신문』, 2011. 3. 30.

그런데 생각을 좀 해보자. 빅딜이 되려면 하나는 우리에게 유리한 것, 하나는 불리한 것이 서로 교환되어야 한다. 이 경우는 어떤가? 전작권 연기도 우리에게 불리한 것, 연합사 · 미군부대 이전 연기도 불리한 것이다. 불리한 것 두 가지를 모두 수용한 것이다. 만약 제3국에 사는 어떤 사람에게 이런 상황을 설명하고 의견을 묻는다면 백이면 백 "한국이 미국과 기껏 협상을 해서 얻어낸다는 것이 모두 한국에 불리한 것이다"라고 답할 것이다. 아주 묘한 상황이다. 근본원인은 박근혜 정부가 전작권 연기를 우리에게 아주 유리한 것으로 본다는 것이다. 또 그렇게 보는 근본이유는 북한이 언제 침략할지 모르고, 북한과 관계 개선이 어렵다고 생각하기 때문이다. 이런 인식을 바꾸지 않는 한 영원히 미국에 끌려다닐 수밖에 없다.

문제는 방기(放棄)에 대한 걱정

박근혜 정부가 이렇게 미국에 쩔쩔매는 것은 따지고 보면 방기(放棄, abandonment)에 대한 우려 때문이다. 동맹은 늘 긴장의 연속이다. 기본적으로 불신관계인 국가 사이를 일정한 목표를 위해 묶어놓은 것이 동맹이니까 그럴 수밖에 없다. 강대국-약소국 동맹이라면 특히 약소국의 고민이 크다. 고민의 핵심은 두 가지다. 방기와 연루(連累, entrapment)이다.

방기는 강대국으로부터 버림받는 것이다. 작은 동맹국은 큰 동맹상대국의 버림을 받지 않을까 늘 걱정한다. 그래서 그 상대국의 눈치를 살피고, 할 말을 못하고, 때로는 상대의 뜻을 미리 살펴 행동한다. 유엔에서 투표를 할 때도 상대국의 의사에 반해 투표하지 못한다. 이것이 심화되면 종속국가가 된다. 스스로의 의사는 없고 오로지 강대국의 의사만을 좇아가는 국가가 되는 것이다.

연루는 상대국의 분쟁에 얽혀 들어가는 것을 말한다. 동맹의 의무가 강하면 연루 현상이 발생한다. 1차대전은 독일과 오스트리아-헝가리 제국 사이의 강한 동맹의무가 연루현상을 야기해 일어난 것이다. 동맹의 의무가 강하다 보니 1914년 7월 28일 오스트리아-헝가리가 세르비아에게 전쟁을 선포하는 순간 독일도 이 전쟁에 개입하게 된 것이다. 약한 동맹국은 강대국인 동맹상대국이 분쟁에 돌입하게 되면 여기에 연루되지 않을 수 없다. 그러다 보면 실제 국익은 확보하지 못하고 국제정치적으로 어려운 상황에 처하게 될 수 있다. 그래서 동맹을 체결하고 있는 국가, 특히 약소국은 늘 연루를 걱정하지 않을 수 없다.

박근혜 정부뿐만 아니라 보수정권은 전통적으로 미국으로부터의 방기를 걱정해왔다. 한미동맹이 약해지면 어쩌나, 미군이 철수하면 어쩌나 염려를 해온 것이다. 이는 전략적 사고의 결여 때문이다. 한반도는 미국, 일본의 해양세력과 중국, 러시아의 대륙세력 사이에 위치에 있다. 대륙을 견제하려는 해양세력에게 없어서는 안 될 중요한 지역이 한반도이다. 실제로 미국은 한국에 미군기지를 두고 미군을 배치해 놓고 있다. 특히 성장하는 중국을 멀리서 견제하려는 [이를 역외균형(off-shore balancing)이라고 한다] 미국 입장에서는 한국의 군사기지가 절실하게 필요하다. 중국을 가까이서 관찰하기도 하고, 대양으로 나오려는 중국군을 직접 저지하기도 하는 데 꼭 필요한 것이다. 한미동맹이란 것이 이제 미국의 관점에서는 중국을 감시하고 감시하기 위한 것이 되었다. 한국이 대북한 견제용으로 한미동맹을 필요로 하는 것과는 많이 다른 것이다.

이런 지정학적 위치 자체가 한국에게는 큰 전략적 자산이다. 이러한 한국의 전략적 위치를 미국은 활용하고자 하고, 중국은 이를 경계한다. 따라서 한국이 지나치게 저자세로 나가는 것은 국익을 최대화하는 전략이 아니다. 우리의 전략적 위치를 미국이 충분히 활용하고 있으니 때로는 그에 상응하는 것을 요구하는 자세도 필요하다. 그것이 외교다. 우리가 미국에게 할 말을 하고 국익에 따라 때로는 중국과 협력한다고 해서 미국이 보복하지는 않는다. 독일과 프랑스, 심지어 작은 나라 이스라엘도 때로는 미국과 갈등한다. 하지만 미국이 이들에 대해 보복한 적은 없다. 물론 잘 협의해야 한다. 설명 없이 자기 길만 가면 오해를 산다. 주요 채널에서 수시로 만나 협의하고 설명하면서 우리 얘기도 하고 국익도 챙기고 하는 것이 우리의 길이다.

그런데 박근혜 정부는 이런 것을 못 한다. 우선 대통령이 넓은 시야로 세계의 흐름을 꿰뚫어 볼 만한 식견을 갖추고 있는지 의문이다. 군 출신인 국가안보실장 역시 외교를 모르고 통일을 모른다. 미국과 중국의 경쟁이 심화되면서 중국과 일본, 일본과 한국 사이의 관계도 복잡다기해지는 것이 동북아의 국제정치 상황인데도 국가안보실장은 잘 보이지도 않는다. 외교부는 전문가 집단과의 활발한 소통을 바탕으로 전략적 판단을 하기보다는 대통령의 입만 쳐다보고 있다. 한 나라 외교의 수장은 성실성만 가지고 할 수는 없는 일이다. 윤병세는 대통령이나 청와대 참모가 새벽 2시에 전화를 해도 벨이 세 번 울리기 전에 받는다고 한다. 밤 11시에 외교부 국장들을 모아 회의를 하기도 한다고 한다. 성실하다는 얘기다. 그래서 박근혜 대통령이 좋아한다고도 한다.[9] 하지만 이런 성실성

9 석진환, "리더십·전략 부재 '외교위기' 가속화", 『한겨레』, 2015. 5. 6.

이 고도의 전략적 사고의 부재를 대체해주지는 않는다. 외교장관 정도면 큰 줄기를 잡고 방향을 제시하고, 때로는 대통령과 논쟁도 하고, 그러면서 필요하면 대통령을 설득해낼 수도 있어야 한다.

힘(power)은 일반적으로 '다른 사람이 하기 싫어하는 것을 하도록 만드는 능력'을 말한다. 힘 있는 사람은 다른 사람을 부릴 수 있는 사람이고, 힘 있는 나라는 다른 나라를 조종할 수 있는 나라이다. 이 힘과 구별되는 것이 영향력(influence)이다. '다른 사람을 설득해서 하고 싶은 마음이 생기도록 하는 능력'을 말한다. 장관은 대통령에게 힘은 없다. 대통령이 하기 싫은 것을 시킬 수는 없다. 하지만 영향력은 있을 수 있다. 하고 싶은 마음을 생기게 할 수는 있는 것이다. 이 영향력은 전문적인 식견과 비전, 신념, 명분에서 나온다. 이런 것을 종합적으로 설명할 수 있는 능력에서 나온다. 외교장관은 대통령에게 그런 영향력이 있어야 한다. 대통령은 통상 국내정치에 매몰되어 있다. 지지율 하나에 희비가 엇갈린다. 표와 여론을 먹고사는 것이 정치인이기 때문에 어쩔 수 없는 일이기도 하다. 그래서 대통령은 외교에는 관심이 덜하고 잘 모르기도 한다. 그런 대통령을 잘 설득해서 국제사회에서 제대로 국익을 실현하고 국가의 장기적인 생존과 발전을 꾀하도록 하는 것이 외교장관이 할 일이다. 지금의 외교장관은 그런 역할을 하지 못하고 있다. 오죽했으면 여당 안에서까지 사퇴를 촉구하는 목소리가 나왔을까.

한마디로 말하면 박근혜 정부의 외교는 지나치게 보수적이다. 진보와 대비되는 개념에서의 보수적인 측면도 있지만, 더 큰 문제는 변화를 시도하지 못하는 측면에서 보수적이라는 것이다. 새로운 시도를 하지 못하고 있다. 미국에 의지해 왔으니 그냥 그대로 가는 것이고, 북한에 문을 닫고 지난 정부 5년을 지냈으니 비슷하게 가는 것이다. '관성의 외교'이다. 변화, 변혁이 없다. 그래서 실용과는 거리가 멀다. 칠 때 담대하게 치고, 빠질 때 과감하게 빠져야 하는 데 그게 되지 않는다. 미국과의 관계, 중국과의 관계, 북한과의 관계 모두 돌다리만 두드리고, 제자리걸음만 하고 있다.

한동대 교수 김준형이 말하는 것처럼 미국에 의지하는 관성은 이제 한미동맹을 신화화하고 이데올로기화하는 단계로까지 발전했다.[10] 이쯤 되면 박근혜 정부의 외교는 '이념외교'일 수밖에 없다. 이념외교를 하면 세계의 흐름을 종합적으로 보고 판단하는 시야는 떨어지게 된다. 결국은 장기적인 국가이익과는 거리가 먼 길로 가게 된다는 얘기다. 한미동맹의 신화에서 벗어나 균형과 실리를 추구하는 것이 지금 정부가 해야 할 일이다.

---

10 김준형, "박근혜 정부의 대외정책: 그 1년의 성적표", 시민평화포럼 박근혜 정부 출범1년 통일외교안보분야 평가 토론회 발표문, 2014. 4. 1., p.4.

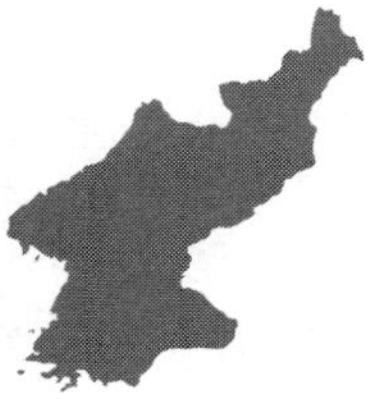

9 장

북한 포위를 위한 대중 접근인가

중국 포위 전략 참여는 곤란

지금의 세계를 설명하는 중요한 키워드 중 하나가 미중경쟁이다. 미국과 중국은 지역적으로는 아프리카, 중남미를 막론하고 세계 곳곳에서, 이슈별로도 경제와 정치, 문화, 정보, 이념 등 모든 분야에서 경쟁하고 있다. 그 경쟁은 더욱더 심화되고 있다. 특히 동북아에서 미중경쟁은 첨예하고 나타나고 있다. 동중국해에 있는 댜오위다오(센카쿠 열도)에서, 때로는 한반도에서, 양국의 경쟁 양상은 직접적으로 표현된다. 댜오위다오 분쟁의 와중에서 미국은 일본 편을 들면서 분쟁을 격화시키고 있고, 한반도에서 북한의 도발이 발생할 때 미국은 남한을, 중국은 북한을 두둔하면서 심한 갈등 양상을 보이고 있다.

중국이 급속하게 부상하면서 미중경쟁이 발생한 것인데, 미국은 우선 중국의 초강대국화를 막으려 하고 있다. 그래서 오바마 행정부가 중점적으로 추진하는 정책이 '아시아 회귀'(Pivot to Asia) 또는 '아시아 재균형'(Rebalancing) 정책이다. 아 · 태 지역에서 중국의 부상을 막고 미국의 영향력을 키우려는 것이다. 이를 위해 미국은 아시아에서 동맹국과의 관계를 더욱 강화하면서 다자적 기구를 새롭게 설립하는 등 다양한 전략을 구사하고 있다. 여기에 동원되는 구체적인 수단이 3가지이다. 첫째 C자형 포위 구상, 둘째 MD, 셋째는 TPP이다. C자형 포위 구상은 누운 C자형으로 중국을 포위하는 것이다. 인도와 미얀마, 라오스, 호주, 필리핀, 타이완, 일본, 한국을 동원해 옆으로 누운 C자형으로 중국을 포위하고 있다. 이를 위해 아시아 · 태평양 지역에 미 해군력의 60%를 배치하고 있다. 특히 동북아에서는 미국-일본-한국의 남방삼각동맹을 형성해 중국을 경계하고 있다. 일본의 아베 총리를 불러 일본총리로는 처음으로 상하양원합동회의 연설기회를 주고, 집단적 자위권도 인정해주고, 자위대가 세계 어디에서나 미군을 도우면서 군사활동을 할 수 있도록 미일방위협력지침을 개정하는 것은 이런 구도에서 나오는 것이다. 여기에 대항해 중국은 중국-러시아-북한의 북방삼각동맹을 형성해 대항하려 하고 있다. 중국이 러시아와 군사협력을 강화하고, 러시아의 천연가스를 장기적으로 수입하기로 하고, 북한과는 혈맹관계를 지속하려 하는 이유가 여기에 있다.

미국이 중국을 포위하는데 동원하고 있는 군사적 도구는 MD(Missile Defense, 미사일방어계획)이다. MD는 원래 소련의 대륙간 탄도미사일을 방어하기 위해 1983년 레이건 행정부에서 시작한 전략방위구상(SDI, Strategic Defense Initiative)이 그 기원이다. 1991년 소련이 망한 후 전지구적인 미사일 방어계획으로 발전한 것이 MD이다. 지구 어디서든지 날아올 수 있는 장거리미사일로부터 미국을 보호하겠다는 계획이다. 미국은 2002년 요격미사일 배치를 제한하는 '탄도탄요격미사일 제한조약'(ABM조약)을 탈퇴하면서까지 MD를 적극 추진해 오고 있다. 지금은 주요 타깃이 중국이 됐다. 물론 미국이 그렇게 말하지는 않는다. 하지만 그렇다. 미국의 최대 잠재적 적은 중국이니까. 그래서 들먹이는 것이 북한이다. 북한이 장거리미사일을 개발하고 있기 때문에 MD를 해야 한다는 것이다. 미국 본토에도 하고, 일본, 한국에도 해야 한다는 것이다. 일본은 MD체제에 참여하고 있고, 한국은 아직 본격 참여하지는 않고 있다. 지금 문제가 되어 있는 THAAD(Terminal High Altitude Area Defense, 고고도미사일방어체계)도 MD의 핵심부분 가운데 하나이다. 동북아의 동맹국에 MD체계를 갖추어서 중국을 포위한다는 것이 미국의 군사전략이다. TPP(Trans-Pacific Partnership, 환태평양경제동반자협정)

는 경제적으로 중국을 포위하는 수단이다. 아시아 · 태평양 지역국가 대부분을 참여시키는 광역 자유무역협정(FTA)인 TPP에는 물론 미국이 주도하고 있고, 뉴질랜드와 싱가포르, 칠레, 브루나이, 캐나다, 멕시코, 호주, 뉴질랜드, 싱가포르, 브루나이, 베트남, 말레이시아, 칠레, 페루, 일본 등이 참여하고 있다. 한국은 아직 참여하지 않고 있지만 참여가능성이 높다. 물론 중국은 참여하지 않고 있다. 그래서 TPP가 가지는 성격은 경제를 뛰어 넘는다. 중국을 포위하는 전략적인 협정인 것이다. 미국의 고위관료들도 인정한다. 미국 국방장관 카터(Ashton Carter)가 지난 4월 애리조나주립대에서 강연을 했는데, 그 자리에서 "TPP는 강력한 전략적 의미를 지니고 있다…. 재균형 정책 관점에서 보면 TPP는 내게는 다른 항공모함처럼 중요하다"라고 강조했다.[1] 항공모함이 중국의 앞바다를 지키는 것만큼의 효과가 TPP에 있다는 얘기다.

중국이라고 가만히 있을 리는 없다. RCEP(Regional Comprehensive Economic Partnership, 포괄지역경제동반자협정)을 적극 추진하고 있다. 미국을 빼고, 동남아시아국가연합(ASEAN) 10개국과 한국, 중국, 일본, 호주, 인도, 뉴질랜드 등 16개국을 묶어 다자간 자유무역협정(FTA)을 이루어내려 하고 있는 것이다. 미국과 일본을 빼고 AIIB(아시아인프라투자은행)을 만드는 것도 미국 주도의 아시아 경제질서에 대항하려는 것이다.

미국과 중국이 이렇게 경쟁구도를 형성하면서 미국은 특히 이 구도에 일본과 한국을 끌어들이는데 공을 들이고 있다. 동아시아의 핵심 동맹국이니 그럴 수밖에 없다. 그래서 한 · 미 · 일 군사정보 공유약정도 체

1 박현, "미 국방 '한-미-일, 미-일-호주 삼각협력 만들 것'", 『한겨레』, 2015. 4. 8.

결해(2014년 12월) 3국의 군사정보공유체계를 구축하려 하고 있다. 미·일방위협력지침도 개정하고, 한국에 사드도 배치하려 하고 있다. 박근혜 정부는 AIIB에 대한 늦은 참여, 러시아 전승기념일 행사 불참 등에서 알 수 있듯이 미국의 입장에 적극 부응하는 방향으로 움직이고 있다.

문제는 중국과의 관계다. 미국이 중국과 대결의 관계를 형성하고 있고, 한국이 미국 측에 가담하고 있다고 해서 한국이 적극적으로 중국과 적대관계를 확대시키는 것은 우리의 국익확보 차원에서 바람직하지 못하다. 미국의 중국 포위 전략에 적극 참여하는 것은 곤란하다는 말이다. 사드 배치와 관련해서 배치를 적극 주장하는 쪽은 미국과 협력해 중국을 적극 견제하고 압박해야 한다는 의견이다. 하지만 이는 위험하다. 위험은 피해야 한다. 그것이 헤징(hedging)전략이다. 지나치게 미국에 경도되는 전략보다는 중국과의 관계를 적정 수준에서 관리함으로써 위험한 상황이 발생하지 않도록 대비하는 것이다. 이런 헤징전략을 중심으로 대중정책, 대미정책을 추진해 나가야 하는 것이다.

북한 급변사태에 개입하려는 일본

미중 사이에서 헤징을 하면서 동시에 우리가 잘 관찰해야 하는 것이 일본이다. 일본은 북한을 악마화하는 데 열심이다. 전통적으로 그래 왔다. 일본정부와 언론이 한통속이다. 6자회담을 할 때 일본의 관심은 핵문제보다는 일본인 납치자 문제였다. 북한 수석대표 김계관의 동선을 끈질기게 추적하면서 사진 찍고 질문하던 것은 일본 언론이었다. 퀵서비스 오토바이까지 동원해 따라다녔다.

김정일이 중국을 방문했을 때에도 김정일이 탄 열차를 끝까지 찾아서 촬영하던 게 일본 언론이다. 김정은의 이복 형 김정남의 마카오, 싱가포르, 베이징 행적도 일본 언론이 제일 잘 알고 있다. 북한 관련 뉴스는 크게 쓰고, 특히 부정적인 측면은 더 크게 쓴다. '이상한 나라' 북한을 계속 부각시키는 것이다.

남북관계가 안 좋을 때 그 사이를 비집고 들어와 상처를 벌여놓으려 하는 것도 일본이다. 박근혜 정부 들어서서 남북관계가 벌어지니까 일본은 북한에 접근해 납치자 문제에 대한 전면 재조사를 합의했다. 작년 5월의 일이다. 북한과 가까워지려 한 것이다. 한미일의 공조를 외치면서도 이면으로 북한에 접근해 자신들이 필요한 것을 얻어내고, 남북한의 사이는 더 벌려놓는 작업을 한 것이다.

그런 일본이 최근에는 급변사태 시 북한에 개입할 수도 있다는 태도를 취하고 있다. 지난 5월 말 싱가포르에서 한일국방장관 회담이 있었다. 우리의 관심은 일본의 집단자위권 행사 범위였다. 미국이 분쟁에 들어가면 돕기 위해 일본은 작년 7월 집단자위권 행사를 공표했다. 그리고는 올해 5월 미일방위협력지침을 개정했다. 주변사태가 발생해서 미군이 출동할 경우 일본 자위대가 미군에 대한 지원을 적극적으로 할 수 있도록 하는 내용이다. 회담석상에서 국방장관 한민구는 우리의 동의 없이 한반도에 자위대가 들어올 수 없다고 말했다. 여기에 대해 일본 방위상 나카타니 겐은 남한에 대해서는 국제법에 따라 동의를 얻는다는 것이 일본정부의 방침이라고 답했다. 한민구는 "북한도 헌법상 우리영토"라고 말을 받았다. 북한에 개입하려하는 경우도 우리의 동의 없이는 안 된다는 얘기였다. 일본 방위상의 반응은 "북한에 대해서는 추후 논의하자"는 것이었다.

북한에서 급변사태가 나면 미군이 개입할 가능성이 있고, 그렇게 되면 분쟁상황이 되고, 자위대가 미군과 함께 북한에 들어갈 수 있다는 생각을 일본이 하고 있는 것이다. 우리의 정서와는 크게 어긋나는 생각이다. 일본은 여전히 반성 못한 침략국이다. 수시로 종군위안부를 부정하고, 독도를 자기네 땅이라고 주장하는 염치없는 나라이다. 전범들의 위패가 있는 야스쿠니 신사를 장관, 국회의원들이 참배하는 나라이다. 그런 나라가 한반도 문제에 깊이 관여하고, 심지어 유사시 북한 땅까지 갈 수 있단 생각을 하는 것은 전혀 용납될 수 없는 일이다.

미국과 중국 사이에서 균형 있는 외교를 하는 만큼 일본의 의도를 제대로 파악하고 단호하게 대응하는 것도 중요하다. 이명박 정부는 그런 일본과 군사정보를 공유하는 협정을 하려 했다. 실용이 지나쳐 일본의 본질과 일본을 여전히 경계하는 우리 국민의 마음을 제대로 보지 못했다. 박근혜 정부는 한미일 삼국이 정보공유협정을 체결하는 우회로를 택했다. 이것도 찜찜하다. 미국을 거치긴 하지만 북한 핵과 미사일에 대한 정보를 일본에 주고, 일본의 관련 정보를 받는다는 내용인데, 일본을 완전히 믿을 수가 없는 것이다. 일본이 믿을 수가 없게 만들고 있는 것이다. 그런데도 미국이 추진한 삼국협정에 참여했다. 미국은 한국과 일본이 늘 잘 지내기를 바란다. 그래야 한국과 일본의 협력을 얻어서 동북아를 관리하기가 쉽다. 1965년 한일협정 전에도 미국은 특사를 파견해 회담을 독려했다. 이제 중국에 대항하는 전선을 꾸려야 하는 미국이다.

미국이 중심이 된 한미일 공동전선에 들어가 있는 것이 한국의 처지이지만 철저하게 미국을 좇고, 경계심을 늦춘 채로 일본을 상대해서는 위험하다. 중국과는 관계를 점차 확대, 심화시키는 것이 필요하다. 미국을 자극하지 않으면서 중국에 접근하는 게 쉽지는 않다. 그래서 작은 나라의 외교는 어렵다. 없는 힘이지만 이를 최대한 활용해야 하고, 때로는 약한 것을 이용하기도 해야 한다. '약한 자의 독재'(tyranny of weakness)이다. "미국이 힘으로 밀어붙이니 어쩔 수 없다. 미국의 의사대로 가야겠다. 하지만 중국 너희들이 도와주면 달라질 수도 있을 것 같다" 이렇게 배짱을 부려보기도 해야 하는 것이다. 어쨌든 요는 미국과의 관계를 원만하게 운영하고, 중국에 접근하면서도, 일본에 대한 관찰은 게을리 하지 말아야 할 일이다.

북한 압박을 위한 대중정책은 안 된다

중국에 접근하는 것도 북한을 압박하기 위한 것이라면 곤란하다. 박근혜 정부는 미국과 함께 중국이 북한에 대해 많은 압박을 가해주기를 바란다. 그런 방향으로 정책을 추진해왔다. 중국에게 일을 맡긴다는 것이니 '중국위임론'이라고 할 수 있겠다. 하지만 정작 중국은 어떤 생각을 하고 있을까? 중국은 북한에 대한 압박을 원치 않는다. 흡수통일 역시 반대다. 북한과 중국 사이에 1961년에 체결된 조중우호조약 제6조는 "중화인민공화국과 조선민주주의인민공화국 양국은 조선의 통일이 평화와 민주주의를 바탕으로 실현되는 것을 원하며, 이러한 문제의 해결은 조선 인민의 이익 및 동아시아의 평화 옹호 목적과 일치하는 것을 인정한다"라고 규정하고 있다. 한쪽이 다른 쪽을 일방적으로 지배하는 식의 통일은 생각하지 않고 있는 것이다. 물론 남한이 북한을 흡수통일하는 것은 더 더욱 반대한다.

한중수교 공동성명 제5조도 "중화인민공화국 정부는 한반도가 조기에

평화적으로 통일되는 것이 한민족의 염원임을 존중하고 한반도가 한민족에 의해 평화적으로 통일되는 것을 지지한다"고 밝히고 있다. 어디까지나 '평화적'으로 통일되는 것을 지지하는 것이다. 평화적이라는 의미에는 '대화를 통해 단계적으로'라는 의미가 내포되어 있다. 실제로 한중수교 이후 중국의 지도자들은 한반도 통일과 관련해 '남북이 인내를 가지고, 자주적으로, 단계적으로 통일을 이루기를 바란다'는 의견을 피력해왔다.[2] 흡수통일이 끼어들 여지는 없다. 이런 상황에서 한국이 미국과 함께 중국에 압력을 행사해 중국이 북한에 대해 어떤 실력을 행사해주길 바라는 것은 나무를 보고 고기를 구하는 것과 다를 것이 없다.

미국과 한국의 압력을 받은 중국이 그 압력에 부담을 느껴 한·미가 원하는 방향으로 움직일 수 있다면, 해볼 만하다. 그러나 그럴 가능성이 있을까? 내 생각에는 없다. 중국은 한미동맹을 '냉전의 산물'로 본다. 냉전시대에 만들어진 구시대적 유물이라고 여기는 것이다. 그런 한미동맹이 중국에 압력을 가하는 구도 자체를 싫어한다. 그런데 그런 중국을 향해 한미가 공동으로 '북한이 핵을 포기하도록 설득해라', '북한이 6자회담으로 나오도록 해라' 라고 요구하는 것은 매우 무모한 행위이다.

오랜만에 초한지를 들춰보자. 이런 얘기가 나온다. 항우가 유방을 죽이려고 파티에 초대한다. 홍문연회(鴻門宴會)다. 특급군사참모 범증의 조언에 따른 것이다. 유방을 앉혀놓고 항우의 사촌동생 항장이 칼춤을 춘다. 춤을 추다 기회를 보아 유방을 찌르려는 생각이었다. 이때 항백이 같이 칼춤을 춰준다. 항우의 작은 아버지 항백은 유방에게 호감을 가지

---

2 김태호, "한중관계 21년의 회고와 향후 발전을 위한 제언: 구동존이(求同存異)에서 이중구동(異中求同)", 『전략연구』, 60, 2013, p.20.

고 있었다. 항우가 유방을 죽이려는 계책을 알고 항장을 방해하고 나선 것이다. 항백이 그렇게 항장을 막아서고 있는 사이 유방은 연회장을 벗어나 멀리 달아나 목숨을 건졌다. 그래서 나중에 한나라를 건설할 수 있었다. 동북아 국제관계를 관찰하는 중국의 학자들이 "항장이 칼춤을 추는 의도는 유방을 죽이려는데 있다"고 말한다.[3] 항장이 한국이다. 한국이 미국의 등에 업혀 북한을 압박하고 중국을 견제하는데 일조하려 한다는 얘기다. 중국이 이렇게 생각하고 있기 때문에 한미, 또는 한미일의 결속을 강화해 중국에 영향력을 행사하고, 그 힘으로 북핵문제를 해결하겠다는 생각은 실현가능성이 없다. 이는 오히려 북중관계의 강화를 가져왔고, 이런 정책이 계속된다면 한중관계를 나쁘게 할 가능성이 높다.

실제로 이명박 정부 출범 이후 북중 간의 무역은 크게 증가하는 추세를 보여 왔다. 2009년 17억 달러였던 북중무역은 2010년 35억 달러로 증가했고, 2011년에는 56억 달러로 늘었다. 2013년에는 65억 달러에 달했고, 작년에는 68억 달러로 확대됐다. 이에 따라 작년 북한의 전체 무역규모(남한과의 무역은 제외된 것) 가운데 중국이 차지하는 비중은 90.1%로, 사상 처음으로 90%를 넘었다. 주목해서 볼 만한 것은 북한의 수출품 가운데 석탄 등 광물성 연료가 37.2%로 가장 많은 비중을 차지하고 있지만, 의류와 부속품의 수출이 크게 늘어나고 있다는 것이다. 작년에 23.7% 증가했다. 이는 북한이 석탄 등 자원유출을 통제하고 있기 때문으로 보인다. 북한은 최근 중국과의 교역에서 자원수출은 줄이고, 스키복과 수영복, 티셔츠, 러닝셔츠 등 의류와 섬유류 완제품 수출을 늘리고 있다. 올해 1분기 북한의 대중수출 가운데에서도 철광석 수출은 작년 같은

3 장공자, "박근혜 정부 출범과 한·중관계 발전방향", 『통일전략』, 13-2, 2013, p.130.

기간에 비해 66% 감소했는데, 스키복과 수영복 등 운동복 수출은 122% 늘었고, 티셔츠와 러닝셔츠 수출도 131% 증가했다. 북한이 자원수출보다는 제조업능력을 향상시키면서 경공업제품의 수출을 늘리는 방향으로 수출전략을 전환한 것으로 보인다. 어쨌든 북중무역은 지속적인 증가추세에 있다.

한국은 미국은 물론 중국과도 협력을 강화해야 하는 입장이다. 특히 경제적인 협력은 계속 증진시켜 왔다. 한중FTA를 타결한 것도 그런 차원이다. 미국, 일본과의 교역량을 합친 것이 중국과의 교역량을 따라가지 못하는 상황에서 중국과의 경제적 협력을 중시하는 것은 당연한 일이다. 중요한 것은 여기에 북한 요소가 들어가면 곤란하다는 것이다. 북한을 봉쇄하기 위해 중국과 협력을 강화하겠다는 생각이라면 문제가 있다는 얘기다.

박근혜 정부 들어서서 중국과의 협력관계는 강화되고 있는데, 전체적인 관계가 2013년 6월 한중정상회담 합의에 따라 '전략적 협력 동반자 관계의 내실화' 단계로 격상되었다. 1992년 한중수교 이후 중국과의 관계는 김대중 정부 때 '협력적 동반자 관계'가 되었고, 노무현 정부에서 '전면적 협력 동반자 관계'로 올라섰다. 이후 이명박 정부 때는 '전략적 협력 동반자 관계'로 발전했다. 박근혜 정부 들어서서는 전략적 협력 동반자 관계의 내용을 보다 튼실하게 하려 하고 있다. '전략적'이란 용어가 들어가면 '군사적'이란 의미를 포함하는 것이다. 이를 내실화 하는 것이니 경제적 협력 단계를 군사안보적 협력 관계로 끌어 올려서 더 탄탄하게 하겠다는 얘기다. 실제로 청와대 국가안보실장과 중국의 외교담당 국무위원 사이의 한 · 중 고위급 전략대화가 이뤄지고 있다. 한중 국방부 간 핫라인 설치도 합의되어 실무적인 작업이 진행되고 있다. 우리 국방부가 핫라인을 설치하는 것은 미국과 일본에 이어 세 번째이다. 핫라인이 마련되면 우발적인 군사적 충돌을 방지할 수 있고 안보현안에 대한 소통을 확대할 수 있다. 이처럼 한중 간의 군사안보적 협력이 강화되고 있는 것이다.

조선노동당 국제비서 출신의 탈북자 황장엽은 한중FTA를 매우 중요하게 생각했다. 한중FTA가 되면 우선 한국과 중국이 보다 가까운 관계가 될 것이라는 생각에서였다. 나는 황장엽의 이런 생각에는 북한에 대한 봉쇄 의지가 담겨있다고 본다. 김정일 정권에 대한 실망과 반감 때문에 탈북한 그에게 북한은 적절한 대화와 타협의 대상이라기보다는 타도를 해야 하는 상대였다. 한국과 중국이 FTA도 하고, 나아가 안보협력도 강화하면서 북한을 봉쇄하면 북한은 붕괴될 것이라는 생각을 했을 것이다. 그런 황장엽식 전략이 박근혜 정부의 대중정책에 개입되면 안 된다는 생각이다. 왜? 중국은 북한을 여전히 버리지 않고 있고, 버릴 수 없기 때문이다. 그런 상황인데, 한국이 중국에게 '우리 손잡고 북한을 압박해보자' 고 하는 것은 한중 · 남북관계를 악화시키는 작용밖에는 하지 않을 것이다.

박근혜 대통령은 올해 초 중국대사로 군출신이면서 국방 장관, 국가안보 실장을 지낸 김장수를 보냈다. 1992년 수교이후 군 출신 중국대사는 그가 처음이다. 이를 보면서 과거의 사례가 떠올랐다. 노태우 정권은 북방외교에 주력했다. 특히 소련과의 수교에 진력했다. 1990년 9월 어렵게 수교를 이루었다. 소련에 30억 달러의 차관을 제공하고 얻어낸 것이었다. 상환조건도 제대로 명시하지 않은 차관이었다. 이후 노태우 정부는 북한과 소련을 격리시키는 작업에 몰두 했다. 외교안보수석 김종휘가 지휘했다. 그 중 핵심은 북 · 소우호협력조약의 자동군사개입 조항을 없애는 것이었다. 이 작업은 김영삼 정권으로 이어졌다. 권영해 국방 장관이 책임을 지고 추진했다. 결국 1996년 조약이 개정될 때 이 조항이 삭제됐다. 물론 한국정부의 작업이 삭제의 유일한 원인이라고 할 수는 없겠지만, 상당부분 영향을 준 것은 맞는 것 같다. 차관을 30억 달러나 제공하면서 수교협상을 하고 이후 이런 추세로 적극 공세를 폈으니 일정한 영향력을 행사했다고 보는 것이 옳을 것이다.

김장수가 주중대사로 가는 것을 보고 이런 과거사가 떠오른 것은 혹시 그가 이런 임무를 가진 것은 아닌가 하는 의구심 때문이다. 북·중우호조약에는 자장군사개입 조항이 있는데 이를 없애려는 작업을 하는 것은 아닌가 하는 우려이다. 하지만 러시아와 중국은 다르다. 북한과의 관계 깊이 면에서 크게 차이가 난다. 북중관계의 속성을 모르고 어설프게 그런 일을 추진하는 것은 안 한 것만 못하다. 오히려 최악의 결과를 가져올 수 있다.

소원한 북중관계 기대하지 마라

한국과 미국은 중국에게 북한에 대해 압박을 가해줄 것을 계속 주문하고 있는데, 중국은 북한에 대해서 어떤 생각을 하고 있을까? 박근혜 정부 들어서서 중국이 북한과 점점 거리를 두고 있다는 분석이 많이 나왔다. 그런 모습이 일부 보였다. 특히 2013년 12월 친중파 장성택이 처형된 이후로는 중국과 북한 사이가 소원해지는 모습이 관찰되기도 했다. 지속적으로 되어 오던 양국 고위관료들의 상호방문이 뜸해진 것이 대표적이다. 실제로 작년 2월 중국 외교부의 부부장 류전민(劉振民)이 북한을 방문한 이후 1년 이상 고위급 인사 교류가 중단되기도 했다.

실제 중국 내에는 '북한 부담론'과 '전략적 자산론'이 함께 존재하고 있다. 전자는 북한을 중국이 가진 하나의 짐이라고 보는 시각이고, 후자는 북한을 중국이 지켜야 하는 중요한 자산으로 여기는 관점이다. 양자 사이에는 종종 논쟁이 발생하는 데, 작년 말 리둔치우-왕홍광 논쟁이 단적인 예이다. 저장대학 교수인 리둔치우(李敦球)는 한반도문제 전문가로 작년 11월 28일 『환구시보』(環球時報, 『인민일보』의 국제시사문제 전문 자매지)에 기고한 글에서 "65년의 동반자 북한을 포기할 수는 없다"고 주장했다. 여기에 대해 12월 1일 난징군구(南京軍區) 부사령관 출신인 왕홍광(王洪光)이 반박의 글을 실었다. "북한이 중국의 이익을 해치는데 반대하는 것을 '북한 포기'로 여겨서는 안 된다"는 내용이었다. 중국의 국가이익을 저해하는 북한에 대해서는 적극적으로 지지해줄 필요가 없다는 얘기였다. 이런 식의 논쟁이 네티즌이나 언론매체들 사이에서 자주 발생하고 있다. 그만큼 중국의 북한에 대한 인식이 과거와는 달라졌고, 북한에 대한 일방적인 지원을 반대하는 중국인도 많아졌음을 보여주는 것이다.

하지만 지난해 말부터 북중 사이는 이전과 별 다를 바 없는 관계로 회복되어 가는 모양새이다. 지난해 12월 유엔총회에서 북한인권문제를 국제형사재판소(ICC)에 회부하자는 결의안이 통과되었지만, 중국은 반대표를 던졌다. 비슷한 시기 김정일 사망 3주기를 맞아 중국공산당 정치국 상무위원 류윈산(劉雲山)이 베이징의 북한대사관을 방문해 조문했다. 당 서열 5위가 조문객으로 간 것이다. 올해 1월 김정은의 생일에는 축전을 보냈다.

이런 움직임이 올해 3월이 되어서는 중국정부의 대북정책으로 정리되어 나왔다. 관계개선(關係改善), 원조중개(援助重啓), 지방위주(地方爲主)라는 세 가지 원칙 하에서 북중관계를 진행시켜 나간다는 것이다.[4] 북중관계를 개선한다는 기본적인 방침 아래 대북한 원조를 다시 시작하고, 중앙정부보다는 북한과 가까운 동북3성이 중심이 되어 대북협력 사업을 계속한다는 얘기다. 이를 두고 여러 가지 해석들이 나온다. '북한이 러시아와 가까워지니까 이를 경계하기 위해서 북한과의 관개를 다시 개선하려 한다' ,'한국과 미국의 동맹이 공고해지니까 중국이 북한과의 동맹을 강화해 대응하려 한다' 등등.

하지만 내가 보기에는 북중동맹은 원래 흔들리지 않았고, 앞으로도 이런 관계는 지속될 가능성이 높다. 왜 그런가? 첫째, 북한과 중국의 관계는 다른 어떤 국가 간 관계보다 역사성이 깊다. 김일성을 비롯한 북한 건설의 주역들이 일제강점기 중국공산당과 함께 항일투쟁을 전개했다. 일본이라는 공동의 적을 두고 목숨을 건 사투를 함께 한 것이다. 1945년 12월 김일성이 조선공산당 북부조선분국의 책임비서가 되면서 북한지역을 사실상 장악한 이후에는 중국공산당을 전폭 지원했다. 식량도 주고 일제가 남기고 간 무기도 줬다. 당시 중국공산당은 국민당군에 쫓겨 동북3성에 몰려 있었다. 6만 명에 이르는 조선족 병사들도 중국공산당군으로 장제스군대와 싸웠다. 이들은 중국의 내전이 종료되어 갈 즈음에 북한으로 건너가 조선인민군의 주력이 되었다. 이런 원조에 대한 보답으로 중국은 한국전쟁에 참전해 북한을 도왔다. 이러한 북중관계의 역사성을 하루 이틀 사이에 무너질 것으로 보기는 어렵다.

---

4 안용현·황대진, "중, 대북 원조재개·관계개선 방침 세운 듯", 『조선일보』, 2015. 3. 10.

둘째, 이념적인 유대이다. 중국과 북한은 지구상에 얼마 남지 않은 사회주의 체제를 유지하고 있다. 그래서 쿠바를 포함한 이들 사회주의 국가들 사이에는 특별한 유대감이 존재한다. 게다가 김일성을 비롯한 북한 건설의 주요인물들이 사회주의를 중국공산당으로부터 배웠다. 이러한 연결고리가 북한과 중국 사이를 지금도 긴밀하게 연결시켜 주고 있다.

셋째, 양국의 전략적 필요이다. 중국은 북한이 필요하다. 미중경쟁이 심화되고 있는 상황에서 중국은 동북아에서 되도록 많은 우군을 확보해야 하는 상황이다. 미국이 중국 봉쇄전략을 추진하고 있는 상황에서 중국은 이에 대응하기 위해 전통적인 우방국 북한을 잃어서는 안 되는 입장이다. 중국이 북한을 주요동맹국으로 품에 안고 있어야 하는 상황인 것이다. 북한도 미국 · 한국과의 관계가 긴장의 연속이기 때문에 중국을 지원세력으로 확보하고 있어야 한다.

이렇게 북중 양국이 모두 동맹유지의 필요성을 가지고 있는 만큼 일시적인 부침은 있을 수 있겠지만 동맹 자체가 결정적으로 약화되기는 어렵다. 실제로 2009년 5월 북한이 2차 핵 실험을 한 직후 중국 정부가 외사영도소조 회의(우리의 국가안전보장회의와 같은 것)를 열어 북한에 대한 입장을 정리했는데, 북한은 중국의 전략적 자산이며, '북한문제'와 '북핵문제' 는 분리해서 대응한다는 입장이었다.[5] 북한의 핵 실험에도 불구하고 전통적인 북중혈맹관계를 계속 유지하는 것으로 결정한 것이다. 북핵문제에 대해서 중국은 기본적으로 북한이 장기적으로 고립되어 왔고, 경제가 파탄상태이며, 북한정권이 불안정한 상황이기 때문에 발생하는 문제라는 인식을 가지고 있다. 미국과 한국의 대북강경정책도 북

---

5 주춘렬, "中 내부 北에 '부글부글'… 시진핑 대북정책 변화 바람부나", 『세계일보』, 2013. 2. 15.

핵문제 악화에 한몫하고 있다고 여기고 있다. 따라서 이를 해결하기 위해서는 북한문제 자체를 해결해야 한다는 생각이다. 북한문제라는 것은 북한의 고립과 경제적 쇠락, 정권의 불안정, 그로 인한 동북아질서의 변동가능성을 이르는 포괄적인 용어이다. 중국은 이 북한문제를 해결하기 위해서는 북한을 고립에서 벗어나게 해주고, 북한경제가 회생할 수 있도록 지원해주면서, 북한정권을 안정시켜야 한다는 인식을 가지고 있다.

이런 기조 위에서 나온 것이 '부전 · 불란 · 무핵(不戰 · 不亂 · 無核) 정책'이다. 전쟁을 방지하는 것이 첫 번째이고, 안정이 두 번째, 비핵화가 세 번째라는 말이다. 역시 북한의 핵문제를 해결하는 것보다는 북한을 달래고 설득해서 한반도의 안정을 유지해가는 것이 훨씬 중요하다는 인식이다. 또한, 그 안정이라고 하는 것도 북한정권이 유지될 때 가능하다고 믿고 있다. 북한정권을 흔들거나 교체하려 하는 것은 불개입(non-intervention)이라는 국제사회운영의 기본원리에 반하는 행동이며, 정권을 그대로 둔 채 이들과 대화해서 안정을 이루는 것이 옳다는 것이다.

초대 주한 중국대사 장팅옌(張庭延)이 중국의 대(對)한반도 정책에서 우선순위를 차지하는 이슈를 정리해서 말한 적이 있는데, 첫 번째 우선순위는 '한반도 안정'이고, 두 번째는 '북중우의,' 세 번째는 '한반도 비핵화'라는 것이었다.[6] 비슷한 내용이다. 한반도에서 분쟁이 발생하지 않는 것이 가장 중요한 관심이고, 그 다음은 북한과 중국이 전통적인 우호관계를 이어가는 것이라는 말이다. 또, 비핵화는 북중 간의 우호관계가 원만하게 유지되는 가운데서 이루어져야 한다는 것이다.

---

6 홍우택, "2013 한반도 위기: 베이징의 '대북 입김'은 없다", 『주간동아』, 2013. 3. 25.

그런데도 북중관계 악화를 기대하면서 중국에 접근하는 것은 방향을 잘못 잡는 것이다. 결국 한중관계를 악화시킬 뿐이다. 중국을 향해서 "이제 너희들과 잘 지낼 테니 북한에 대해서 더 압박을 해줘라"라고 주문하는 것은 중국의 정서와 전략을 잘 이해하지 못하는 데서 나오는 것이다. 중국은 어디까지나 북한이 먼저이고 그 다음이 한국이다. 이 순서를 바꾸라고 요구하는 것은 안 된다는 것이다. 이는 결국 북한과의 관계도 악화시키는 것이다.

흡수통일을 하겠다는 생각, 북한을 압박하겠다는 생각은 그래서 문제가 된다. 북한을 압박, 봉쇄하면서 중국도 여기에 동참하도록 해야 하는 것이다. 그런데 중국은 그럴 생각이 없다. 중국이 생각이 없으면 대북봉쇄, 흡수통일 전략은 성공의 가능성이 없다. 중국으로 향한 구멍이 엄청 크게 뚫려있는데 나머지 3면을 봉쇄한다는 게 무슨 의미가 있겠는가? 결국 해답은 중국과의 관계 증진에 노력하면서, 동시에 남북관계를 개선하는 것이다. 이것이 안 되면 서로 맞물려 있는 한중관계, 남북관계, 북중관계가 선순환의 구조로 발전할 수 없다.

10 장

이명박 정부의 실패를 반복 하려 하는가

실패한 대북정책,
반성 없는 이명박

박근혜 정부의 대북정책은 이명박 정부의 것과 맥을 같이 한다. 당이 같고 지지기반이 같으니 그럴 수밖에 없다. 그런데 이명박 대통령을 비롯한 이명박 정부 주요 인물들은 자신들의 대북정책에 대해 지금도 옳다고 생각하고 있다. 5년 동안 남북관계를 크게 후퇴시켰는데도 그에 대한 성찰이 없다. 이런 모습은 박근혜 정부가 고집스럽게 대북강경정책을 밀고 가는 바탕이 되기도 하는 것으로 보인다. 정권이 끝났으면 겸허한 마음으로 그동안 무엇이 잘못된 것인지 검토하고, 그런 검토 끝에 이후 정권에 참고가 될 만한 사항이 있으면 조언을 해주고 하는 것이 옳은 자세일텐데 이명박 정권은 그 반대다. 반성은 없고 여전히 자화자찬과 부적절한 언사들을 쏟아내고 있다.

이명박 전 대통령이 올해 2월 회고록을 냈다. 대통령을 마친지 2년밖에 안된 시점에 회고록을 낸 것이다. 이례적인 일이다. 대통령의 회고록은 비밀스러운 점을 많이 다루고, 후임자에게 부담을 줄 수 있는 내용도 많아서 통상은 상당한 시일이 지나서 나온다. 그런데 이명박 대통령은 뭐가 급했던지 서둘러서 회고록은 냈다. 물론 내가 관심을 갖고 본 부분은 남북관계에 관련된 부분이다. 내용은 실망스럽기 그지없다. 내용을 좀 자세히 보자.

"북한이 제시한 문서에 의하면 정상회담을 하는 조건으로 우리 측이 옥수수 10만 톤, 쌀 40만 톤, 비료 30만 톤의 식량을 비롯하여 아스팔트 건설용 피치 1억 달러어치를 제공하고 북측의 북한국가개발은행 설립

자본금 100억 달러를 우리 정부가 제공하는 것으로 되어 있었다."[1]

북한이 정상회담을 위한 실무접촉에서 위와 같은 요구사항을 내밀었다는 내용이다. 무리한 요구를 일방적으로 한 것처럼 묘사되어 있다. 남북정상회담과 관련된 내용은 회고록의 5장 '원칙 있는 대북정책'에 나온다. 이 10장은 이명박 정부 청와대 대외전략기획관이었던 김태효와 통일부 장관을 지냈던 현인택, 외교안보수석비서관이었던 천영우가 얘기한 내용을 작가가 쓰고, 최종적으로 김태효가 감수한 것이다.[2] 현인택은 2011년 7월 美국무부에서 동아시아태평양 담당 차관보를 하고 있던 캠블(Kurt Campbell)에게 "김정일은 2015년 이후까지 살 수 없을 것"이라면서 "북한이 갑작스레 붕괴할 경우 한국과 미국 정부는 한반도 통일을 위해 신속하게 움직여야 한다"고 역설했던 인물이다. 천영우는 2010년 2월 주한 미국대사 스티븐스(Kathleen Stephens)를 만나 "김정일 사후 2~3년 안에 북한이 붕괴될 것"이라고 말했던 사람이다.[3]

문제는 사실관계를 정확하게 기록했다기보다는 자신들의 시각으로 이명박 정부 당시의 남북관계를 정리했다는 것이다. 그러다보니 사실이 아니라는 지적까지 받고 있다. 핵심은 북한이 정상회담을 일방적으로 제안하고 그 대가로 많은 물자와 돈을 요구했다는 것인데, 실상은 그렇지가 않다. 협상과정에서 우리가 요구하는 것이 있었다. 납북자와 국군포로의 고향 방문이다. 이명박 정부가 이를 요구하고, 북한은 경제적 지

---

1 이명박, 『대통령의 시간: 2008-2013』, 알에이치코리아, 2015, p.335.

2 송홍근, "'책임 있게 협력한다'가 '北 100억 달러 요구'로 둔갑", 『신동아』, 2015. 3., p.101.

3 서재정, "미국의 동아시아전략과 대북정책", 『내일을 여는 역사』 49, 2012, p.87.

원을 요구하면서 협상이 진행된 것이다. 100억 달러를 요구했다는 것도 정상회담이 성사되고 남북관계가 개선되면 북한의 개발은행 설립에 필요한 외자유치를 지원해달라는 취지였다.[4]

정상회담을 위한 비밀접촉은 2009년 10월 싱가포르에서 이뤄졌다. 남측에서는 임태희 노동부 장관, 북측에서는 김양건 노동당 통일전선부장이 나왔다. 그래서 관련 내용을 제일 잘 아는 사람은 임태희다. 그런데 그는 회고록 작성과정에 참여하지 못했다. 정상회담 추진 과정에서 학자출신의 강경파들과 사이가 멀어졌기 때문이다. 이들 강경파가 현인택, 김태효다. 관료출신인 국정원장 원세훈도 강경파에 속했다. 싱가포르 접촉 이후 강경파가 임태희를 남북정상회담 논의에서 배제했다. 북한에게 많은 돈을 주고 정상회담을 하는 것보다는 차라리 안 하는 게 낫다는 것이 강경파의 생각이었다.

어쨌든 당시 싱가포르 접촉의 내용은 직접 당사자 임태희가 가장 정확하게 알고 있다. 그의 설명은 이렇다.

"북측이 원하는 게 있듯 우리도 원하는 게 있으니 그것을 연계해서 하자는 것이었다. 북측이 우리가 원하는 조치를 시행하려면 내부적으로 문제를 해결해야 한다고 했다. 그게 쌀과 식량이었다. 두 정상이 납북자, 국군포로를 포함한 이산가족 문제를 정상회담에서 논의해 해법에 합의한 후 북측이 조치를 취하는 것에 따라 남측이 경제지원을 하는 게 협의의 골자다. 정상회담을 여는 대가로 얼마를 주기로 했다는 것은 사실이 아니다…. 쉽게 예를 들어 고향방문을 실시하면 ot, 상봉을 실시하면 △t, 서신교환을 하면 ◇t 이런 식으로 인도적 지원을 하자는 것이다. 북한

4 김영희, "품격 잃은 전직 대통령의 회고록", 『중앙일보』, 2015. 2. 6.

처지에서 쌀이 급하면 고향방문을 받아들이게 되는 것이다. 고향방문이 이뤄지지 않으면 쌀을 덜 주거나 안 주면 된다."[5]

이 얘기하고 이명박 전 대통령의 회고록하고는 완전히 다르다. 임태희는 주고받기식 협상을 하고 있었다는 얘기이고, 회고록은 북한이 밑도 끝도 없이 많은 돈을 요구했다는 얘기다. 이는 김태효, 현인택, 천영우의 작품이다. 북한을 언제나 얼토당토 않는 요구를 하는 존재로 인식하고 있는 이들이 대통령 회고록이라는 공간을 빌려 사실을 왜곡하면서 북한을 여전히 어이없는 존재로 만들어 내고 있다.

당시 싱가포르 접촉 이후 정상회담은 성사 직전까지 갔다. 핵문제도 논의하기로 했고, 정상회담 후 납북자와 국군포로 몇 명을 데리고 오는 데까지 합의했다. 하지만 막판에 깨졌다. 강경파는 노동부 장관 임태희가 합의를 하면 문제가 될 것이라면서 정상회담 문제를 현인택이 장관을 하고 있던 통일부로 가져갔다. 이후 그들은 공을 차지하기 위해 몇 가지를 북한에 더 요구했다. 북측이 이를 수용하지 못해 협상은 결렬된 것이다.[6]

정상회담이 결렬되면서 남북관계는 악화일로였다. 2009년 10월 정상회담을 위한 싱가포르 접촉이 있었는데, 5개월 후인 2010년 3월 천안함 사건이 발생했고, 다시 8개월 후 연평도 포격을 당했다. 특히 연평도 포격은 한국전쟁 이후 최초의 남측 민간인 구역에 대한 직접적인 공격이었다. 정상회담이 성사되었어도 이런 일이 일어났을까? 이명박 정부 임기 동안 모두 5차례의 북한 도발로 66명의 무고한 목숨이 희생되었다. 그런

---

5 송홍근, "'책임 있게 협력한다'가 '北 100억 달러 요구'로 둔갑", 『신동아』, 2015.3., pp.105-106.

6 위의 글, p.106.

데도 이대통령, 현인택, 김태효 누구도 반성은 없다. 남북의 숙원 사업인 이산가족 상봉도 두 차례밖에 하지 못했다. 그 이전 노무현 정부는 11번을 했다. 고위급 대화는 한 번도 하지 못했다. 상호비난 억제를 위해 없앴던 대북 확성기를 다시 설치했다. 인도적 지원은 500억원 정도로 노무현 정부의 8분의 1에 불과했다. 또 북한을 다녀온 관광객은 약 30만 명으로 4분의 1로 감소했다.[7]

이명박 대통령은 남북정상회담을 5번 거절했다고 쓰고 있다. 이 역시 잘못이다. 북한이 애걸하고 남쪽이 일방적으로 거절한 듯이 말하고 있는데, 우리가 요구하는 게 있고 북한이 요구하는 게 있어서 서로 협상을 하다가 결실을 못낸 것이니 거절이 아니고 협상이 결렬된 것이다. 외교의 상식에 속하는 얘기다. 그런 것도 제대로 인식하지 못하고 쓰여진 회고록이니 대통령의 회고록 치고는 아주 저급하다 아니할 수 없다.

생각 없이 비밀 공개

저급한 수준은 회고록 여기저기서 발견된다. 2009년 8월 23일 김기남 노동당 선전담당비서가 청와대를 방문했다. 김정일의 특사로 김대중 대통령 장례에 조문을 와서 청와대를 방문한 것이다. 김기남이 남북정상회담을 열 수 있다는 김정일의 의사를 전하고, 이명박 대통령은 핵문제도 논의할 수 있어야 정상회담이 가능할 것이라는 얘기를 했다고 쓰고 있다.

---

7 계경석, "원혜영 의원, '이명박 정부 남북관계 성적 낙제점'", 『IBS뉴스』, 2012. 10. 3.

"나는 다시 한 번 북한 조문단에게 남북대화가 핵 문제 등의 논의를 제외해서는 안 된다는 점을 분명히 했다. '예, 알겠습니다. 말씀을 그대로 정확하게 모두 전달하여 올리겠습니다.' 김 비서가 대답했다. 나는 접견을 마치고 나가는 김 비서의 어깨를 두드리며 말했다. '이제 앞으로 좀 잘 하세요.'"[8]

김기남은 당시 나이가 80살, 이 대통령보다 12살이나 위다. 게다가 그는 김정일의 특사로 김대중 대통령 장례에 조문을 온 인사였다. 그런 인물의 어깨을 두드리면서 부하직원 다루듯 말했다는 것은 역시 상식에 어긋나도 많이 어긋나는 행동이다. 당시 김기남의 반응이 어떤 것이었는지 궁금하다.

또 있다. 임태희가 이명박 대통령에게 싱가포르 협상과정을 설명하는 부분을 이명박 회고록은 이렇게 쓰고 있다.

"회담이 중단된 후 통-통(통일부-통일전선부) 회담 날짜를 잡자고 하니 김양건이 그동안 어떤 내용이 논의되었는지를 확인만 해달라고 해서 확인해준 것은 있습니다. 김양건이 그대로 가면 죽는다고 해서…. 북한 측이 정리한 두 장짜리 회담 내용을 가지고 오기에 제가 잘못된 몇몇 부분은 두 줄로 지우고, 옆에다 새로 덧붙이기도 하고, '이건 맞다. 이건 아니다'는 식으로 수정해서 제 사인을 했습니다."[9]

'그대로 가면 죽는다고 해서…' 이 대목을 김양건이나 김정은이 보고 어떤 생각을 할까? 이명박 대통령이나 회고록 쓰기에 참여한 참모들이나 이런 것은 생각을 해보기나 했는지 모르겠다. 비밀협상 중에 했던 내

---

8 이명박, 『대통령의 시간: 2008-2013』, p.330.

9 이명박, 『대통령의 시간: 2008-2013』, p.335.

밀한 얘기를 모두 공개해 버리면 그 이후에 어떤 영향을 줄 것인지는 또 생각해봤는지 모르겠다. 김양건은 지금도 대남업무를 총괄하는 노동당의 통일전선부장이다.

국가안전보위부 부부장 류경의 처형과 관련해서도 말하고 있는데, 남한에 넘어와서 이 대통령 자신을 만나지 못한 것이 처형과 관련 있는 것처럼 쓰고 있다.

"2010년 12월 5일 북측 인사는 비밀리에 서울로 들어왔다. 대좌 1명, 상좌 1명과 통신원 2명을 대동했다. 당시 북측 인사는 서울에 와서 나를 만날 것을 기대했던 모양이다. 북측 인사는 '장군님 메시지를 가지고 왔는데 이 대통령이 왜 우리를 만나지 않느냐' 고 거칠게 항의했다고 한다. 그러나 확인한 바로는 그들이 김정일의 서한을 가져온 것이 아니었고, 나는 그들을 따로 만나지 않았다. 양측의 협의 끝에 남북 정상회담 개최 합의에 상당한 진전을 이루었다. 북측 인사는 예정보다 하루 더 서울에 머문 후 돌아갔다.

2011년 초 미국과 중국으로부터 놀라운 이야기를 들었다. 우리와 접촉한 북측 인사가 공개 처형됐다는 것이다. 정부 관계자가 북한 관계자를 만나 그의 소식을 물었더니 '교통사고로 당분간 운신할 수 없다' 거나 '모른다' 는 답변이 돌아왔다.

이후 그의 처형과 관련해 '한국에 기밀을 누설했다' 거나 '서울에 가서 이명박 대통령 면담을 요청했다가 실패했는데 즉각 평양으로 돌아오지 않고 하루 더 머물러 있었고, 이에 따라 김정일 위원장이 크게 화를 냈다' 는 보고가 있었다." [10]

---

10 위의 책, p.356.

자신을 만나지 못하면 북한 고위인사가 처형될 만큼 자신의 입지가 중요하다는 얘기를 하는 것인가? 가볍기 이를 데 없다. 류경은 장성택과의 권력투쟁 과정에서 희생되었을 가능성이 높다. 이를 두고 남한에서 대통령을 만나지 못하고 갔기 때문에 처형된 것인 양 말하는 것은 그 자체가 정확하지 않을뿐더러 할 이유도 없는 얘기다. 이것이 무슨 정책적 함의가 있는 것인가? 아니면 '북한은 이렇게 예측 불가능하고 무자비한 집단이다'라는 얘기를 하고 싶은 것인가?

2012년 1월 베이징에서 원자바오 중국총리와 회담한 내용도 나오는데 이도 비슷한 수준이다. 이 대통령이 젊은 김정은이 권력을 승계해서 앞으로 50~60년 집권할 것이 걱정된다고 했다. 여기에 원자바오는 "그렇지만 역사의 이치가 그렇게 되겠습니까"라고 응대했다. 김정은이 장기 집권은 못할 것이라는 식으로 원자바오가 말한 것을 그대로 공개한 것이다.

이렇게 남북 간의 비밀협상 얘기, 중국과의 정상회담에서 오간 민감한 얘기를 얼마 지나지도 않은 시점에서 공개한 이유에 대해 모두들 의아하게 생각하고 있다. 이후 정상회담에 참고하도록 한다는 것이 공개의 취지라고 하는데, 참고가 되게 하려면 우선 진실을 담아야 했다. 그런데 아니다. 그래서 참고는커녕 추후 남북정상회담을 훨씬 어렵게 만들었다. 북한은 '나중에 또 우리가 엄청난 돈을 요구해 정상회담 거절했다고 할 것 아니냐'면서 처음부터 정상회담에 부정적인 입장으로 나올 공산이 크게 됐다. 그런 북한을 협상의 장으로 이끌고 협상을 진행하려면 남쪽이 더 노력을 해야 하는 상황이 된 것이다. 이런 상황을 만드는 게 전직 대통령의 역할인가?

김영삼 정부에서 노동부 장관을 한 남재희가 이명박 대통령을 평가한 대목이 떠오른다.

"아주 싱거운 사람이에요. 신보수의 힘으로 대통령이 됐는데, 결과적으로는 4대강, 자원외교, 측근비리로 형편없게 됐습니다. 철학 없는 장사꾼이라고나 할까."[11]

1958년 언론에 들어가 언론사 고위직과 4선 국회의원, 장관 등을 지내면서 우리 현대사의 모든 대통령을 직 · 간접으로 접한 그의 평가이기에 잊혀지지 않는다.

김태효의 적반하장

김태효는 이명박 정부에서 통일 · 외교 · 안보 정책을 오랫동안 했다. 이 분야를 거의 주무르다시피 했다. 외교안보연구원 교수를 하다가 성균관대 정치외교학과로 옮겨 이명박 대통령 후보의 대북정책을 만드는데 일조했다. 당시 현인택 고려대 정치외교학과 교수가 이끄는 그룹이 '한국 외교 7대 과제와 원칙', '비핵 · 개방 · 3000 구상' 등을 만들었는데 김태효도 이 그룹의 일원이었다. 그 바람에 청와대에 들어가 이명박 정부가 시작할 때부터 거의 끝날 때까지 청와대에서 대통령을 보좌했다. 대외전략 비서관(1급)을 하다가 대외전략 기획관(1급과 차관급 사이)으로 승진해서 일했다. 4년 반 동안 매일 아침 7시부터 저녁 7시까지 12시간씩 청와대를 지켰다. 이명박 정부의 강경대북정책은 그의 머리에서 나왔다고 해도 과언이 아니다. 이명박 자신은 통일 · 외교 문제에 대해서는 식견이 부족했다. 그러다보니 김태

---

11 송홍근, "원로 언론인·정치인 남재희가 본 대통령들", 『신동아』, 2015. 1. p.148.

효가 어떻게 생각하느냐가 중요했을 것이다. 그래서 김태효는 '한국판 네오콘'이라는 별명도 얻었다. 임기 끝까지 가는 듯하다가 2012년 7월 한국과 일본사이 군사정보를 주고받자는 한일정보보호협정을 국민에게 공개하지 않고 밀실에서 처리하려다 이것이 밝혀져 어쩔 수 없이 물러났다.

김태효는 "남북 정상이 만나서 결과가 안 좋으면 안 하는 것만 못하다"는 소신을 갖고 있었다고 한다. 지금도 그럴 것이다. 그러니 이명박 정부는 북한이 정상회담을 요구했는데도 거절할 수밖에 없었을 것이다. 이명박 대통령의 회고록은 "쌀과 비료 등 대규모 경제 지원"을 북한이 요구해서 거절했다고 밝히고 있다. 북한에 뭔가를 주고 회담을 하면 안 된다는 생각이었다는 얘기다. 남북관계 개선은 필요한 것이고, 장기적으로 통일 분위기를 만들어가는데 없어서는 안 될 조건임은 그의 생각 밖의 일이었던 것이다. 그래서 이명박 정부 5년 동안은 대화다운 대화 한 번 제대로 이루어지지 않았고, 남북관계는 훨씬 후퇴했다. 오죽했으면 보수의 본류 『조선일보』 마저 '잃어버린 5년'이라고 하겠는가.[12]

그런 생각을 이명박 정부에서나 펼치고 말았으면 좋으련만, 김태효는 다시 자기생각을 말한다. 『조선일보』에. 『조선일보』는 이명박 정부 당시의 남북관계를 '잃어버린 5년'이라고 하더니 또 '잃어버린 5년'의 주역을 했던 사람의 주장도 크게 실어준다. '잃어버린 5년'이란 냉소적인 표현을 쓰지 말든지, 그런 표현을 썼으면 그 5년을 책임져야 할 사람의 주장은 싣지를 말든지 해야 할 텐데 둘 다 한다. 어느 장단에 춤을 추는 건지 모르겠다. 기본적으로는 보수를 자처하는 신문이기 때문에 이명박

---

12 배성규, "장밋빛 비전만 넘쳐난 통일대박 1년", 『조선일보』, 2015. 2. 27.

정부의 대북정책을 지지해 왔다. 그런데 가끔 필요에 따라서는 이명박 정부의 대북정책을 도마 위에 올려놓기도 한다.

어쨌든 김태효 얘기로 돌아가서 2015년 2월 23일자 『조선일보』 '조선칼럼'을 보자. 제목은 "'믿고 싶은 북한'만 보려는 사람들". 필자 김태효의 직함은 성균관대 국가전략대학원장 · 전 청와대 대외전략기획관. 직함을 이렇게 두 개나 쓰고 있는 것으로 보아 이명박 정부에서 청와대 대외전략기획관 한 것이 자랑스러움이 틀림없어 보인다. 여기서 그는 이렇게 얘기한다. "2000년과 2007년의 남북 정상회담은 북한정권의 주민통제력과 대남 위협 능력을 강화해 주는 한편 남북대화는 무조건 옳은 것이라는 환상을 우리 국민에게 각인했다"라고.[13]

역시 정상회담의 장기적 남북관계에 대한 기여는 안중에 없다. 2000년 정상회담은 남북한이 최초로 스스로의 합의에 의해 국가원수의 회담을 성사시켰다는 것만으로도 의미가 있다. 분단, 전쟁, 대치의 연속된 상황에서 문제를 해결하기 위해서는 대화가 이뤄져야 한다. 역사 깊은 난제들이 얽혀있는 남북관계를 조금씩이나마 개선해 나가기 위해서는 정상회담이 필수적임은 남북관계를 고민해본 사람이면 누구나 인정해온 것이다. 국제정치를 심층 연구해온 세계적인 석학들도 회담의 중요성을 강조한다. 정상회담은 더 말할 나위가 없다. 국제정치학계 여러 학파 중 영국학파의 창시자 가운데 하나인 마틴 와이트(Martin Wight)는 국제회의, 특히 정상회담을 국제사회에서 필요한 의사소통을 하는 데 더없이 중요한 수단으로 보았다.[14]

---

13 김태효, "'믿고 싶은 북한'만 보려는 사람들", 『조선일보』, 2015. 2. 23.

14 Wight, Martin, 1977. *Systems of States*. Leicester: Leicester University Press, 1977, p.141.

와이트의 말이 아니더라도 남북한 정상회담은 한반도 문제 해결을 위해서는 그 어느 것보다 중대한 문제이다. 2000년 정상회담이 성사되었을 때 가장 긴장한 나라가 미국이었다. 남북한이 스스로의 중대문제를 스스로 결정했기 때문이다. 이는 곧 앞으로도 남북한이 만나 관계 개선하고, 평화 분위기를 만들 수 있음을 의미하는 것이었기 때문이다. 미국은 이런 것을 걱정했다. 한국은 미국이 없으면 불안해하고, 언제든지 도움을 요청하고, 미국이 기침을 하면 감기에 걸려야 하는데 그러지 않는 쪽으로 가는 것은 미국에게 걱정거리가 아닐 수 없었다. 남북한이 대결하는 상황은 미국에게 많은 패를 주고, 강한 레버리지(leverage)를 주는데 그렇지 않은 상황으로 가고 있는 것이었다.

김태효는 이런 부분에 대한 천착이 없어 보인다. 정상회담이 북한정권의 주민통제력, 대남 위협 능력을 강화시켜 주었다고? 주민통제력, 대남 위협능력이 왜 필요한 것인가? 남북한 관계가 경색되었을 때 필요한 것이다. 관계가 안 좋은 상황에서 한국을 위협하고, 그런 상황에서 통제력을 더 강화하는 것이다.

반대로 남북관계가 개선되면 위협이 필요한가? 그렇지 않다. 그렇지 않은 상황을 만들자는 것이다. 정상회담은 그것을 위한 것이다. 정상회담이 지속적으로 이루어지면 그런 상황으로 갈 가능성이 훨씬 높아지는 것이다. 물론 부침이 있을 수는 있다. 하지만 회담이 없는 상황과 비교하면 회담이 열리고 문제를 하나씩이라도 해결해 가는 것이 긴장해소로 가는 길이다. 대남 위협, 주민통제 이런 상황은 대화가 없고 대결이 계속될 때 훨씬 높아질 수 있는 것인데, 위협이 커질 수 있으니 위협을 없앨 수 있는 행동을 하지 말자는 것이 말이 되는 얘긴가?

이런 얘기는 대북지원이 북한의 핵과 미사일을 만들었다는 얘기만큼이나 황당하다. 북한도 나름 국가전략을 가지고 정책의 우선순위를 가지고 있다. 김일성 시절부터 그랬다. 중화학공업 우선발전 전략을 추진했다. 석유화학, 기계 공업의 발전을 통해 국가의 생산력을 높이면서 군사력도 발전시키고, 그와 아울러 경공업도 발전시켜서 국민도 모두 잘 살게 할 수 있다는 생각이었다. 실패였다. 그래서 북한이 지금 저렇게 못 산다. 경공업 생산능력이 없어 주요 생필품을 중국에 의지한다. 핵개발 정책도 마찬가지이다. 북한은 1990년대 들어서서 핵개발을 우선적인 정책 가운데 하나로 추진해왔다. 구체적인 이유는 여러 가지가 있을 수 있다. '북한의 생존', 국제정치학에서 많이 쓰는 용어로 '국가안보'(national security)가 이유가 될 수 있다. 김정일이나 김정은 정권의 유지, 다시 말해 정권안보(regime security)가 될 수도 있다. 북한의 현대성을 보여주는 상징(symbol)으로 핵을 개발했을 수도 있다. 미국과 협상(bargaining)에서 주요도구로 사용하기 위해서 만들었을 수도 있다. 국내정치(domestic politics)의 다양한 역학관계, 즉 강경파와 온건파의 밀고 당기기에 의해 핵개발이 이루어졌을 수도 있다.[15] 위의 다섯 가지 이유 가운데 하나의 이유가 작용했을 수도 있고, 몇 가지 이유가 버무려져서 핵개발이라는 결과물을 생산해 냈을 수도 있다.

얘기가 좀 길어졌지만, 중요한 것은 북한은 핵무기 개발을 우선적으로 추진해 왔고, 이를 위해서 여기에 자원을 우선적으로 투여해왔다. 한국이나 국제사회의 지원이 없었어도 핵개발은 하는 것이었다. 왜? 미국과

---

15 국가들이 핵을 개발하는 이유에 대한 분석은 다음 논문을 참조했다. Scott D. Sagan, "Why States Build Nuclear Weapons?: Three Models in Search of a Bomb," *International Security* 21-3 (Winter 1996/1997), p.55.

대화가 잘 안 되고 있었기 때문에. 1993년 초 미국과 대화가 되지 않을 때 핵개발 본격화했고, 2006년 미국이 BDA(방코델타아시아) 은행의 북한 자금을 인출하지 못하도록 조치하면서 관계가 악화되자 1차 핵실험을 했다. 물론 김대중, 노무현 정부가 대북지원을 했다. 문제는 이들 정부가 지원했다고 해서 핵개발을 하고, 지원하지 않았다고 해서 핵무기를 안 만드는 구조가 아니라는 것이다. 그러니 이를 직접 연결시키는 것은 비논리적인 것이다.

어쨌든 김태효의 글을 좀 더 보자. "최근 이명박 전 대통령이 회고록에서 북한 정권이 정상회담을 지속적으로 제안하면서 막대한 현금과 전략물자를 요구해 왔다고 밝혔다. 이번에도 영락없이 북한은 절대 그러지 않았을 것이라며 사실관계를 계속 따져봐야 한다고 주장하는 사람들이 나타났다"고 주장하면서 이들이 종북 좌파 세력의 핵심이라는 것이다. 이들이 수만 명이라고 숫자도 제시했다. 정계, 학계, 언론계, 예술계, 종교계 등에 골고루 퍼져있다는 얘기도 했다. 그가 말하는 종북이 구체적으로 어떤 사람들을 지칭하는지 모르겠고, 그들이 얼마나 강한 목소리로 그런 주장을 하는지도 잘 모르겠다. 나에게는 그런 소리가 잘 들리지 않는다. 수만 명이나 된다는데....

내 생각에는 그가 걱정하는 방향이 잘못됐다. 첫째는, 북한이 그러지 않았을 것이라고 생각하는 사람은 그렇게 많지 않을 것 같다. "김대중 정부 당시에도 북한은 요구했으니 또 그럴 수 있었겠지" 라고 생각하는 사람이 많지 않을까 싶다. 둘째는, 북한과의 비밀협상 내용을 전직 대통령이, 그것도 임기가 끝난 지 2년도 안 돼 공개하는 것이 더 문제다. 국가 간의 관계에는 비밀이 많다. 비밀외교가 많은 것이다. 물론 비밀외교가 바람직한 것은 아니다. 19세기 후반 비스마르크가 러시아, 프랑스, 오스트리아 등과 수많은 비밀외교와 비밀동맹을 맺어, 이것이 1차 세계대전의 원인이 되기도 했다. 윌슨 미국 대통령은 1차대전에 참전하면서 비밀외교를 공개외교로 바꿔야 한다고 외치기도 했다. 오죽했으면 그가 요구한 14개조항의 맨 위에 공개외교를 올려놓았겠는가. 하지만 윌슨의 노력에도 불구하고 현대의 외교에도 비밀은 많이 존재한다. 주로 안보와 군사부문에 관한 회담이 그렇다. 공개되면 서로에게 타격이 되기 때문에 빌미로 하는 것이다. 이런 건 지켜주는 것이 외교의 상식이다. 그러지 않으면 이후의 관계가 없다. 북한과의 비밀협상 내용이 얼마 안 돼 밝혀진다면, 북한이 협상을 하려하겠는가 말이다.

이 얘기를 하다 보니 내가 기자생활할 때 생각이 난다. 2002년 중국 취재를 갔다. 급속하게 발전하는 중국을 취재하기 위해서였다. 당시에는 안되는 게 많았다. 안내인이 있었지만 '이것은 안 된다 저것도 안 된다' 부정적인 얘기들이 많았다. 나중에 주변에 얘기를 들으니 이 안내인이 그동안 한국취재진을 안내를 많이 했는데, 앞서 다녀간 기자들이 '급행료'를 꽤 줘왔다는 것이다. 그러니 그게 몸에 익어 급행료 없이는 잘 움직이지 않았던 것이다. 앞서 간 이가 환경을 망쳐놓으면 뒤따라가는 이는 이를 수습하기 바쁠 수밖에 없다.

어쨌든 김태효가 생각하는 방향이 잘못된 것을 지적하고 있었는데, 세 번째로는 2000년, 2007년 정상회담의 가치를 폄하하고, 그것도 모자라 남북관계를 악화시키는 주범처럼 묘사하는 것이 그 어떤 문제보다 크다는 것이다. 『조선일보』 발행부수가 175만여 부나 되고 유료부수만 해도 129만 부가 넘는다.[16] 그렇게 많은 사람들 앞에서 위험한 주장을 서슴없

16 신동흔, "조선일보 175만부(발행부수) 1위...유료부수 2위와 격차(48만부) 더 벌어져", Chosun.com.

이 하는 그가 5년 가까이 우리나라 대북정책을 쥐락펴락했다니 갑자기 등골이 오싹해진다.

그의 말에 신뢰를 보태고 싶었던지 그는 사회심리학자 리언 페스팅거(Leon Festinger)의 인지부조화론을 얘기한다. 사람들은 보고 싶은 것만 보고, 보고 싶지 않은 것은 보지 않는 경향이 있다는 주장이다. 이 대목을 보면서 적반하장(賊反荷杖)이란 말이 불현 듯 떠올랐다. 잘못한 사람이 도리어 매를 든다는 말이다. 이명박 정부는 급변사태를 여기저기서 말하고, 통일세를 걷자 했다. 아니 임기시작 전부터 통일부는 없애자 했다. 아니 그 이전에 '비핵 · 개방 · 3000'구상을 제시했다. 북한을 먼저 발가벗기자는 것이었다. 북한의 일방적 양보를 요구하는 정책이라는 비판이 일자 비핵 · 개방을 먼저 하면 3000달러 소득으로 만들어준다는 것이 아니라 비핵 · 개방과 소득향상 정책이 함께 갈 수 있는 것이라고 슬그머니 바꿨다. 기본적으로는 북한이 비핵 · 개방을 먼저 해야 한다는 생각이 깔려 있었다. 북한은 대화상대가 아니라 나무라고 혼내서 우리가 원하는 쪽으로 몰고 가야 한다는 인식을 가지고 있었던 것이다. 이런 인식의 근저에는 '북한은 급변사태를 맞을 것이다', 다시 말하면 '북한은 망할 것이다' 라는 생각을 갖고 있었던 것이다. 특히 2008년 김정일이 뇌졸중으로 쓰러진 이후 정부와 관련학자들을 중심으로 급변사태론은 널리 퍼졌다. 북한을 있는 그대로 보지 않고 보고 싶은 대로 본 것이다.

이렇게 북한을 보고 싶은 대로 보는 또 하나의 대표적인 세력이 미국의 정보기관이다. 민주당 정부 하에서도 기세가 등등하다. 필요할 때 한번씩 자신들의 존재를 드러낸다. 작년 12월 1일 김정은 암살을 소재로 한

2014. 12. 20. http://news.chosun.com/site/data/html_dir/2014/12/20/2014122000232.html

영화 '인터뷰(The Interview)'를 만든 '소니 픽처스 엔터테인먼트'에 대한 해킹이 있었다. 미국 연방수사국(FBI)이 수사에 나섰다. 12월 19일 FBI는 결과를 발표했다. 북한의 소행이라는 것이었다. 증거는 내놓지 않았다. 미국의 사이버 정보 수집 방법도 비밀이고 수집한 내용도 비밀이라는 것이었다. 그리고는 23일 보복 공격했다. 북한 컴퓨터 네트워크를 전면 다운시킨 것이다. 새해 1월 2일에는 오바마 대통령이 하와이 휴가 중에 행정명령을 발동해 북한에 대한 제재를 발동했다.

그렇게 빠른 시간에 해커 수사를 마무리 하고, 증거도 제시하지 않으면서, 북한이 저질렀다고 발표하는 것은 상식에서 많이 벗어난다. 『뉴욕타임스』의 외교전문기자 데이비드 생거(David Sanger)도 여기에 대해 문제를 제기했다. 오바마 대통령이 "미국의 오랜 적인 북한을 악마화하려는 미 정보기관들에 의해 오도되고 있으며, 자신의 흔적을 좀체 남기지 않는 진짜 해커들에 농락당하고 있다"고 지적했다. 사이버안보 전문가들의 말을 참고해 지적한 내용이다. 북한이 범행을 저질렀다는 명확한 근거를 확인하지 못하고 북한을 악마로 보는 속성에 따라 결론을 내렸을 것이라는 지적이다. 미국의 정보기관들은 그런 속성을 가지고 있다는 얘기이기도 하다. 이런 것이 북한을 보고 싶은 대로 보는 것이다.

김태효는 북한만 보고싶은 대로 보는 것이 아니라 남북관계도 보고싶은 대로 본다. 올해 6월 29일 역시 『조선일보』 칼럼 "영화 '연평해전'이 묻는 국가의 존재 이유"에서 "우리가 북한 정권에 친절하면 도발이 줄고 엄격하면 도발이 는다는 주장은 허구다"라면서 진보정권 당시의 도발 사례들을 얘기한다.[17] 이명박 정부 당시의 천안함 사건은 북한에 의한 폭

---

17 김태효, "영화 '연평해전'이 묻는 국가의 존재 이유", 『조선일보』, 2015. 6. 29.

침이라고 공식발표까지 했으면서도 도발사례로 심각하게 거론하지 않는다. 연평도 포격도, 2차 핵실험도 마찬가지다. 천안함 사건으로는 46명이 사망했다. 연평도 포격은 한국전쟁 이후 민간인에 대한 북한의 첫 포격이었고, 4명이 사망했다. 규모나 의미 면에서 진보정권 당시에 발생한 연평해전 등과 비교할 수 없이 크고, 중대하다. 그런데도 북한에 대한 강경정책이 도발을 줄인다고 강변한다. 그런 주장을 신문지면에 쓴다. 보수신문은 또 그런 얘기를 실어준다.

급변사태를 말하고 북한을 보고 싶은 대로 보는 것이 이명박 정부 대북정책의 기조를 이루고 있었고, 그 뒤에는 김태효가 있었다. 그런데 그가 인지부조화론을 말한다. 보고 싶은 것만 보지 말고, 보기 싫은 것도 보자 한다. 북한을 있는 그대로 보자 한다.

북한을 있는 그대로 보자. 매우 좋은 말이다. 정말 지금의 한국이 대북정책을 추진할 때 출발점으로 삼아야 하는 말이다. 보수이건 진보이건. 북한을 있는 그대로 보면 어떤가. 북한은 망하기 어렵다. 망할 것 같으면 1990년대 백만 명 정도가 굶어 죽었을 때 망했을 것이다. 북한은 그때를 견뎠다. 민란을 얘기한다면 그때 일어났어야 할 것이다. 하지만 북한은 시민사회가 전혀 없다. 그 경험도 없다. 조선시대에서 일제 강점기를 거쳐 바로 사회주의 전제정권체제로 전환되었다. 시민단체를 해본 사람이 없다. 인터넷도 없다. 겨우 인트라넷 정도를 사용할 뿐이다. SNS도 없다. 이런 것이 자스민혁명을 경험한 북아프리카와 다른 점이다. 게다가 가산제(家産制 patrimonialism) 국가시스템을 가지고 있다. 김정은은 아버지로부터 국가를 재산처럼 물려받았다. 이것을 통째로 소유하고 있으면서 하부엘리트를 고용해 일정한 특권을 누리게 하고 대신 무한 충성을 요구하고 있다. 이 하부 엘리트들은 이를 즐기면서 김정은 주변에 몰려 있다. 이런 것이 가산제 시스템이다. 하부 엘리트의 어떤 세력도 이것을 깨려는 움직임이 발견되지 않는다. 누릴 것이 많고 깨려는 시도가 들통나면 그야말로 패가망신하기 때문이다. 여기에 세계 어디에서도 찾아보기 힘든 4중의 감시체제를 가지고 있다. 국가안전보위부(정보기관), 인민보안부(경찰), 조선노동당, 조선노동당 주변단체가 주민생활을 일일이 살피고 있다. 이런 체제에서 민란이 일어나고 쿠데타가 발생할 수 있겠는가?

북한을 있는 그대로 보면 이런 것이다. 물론 잘 못 됐다. 이런 체제를 무조건 옹호하는 것은 비정상을 정상이라고 하는 것이다. 하지만 이런 체제가 북한인 것은 분명하다. 그런 체제가 망하지 않고 버텨온 것도 엄연한 사실이고, 망할 가능성 또한 매우 낮다. 당시 이명박 정부의 기대와는 달리 김정일이 쓰러지고 사망한 이후에도 북한은 크게 흔들리지 않았다. 김정은을 중심으로 정권을 승계하는 데 크게 문제가 없었고, 오히려 김정은은 노동당을 정상화시켜 당의 공식적인 의사결정기구를 통해 주요사항을 정리하는 모습을 보여줬다. 군과 국가기구도 신속하게 장악했다. 이명박 정부는 이런 것을 전혀 예측하지 못했다. 그들이 보고 싶은 대로 북한을 보았기 때문이다.

이렇게 말하니 2004년 미국에서 만난 웬디 셔먼(Wendy Sherman)이 생각난다. 당시 셔먼은 매들린 올브라이트(Madeleine Albright) 전 미국 국무장관이 만든 국제문제 컨설팅 회사 올브라이트그룹(Albright Group)에서 일하고 있었다. 지금은 미국 국무부 정무차관을 하고있는 여성 외교관이다. 1998-1999년 사이 미 국무부장관 보좌관으로 대북정책을 조율하는 역할을 했다. 윌리엄 페리(William Perry) 당시 대북정책조정관과 함께 북한을 방문하기도 했고, 김대중 대통령을 만나기도 했다. 당시에는 금창리 사건이 터져 있는 상태였다. 평양 북쪽 평북 대관군에 있는 금창리에 북한이 대형 땅굴공사를 하고 있었는데, 이것이 핵시설이 아니냐는 의혹이 나온 것이다. 워싱턴의 공화당을 중심으로 한 강경세력은 클린턴 행정부의 대북정책을 포용정책에서 강경정책으로 전환해야 한다고 압박했다. 클린턴도 할 수 없이 대북정책 조정을 검토했다. 그래서 꾸린 조직이 페리팀이었고, 여기서 페리를 바로 아래에서 보좌한 사람이 셔먼이었다. 이 팀은 1년간의 조사와 연구를 진행했다. 금창리를 직접 방문하기도 했다. 핵시설이 아니었다. 미국과 한국의 많은 전문가와 토론도 했다. 그래서 나온 것이 페리보고서(Perry Process)이다. 핵심내용은 포용정책을 지속해야 한다는 것이었다. 북한에 지원을 계속하고 핵과 미사일을 개발하지 못하도록 하는 것이 옳다는 내용이었다.

내가 그를 워싱턴에서 만난 것이 2004년이다. 우선 물어본 것은 어떻게 '포용정책 지속'으로 결론을 냈냐는 것이었다. 셔먼의 답변은 북한에 대한 정책을 수립하는데 있어서 가장 중요한 것은 북한을 있는 그대로 보는 보아야 한다는 것이었다. 그가 쓴 표현을 그대로 써 본다면, "See North Korea as it is"가 가장 중요하다는 얘기였다. 북한을 보고 싶은 대로 보는 것(See North Korea as we want)은 절대 경계해야 한다는 말도 덧붙였다. 북한은 있는 그대로 보려고 노력하다보니 북한이 망하는 나라가 아님을 알게 되었고, 망하지 않는 나라라면 대화를 통해 국제사회로 유도하는 것이 가장 합리적인 정책이라는 결론에 이르렀다는 설명을 길게 했다. 그것이 고통 속에 살고 있는 북한 사람들을 돕는 길이라는 얘기도 잊지 않았다. 못 먹고 못 입는 북한의 어린이들을 얘기할 때는 눈물을 글썽이기도 했다. 백발에 푸른 눈의 가냘픈 미국 외교전문가가 북한 어린이를 염려하면서 2004년 당시의 부시 행정부의 대북정책을 우려하던 눈빛이 아직도 기억에 생생하다. 하지만 오바마 행정부에서 그녀의 이러한 북한 접근은 정책에 잘 반영되지 않고 있는 것 같다. 올해 초에는 한국이 반일감정을 정치에 활용하려 하기 때문에 한일관계가 악화되었다고 보는 그녀의 견해도 피력되었다. 일본과 더욱 동맹을 강화해야 하는 미국, 이를 위해서는 북한과 일정한 거리를 유지해야하는 미국의 입장, 이런 것들 때문일 것이다.

김태효는 누구한테 북한을 있는 그대로 보라고 주문할 입장이 못 된다. 북한을 보고 싶은 대로 보면서 정책을 편 장본인 아닌가? 그의 『조선일보』 칼럼에 대한 이런 댓글이 나의 이목을 끈다.

"이 자는 박근혜가 목매는 김정은과의 회담이 성사되면 뭐라고 할지 궁금하네."

이명박 정부의
4가지 실패

이명박 정부의 대북정책은 많은 사람이 지적하는 것처럼 실패였고, 이명박이 대통령으로 있던 5년 동안 남북관계는 많이 후퇴했다. 이명박 정부가 무엇하난 잘 한 것이 있을까마는 특히 남북관계는 다른 어떤 부문과 비교할 수 없을 만큼 좋지 않았다. 막연하게 얘기하는 것보다는 항목별로 생각해보는 게 좋을 것 같다.

첫째, '비핵 · 개방 · 3000' 구상으로 북한을 협상장에서 멀어지게 했다. 이 구상을 한나라당 경선후보 시절부터 가지고 있었다. 당시 이명박은 이 구상을 "(북한이) 우선적으로 핵을 포기하라는 제안"이라고 말했다.[18] 비핵화를 먼저 하면 국민소득을 3,000달러로 높여주겠다는 내용이었다. 그래서 북한이 경악했다. 우선은 비핵화를 먼저 하라는 것에 대한 반발이었다. 진정한 대화의 상대라고 생각한다면 '먼저 모든 것을 내 놓아라' 라고 요구할 수 없는 것이다. 그런데 이 제안은 이를 요구하고 있었다. 그래서 북한의 반응은 더할 나위 없이 싸늘했다. 한마디로 '웃긴다'는 반응이었다. 조선중앙TV는 "삶은 소대가리가 웃다가 꾸레미(꾸러미)가 터질 노릇"(2008년 4월 23일)이라고 비꼬았다. 또, 북한이 반발한 것은 자신들의 국민소득을 가지고 올리고 말고를 남한이 결정할 수 있는 것으로 생각했다는 것이다. 가진 것 없이 자존심만 강한 북한의 비위를 심하게 거스르는 조치였다. 그래서 임기 5년 동안 한 치도 앞으로 나아가지 못하고 못하고 용도 폐기될 수밖에 없었다.

둘째, 급변사태, 통일세 등 거론하며 흡수통일을 추진하는 모습을 보였다. 김정일이 사망할 곧 가능성이 높고, 이후 북한에서 쿠데타가 일어나든지 민란이 일어나든지 할 것이라는 인식이 정부 내에 공유되어 있었다. 이러한 인식 때문에 북한에 대한 적극적인 협상이 이루어질 수 없었다. '곧 붕괴될 가능성이 있는데 양보하거나 지원하면서 협상을 타결할 필요는 없다'는 생각을 한 것이다. 그래서 정상회담을 위한 협상도 막판에 어그러졌다. 정확한 시점은 잘 기억이 안 나지만 2009년 상반기쯤으로 생각된다. 방송국의 지인으로부터 전화가 왔다. 용건은 북한 급변사태에 대한 '특별방송계획'을 짜달라는 것이었다. 급변사태가 발생하면 어디에 중계차를 내보내고, 어떤 내용으로 방송을 할 것인지, 사전에 준

---

18 이경수, "이명박 박근혜 대북정책 인식차이 없이 경제냐 안보냐 포장만 다를 뿐: 한나라당 대선주자 대북정책", 『민족21』, 77, 2007. 8.

비해 놓아야 할 아이템들은 무엇인지, 전문가는 누구를 출연시키는 것이 좋은지 이런 것을 자세하게 구성을 해달라는 것이었다. 나는 거절했다. 그러면서 얘기했다. "급변사태 없어요. 급변사태를 기대하고 계획하는 일에 참여할 수 없어요." 정부 차원에서 급변사태를 얼마나 심각하게 얘기했으면 방송국에서도 이런 준비를 하고 있었을까. 이명박 정부의 '생각도 없고 분석력도 없고 지나치게 한쪽으로 경도된' 모습은 이런 대목에서 잘 드러난다.

셋째, 미국에 대해 강경정책을 지속적으로 주문했다는 것이다. 미국 민주당의 기본적인 대외정책이념은 자유주의적 국제주의(liberal internationalism)이다. 세계 정치에 간여를 하되 그 수단은 대화와 타협, 국제법과 국제기구 등 자유주의적 방법을 활용한다는 것이다. 대선 과정에서 오바마는 김정일과 직접 대화도 하겠다고 공언했다. 하지만 이런 입장은 제대로 실현되지 못했다. 물론 미국의 입장을 시험해보려는 북한의 강경태도에도 문제가 있었다. 그럼에도 불구하고 한국의 입장이 북미대화를 독려하고, 미국의 포용정책을 주문하는 것이었다면 북미관계와 한반도 상황을 많이 달라졌을 것이다. 하지만 이명박 정부는 그렇게 하지 않았다. 오히려 반대로 했다. 북한이 비핵화 조치를 취하지 않으면 6자회담을 열지 말아야 한다고 미국에 강조했다. 이명박 대통령은 2008년 10월 미국이 북한을 테러지원국 명단에서 제외할 때도 미국의 조치에 불만을 가지고 있었다고 한다. 김계관 북한 외무성 부상과 크리스토퍼 힐 미국 국무부 차관보의 평양 협의 이후 미국 행정부가 북한을 테러지원국 명단에서 삭제한 것에 대해 '북쪽의 위협에 굴복한 잘못된 대웅'이라는 생각을 가지고 있었다고 한다.[19] 이런 상황에서 미국은 한국의 의사까지 거슬러 가면서 북한과 적극 대화에 나설 수 없었다. 미국은 2008년 금융위기 이후의 국내경기침체, 이라크와 아프가니스탄에서의 전쟁, 이란 핵문제 등 골치 아픈 문제도 많이 안고 있었다. 그래서 결국 북미대화나 6자회담은 열리지 못하게 되었고, 북핵문제가 풀릴 공간은 마련되지 못하게 되었다.

넷째, 대북강경정책은 결국 큰 도발로 연결되었다. '비핵 · 개방 · 3000'과 급변사태론으로 이명박 정부의 대북 강경론을 확인한 북한은 남북대화의 길을 포기하고 자신들의 길을 가면서 대규모 도발까지 감행했다. 2009년에는 핵실험을 했고, 2010년에는 이명박 정부가 스스로 밝힌 대로라면 천안함을 침몰시켰고, 연평도에 무차별 포격까지 했다. 그들이 말하는 '원칙 있는 남북관계'의 결과는 엄청난 도발이었다. 남북관계의 실패일 뿐만 아니라 국가안보의 실패이다.

이와 같이 이명박 정부가 잘 한 것은 눈을 여러 번 씻고 찾아보아도 없을 지경이다. 그런데도 국민에게 송구하기는커녕 '너무 잘했다' '박근혜 정부도 그렇게 해야 한다'는 것이 이명박 정부 사람들의 주장이다. 남재희의 말대로 '철학 없는 장사꾼' 보스와 생각 없이 그를 따르기만 하는 졸개들이라고밖에는 할 수가 없다. 그런데 이명박 정부의 기여가 하나 있다. '북한을 압박하기만 하면 결국은 도발과 위기를 맞게 된다'는 남북관계 70년 역사의 교훈을 새삼 상기시켜준다는 것이다.

---

19 이제훈, "이 대통령 '북한이 내 욕하는데 왜 가만히 있느냐,"『한겨레』, 2008. 11. 3.

박근혜 정부, 5가지 덫을 벗어나야 한다

박근혜 정부를 보고 있으면 위에서 살펴본 이명박 정부가 그대로 재현되는 느낌을 지울 수 없다. 안보는 미국에 의존하고, 일본과의 관계는 회복의 기회를 못 찾고, 중국에 대해서는 요구하고 부탁하는데 별 효과가 없다. 남북관계는 획기적인 진전을 보이지 못하고 있는데도 '원칙 있는 남북관계'에 목을 매고 있다. 너무 익숙한 것들이다. 모두 이명박 정부가 '뭘 했느냐'고 비판받는 부분들이다.

대한민국은 작은 나라이다. 국제정치학적으로 보면 약소국이다. 작은 나라가 강대국 사이에서 생존하고, 잘 살아가려면 외교를 잘 해야 한다. 특히 지금은 미국과 중국의 대결이 더 심화되는 있는 상황이어서 외교의 중요성은 더 커지고 있다. 대북정책은 외교 가운데 가장 중요한 부분이다. 대한민국 외교역량의 3분의 1이 매달려 있는 분야이다. 비전이 있고, 이를 실현하기 위한 구체적 전략이 있어야 한다. 그 비전은 지향점이 분명해야 하고, 이를 실현하기 위한 구체적 전략들은 되도록 촘촘하게 마련되어야 한다. 또한 이 비전과 전략 모두 현실성이 있어야 한다. 그러려면 상대인 북한에 대한 명확한 이해를 바탕으로 비전과 전략이 만들어져야 한다.

박근혜 정부의 대북정책은 그런 점에서 낙제점이다. 비전은 얘기하는데 구체적 전략이 없다. 통일을 말하면서 여기에 접근하기 위한, 당장 실현 가능한 전략들을 마련하지 못하고 있다. 그래서 통일에 대한 언명이 공허하기 그지없다. 신뢰프로세스를 말하면서 신뢰를 형성하기 위한 실천들을 못하고 있다. 신뢰를 말하면서 북한에 신뢰를 보여달라고 요구만 하고 있다.

그러는 사이 미국은 사드를 배치하라고 목소리를 높인다. 북한이 남한과 대결한 채 핵무기를 증가시켜 나가는 현상을 미국은 충분히 활용하려 한다. 사드를 주한미군에 배치하고, 장기적으로는 한국군에 팔아서 전 지구차원의 MD를 구축하고, 이를 중심으로 중국과 러시아에 대해 군사적 절대우위를 확보하려 한다. 이는 곧 미국의 군산복합체의 배를 불리는 길이기도 하다. 남북의 지속적인 대결은 글로벌 호크도 팔고, F-35A를 팔기도 좋다.

중국은 미국에 맞서는 경제기구들을 하나씩 만들어 가면서 우리의 가입을 독촉하고 있다. 일본은 미국과 손잡고 한반도 주변에서 군사적 행동의 반경을 넓혀가고 있다. 그러면서 이들은 때로는 남한에, 때로는 북한에 손을 내밀며 자기 중심으로 동북아 질서를 운영하려 한다. 남북이 맞서는 상황이 지속된다면 남북한은 동북아 질서에서 영원히 종속변수의 입지를 벗어날 수 없다.

이러한 상황을 벗어나는 길은 남북이 가까워지는 길이다. 스스로의 의지와 능력으로 해빙과 화해를 만들어가는 것이다. 그렇게 되면 동북아 질서에서 '을'의 지위를 벗어날 수 있다. 남북한이 한반도 평화를 정착시키고 통일을 향해 간다면, 남한은 미국과 일본에, 북한은 중국과 러시아에 지나치게 의존할 필요가 없어진다. 거꾸로 미국과 중국이 통일되어가는 남북한에게 구애하는 상황이 될 것이다. 이는 정치적으로는 국가자율성이 확대되면서 경제적으로도 실익을 찾아, 이들 강대국에게 많은 것을 요구할 수 있는 상황이 될 것이다.

그런데도 박근혜 정부는 창의적인 정책으로 한반도 문제를 차근차근 해결해나가는 모습을 보여주지 못하고 있다. 자세히 보면 박근혜 정부는 5가지 덫에 걸려 있다.[20] 첫째, 현존하는 북한의 생존력에 대한 잘못된 인식이다. '북한이 곧 급변사태를 맞을 수도 있다', '북한이 망할 수도 있다' 이런 생각이다. 실증적 근거도 미약하고, 이런 식으로 접근해서 남북관계를 크게 개선시킬 가능성은 없다. 그래서 통일대박론은 이제 남북 어디에서도 환영받지 못하고 있다. 그런데도 박근혜 정부는 여전히 이런 사고에서 완전히 벗어난 모습을 보여주지 못하고 있다. 둘째, 북한 고립론이다. 북한은 국제사회에서 고립되어 있고, 한국과 미국이 합심해 제재를 가하면 북한은 손들고 나올 것으로 생각하고 있다. 하지만 현실은 다르다. 미국의 맹방 영국을 비롯해 유럽 47개국, 아시아 · 태평양 24개국, 아메리카 22개국, 중동 16개국, 아프리카 45개국 등 총 154개국이 북한과 수교하고 있다. 우리는 190개 나라와 수교하고 있다. 북한은 특히 중국과는 정치 · 경제적으로 긴밀한 관계를 계속 유지하고 있다. 5·24조치나 경제제재로 북한을 굴복시킬 수 있다는 생각은 그래서 잘못이다.

셋째, 북한위험의 상수론이다. 북한은 늘 위험하고, 언제 어떻게 쳐들어올지 모르고, 변화가능성도 없다는 것이다. 이러한 북한 위험을 상수로 간주하는 인식 때문에 북한과 협상하는 데 소극적이다. 북한을 지원하는 것도 크게 의미가 없다고 본다. 그것보다는 북한을 압박하고 봉쇄하는 데 더 마음을 쓴다. 넷째, 한미동맹 의존론이다. 북한을 압박하고 북한을 조종하기 위해 미국과의 관계를 강화하고 한미동맹을 더 튼실하게 하면 된다는 생각이다. 이런 생각에서 전시작전권 환수를 연기했고,

---

20 이 부분은 『동향과 전망』 95호에 게재된 필자의 논문 "박근혜 정부 대북정책에 대한 비판적평가"의 결론부분을 수정, 보완한 것이다.

미국의 고가 무기를 계속 들여오고 있다. 북한을 변화시키는 것보다는 이런 것이 더 우리의 안보를 확보하는 데 효과적인 방법이라고 생각한다. 북한을 변화시킬 수 있는 근본적인 처방은 피하고, 한미동맹이라는 대증적인 처방에 얽매여 있는 것이다. 다섯째, 지나친 현실주의적 인식이다. 북한을 힘으로 눌러야 하고, 북한에 뭘 주어서는 안 되고, 주는 경우는 그만큼 반드시 받아야 한다는 생각이다.

이러한 덫에서 벗어나 역사에 기여하는 정권이 되기 위해서는 박근혜 정부가 그야말로 발상을 바꿔야 한다. 선제적 조치로 북한을 견인하고 한반도 문제를 풀어가는 쪽으로 가야 하는 것이다. 북한이 먼저 뭔가를 보여주면 한다는 생각에서 벗어나야 한다. 사과해야 5·24조치 해제하고, 비핵화 실질조치를 해야 6자회담 할 수 있다는 틀에서 벗어나야 하는 것이다. 우선 대북전단 살포를 금지시켜서 북한이 회담에 나올 수 있도록 길을 더 넓혀 주어야 한다. 볼품없는 유물이 된 5·24조치는 해제하고 남북교류의 문을 활짝 열어야 한다. 6자회담의 장벽을 제거해서 북한을 핵회담으로 불러내 북핵문제를 협상으로 푸는 길에 들어서야 한다. 이 길로 가면 박근혜 정부는 한반도문제 해결에 크게 기여할 것이고, 그러지 않으면 역사의 냉혹한 평가를 피하기 어려울 것이다.

북한이
날로 먹으려
하잖아요

지은이 안문석
펴낸이 이남호
펴낸곳 전북대학교출판문화원

초판 1쇄 인쇄 2015. 9. 25
초판 1쇄 발행 2015. 9. 30

전북대학교출판문화원 전라북도 전주시 완산구 어진길 32 (풍남동2가)
기획 송덕호
디자인 이소형, 이진영
회계 · 행정 이진주
전화 (063) 219-5321~2
FAX (063) 219-5323
출판등록 2012년 8월 20일 제465-2012-000021호

값 13,000원

ISBN 978-89-98534-72-1 03340

이 도서의 국립중앙도서관 출판예정도서목록(CIP)은 서지정보유통지원시스템 홈페이지(http://seoji.nl.go.kr)와 국가자료공동목록시스템(http://www.nl.go.kr/kolisnet)에서 이용하실 수 있습니다. (CIP제어번호 : CIP2015024850)